漫游者的夜歌

杨武能译文自选集

杨武能 译著

中国出版集团
中译出版社

丛书编辑说明

"我和我的翻译"系列丛书由罗选民教授担任主编,第一辑遴选了12位当代中国有影响力的翻译家,以自选集的方式,收录其代表译著篇目或选段,涵盖小说、散文、诗歌等多种体裁,涉及英、德、法、日、西、俄等多个语种,集中展示了当代翻译家群体的译著成果。

丛书篇目及选段大多是翻译家已出版的经典作品,长期受到读者的喜爱和追捧。每本书的译者不仅是知名翻译家,还是高校教授翻译、文学课程的名师,对译文的把握、注释、点评精辟到位。因此,这套丛书不仅具有一定的文学价值,同样具有较高的收藏价值和研究价值,是翻译研究的宝贵历史语料,也可作为外语学习者研习翻译的资料使用,更值得文学爱好者品读、体会。

书稿根据译者亲自校订的最后版本排印,经过了精心的编辑,主要包括以下几方面的处理:

一、译者及篇目信息

1. 丛书的每个分册各集中展示一位翻译家的译著面貌,文前增添翻译家自序,由译者本人对自己的翻译理念、自选作品的背景和脉络等进行总体介绍。

2. 每篇文章都注明了出处，读者可依据兴趣溯源阅读。

3. 根据各位翻译家对篇目的编排，章前或作品前增添导读，由译者自拟，解析原著内容和写作特色，帮助读者更深入、全面地理解文本。

4. 书后附译著版本目录，方便读者查找对照、进行延伸阅读。

二、译文注释与修改

1. 在译文必要的位置增加脚注，对一些陌生的表述，如人名、地名、书名等做了必要的注释，有助于读者理解术语的文化背景及历史渊源。

2. 遵照各位翻译家的意愿，书中有的拼写仍然保留了古英语的写法和格式，原汁原味。

3. 诗歌部分，考虑其翻译的特殊性，可探讨空间较大，并且具有英文阅读能力的读者较多，特将原文为英文的诗歌，以中英双语形式呈现。

由于编辑水平有限，书稿中肯定还存在一些不足之处，望各位读者批评指正。

丛书总序

百年征程育华章　薪火相传谱新曲

翻译是文化之托命者。翻译盛,其文化盛,如连绵数千年的中华文明;翻译衰,则其文化衰,如早已隔世、销声匿迹的墨西哥玛雅文化、印度佛教文化。文化传承,犹如薪火相传;静止、封闭的文化,犹如一潭死水,以枯竭告终。

翻译是思想的融通、心智的默契、语言的传神。化腐朽为神奇是翻译的文学性体现,化作利器来改造社会与文化乃是翻译的社会性体现。前者主要关注人性陶冶和慰藉人生,个性飞扬,神采怡然;后者主要关注社会变革和教化人伦,语言达旨,表述严谨。在清末的两类译者中,代表性人物是林纾和严复。林纾与他人合作翻译了180余部西洋小说,其中不少为世界名著,尤其译著《茶花女》赢得严复如下称赞:"孤山处士音琅琅,皂袍演说常登堂。可怜一卷茶花女,断尽支那荡子肠。"[1] 严复则翻译了大量西方的社会学、政治学、经济学、法学、哲学等方面的著作,是中国近代重要的思想启蒙家,其译著《天演论》影响尤为深远。该书前言中提出的"信、达、雅"翻译标准对后世影响

1　严复,《甲辰出都呈同里诸公》。

很大。严复本人也因此被誉为中国近代史上向西方国家寻找真理的"先进的中国人"之一。

此后百余年,我国出现了一大批优秀文学翻译家,如鲁迅、朱生豪、傅雷、梁实秋、罗念生、季羡林、孙大雨、卞之琳、查良铮、杨绛等。他们的翻译作品影响了一个时代,影响了一批中国现当代文学家,有力地推动了中国现当代文学的创新与发展。

余光中先生有一段关于译者的描述:"译者未必有学者的权威,或是作家的声誉,但其影响未必较小,甚或更大。译者日与伟大的心灵为伍,见贤思齐,当其意会笔到,每能超凡入圣,成为神之巫师,天才之代言人。此乃寂寞译者独享之特权。"[1] 我以为,这是对译者最客观、最慷慨的赞许,尽管今天像余先生笔下的那类译者已不多见。

有人描述过今天翻译界的现状:能做翻译的人不做翻译,不做翻译的人在做翻译研究。这个说法不全对,但确实也是一个存在的现象。我们只要翻阅一些已出版的译书就不难发现词不达意、曲解原文的现象。这是翻译界的一个怪圈,是一种不健康的翻译生态现象。

作为学者、译者、出版者,我们无法做到很多,但塑造翻译经典、提倡阅读翻译经典是我们应该可以做到的事情,这是我们编辑这套丛书的初衷。编辑这套丛书也受到了漓江出版社的启发。该社曾开发"当代著名翻译家精品丛书",出了一辑就停止了,实为遗憾。

本丛书遴选了12位当代有影响力的翻译家,以自选集的形式,收录译文、译著片段,集中反映了当代翻译家所取得的成绩。收录译文

---

[1] 余光中,《余光中谈翻译》,中国对外翻译出版公司,2002。

基本上是外译中，目前，外国语种包括英语、俄语、法语、德语、西班牙语、日语。每本书均有丛书总序、译者自序，每部分前有译者按语或导读。译丛尤其推崇首译佳作。本次入选的译本丛书可以视为当代知名翻译家群体成果的集中展示，是一种难得的文化记忆，可供文学和翻译爱好者欣赏与学习。

如今，适逢中国面临百年未有之大变局之际，中译出版社的领导高度重视，支持出版"我和我的翻译"丛书，可以视为翻译出版的薪火相传，以精选译文为依托，讲述中国翻译的故事，推动优秀文化的世界传播！

罗选民

2021 年 7 月 1 日于广西大学镜湖斋

译者自序

德语文学也好看！

德语文学泛指用德语写成的文学，包括德国文学、奥地利文学以及瑞士德语文学等三个主要组成部分；除此以外的布拉格德语文学数量虽少，成就、影响却不容低估。它们由语言、文化、历史传统和地理位置密不可分地联系在一起，然而又各具特色，个性鲜明，具有相对的独立性，但仍是一个不可分割的整体。

笔者潜心研究、译介德语文学，也涉猎比较文学，自然会以比较文学学者的眼光，来观察、探究德语文学的特点和特质，久而久之感悟到了它的主要特征就是父性品格，即阳刚、理性、沉稳、深邃、博大、长于思辨等，一如它所依存的日耳曼民族称养育自己的莱茵河为"父亲河"（Vater Rhein），而不像其他民族大多称养育自己的大河为母亲河。我给德语文学的称谓和定性是"思想者的文学"，以此突出德语文学的本质特征，使之一目了然地区别于其他各国的文学，例如扎根现实、长于批判的英国文学，直面人生、浪漫言情的法国文学，内省忏悔、富于宗教精神的俄罗斯文学，豪放粗犷、奋发进取的美国文学，等等。当然，这只是本翁的一家之言；每个国家的文学都多姿多彩，特征特质岂能一言以蔽之,偏颇在所难免,欢迎读者和同行专家批评指正。

有朋友讲,译翁第一个明确定位德语文学为"思想者的文学",意义重大。我则回答,事实摆在那里,我不过"直呼其名",做了一件谁都可以做的事罢了,没什么大不了。关键是要说清楚,德语文学凭什么被定性为"思想者的文学"?

说来话长,简单讲是因为它杰出的作家和作品,大多对宇宙的奥秘、人生的意义、历史的演进、社会的公正等人类关心的大问题,作严肃、深入的思考和探索,往往给不甚集中、明朗和精彩的情节,注入了深邃的哲理内涵,色调往往偏于沉郁。按照德语文学界自身的评判标准,越是伟大的作家和作品,越是明显地表现出这种思辨倾向,例如歌德和他的巨著《浮士德》,托马斯·曼和他的伟大小说《魔山》,赫尔曼·黑塞和他的代表作《玻璃珠游戏》等,都是如此。其中歌德的诗剧《浮士德》,无疑最具典型性,诗人的宇宙观、人生观、社会伦理观都在剧中得到了深刻、充分的展现,还饱含着辩证思维和人道主义精神,也就是自强不息、舍己救人的浮士德精神。

德语文学历来公认的最伟大作家,从古代的莱辛、歌德、席勒、诺瓦利斯、荷尔德林、海涅、毕希纳,到现代的卡夫卡、里尔克、托马斯·曼、黑塞、布莱希特,直至当代的伯尔和格拉斯,无不在作品里就人类关心的大问题进行了深入的思考,因此也都当得起思想家的称号;整体而言德语文学堪称思想者的文学。

读者会追问,德语文学又为什么有内涵深邃、长于思辨这个特点呢?

译翁的回答是日耳曼民族即德意志民族的民族性使然。德意志民族爱好思索也善于思索,具有爱好抽象思维和思辨的习性,所以才在历史上给人类贡献出了特别多的大哲学家、大诗人和大音乐家。

进一步再问,德意志民族为什么有这样的特性?

情况复杂,一言难尽,译翁也见仁见智,随便说说而已。略而言之,大概可以归结为两个方面的原因:

一、先天的人种遗传基因。德意志民族与意大利、法兰西生性活泼、浪漫热情的罗曼民族不同,也与我们脾气随和、乐天知命的中国汉族人不同,先天便具有沉静、稳重、坚毅以及处事认真、严谨,思考问题穷根究底的气质、特性。这一点,便是德国人至今仍引以为自豪的所谓 Gründlichkeit(认真、彻底、一丝不苟的精神)。

二、后天所处的人文、地理、社会环境,以及民族和国家的形成、发展的历史等外在因素,对其养成爱好思辨的性格的养成,同样有重要影响。具体讲,在人类文明史上日耳曼民族是个后来者,长期落后于意大利、尼德兰、西班牙、不列颠、法兰西诸民族,近代更饱受漫长的封建统治和长期战乱、分裂之苦,想改变现状的努力又一次次遭受挫折和失败,于是在缺少阳光的天空下和索然寡味的生活中,人们便逃向内心,苦思冥索,以寻求对宇宙、人生、社会的种种疑问的解答,进一步强化了沉静内向、爱好思辨的集体性格。由这样的民族性格和民族精神孕育和产生的德语文学,自然便常常会充满对宇宙、人生、历史、社会问题严肃、深入的思考,成了内涵深沉、博大的"思想者的文学"。

富于哲理、长于思辨,是德语文学的一大优点,同时又是它显著的缺点,以致德语文学的许多名作,例如《威廉·迈斯特的学习时代》

《魔山》《没有性格的人》等，读起来沉闷、艰涩，在我们读书界就背上"不好看"恶名，进而被出版界"不看好"。"不好看"加上"不看好"，一直是译翁这样的研究译介德语文学者心头之痛。

可什么叫"好看"？不就一是作品本身富于审美愉悦价值，二是符合阅读者的审美传统和欣赏习惯吗？综观德语文学不同时代、不同流派、不同体裁以及不同作家的创作，应该说也真不乏既内涵深邃又富审美愉悦价值，即深邃又好看的作品啊。至于传统和习惯，并非一成不变，也可以通过阅读、学习加以改变、完善，变不习惯为习惯，变不喜欢为喜欢。

我们喜欢小说有明朗、浪漫、曲折、惊险的情节，诗歌有浓郁的情感和优美的意境，不易接受和喜爱长于思辨的德语文学，就像喝惯了清纯的龙井、杭菊，喝不惯又黑又苦的浓咖啡。从不习惯到习惯，有个认识、适应的过程。我们逐渐认识、适应、习惯了，才会知道咖啡也好喝，思想深邃、长于思辨的德语文学也好看。

德语文学真的好看吗？巴蜀译翁回答：好看，很好看！

先讲德语作家特别擅长的抒情诗和 Novelle（中短篇小说）这两种体裁，精彩、好看的作品数不胜数，不胜枚举。设若要选出全世界最杰出的抒情诗人，歌德、海涅必定入选，而且会名列前茅，恐怕还有里尔克也少不了。他们的作品不仅富有抒情诗共通的优点，还各具特色。就说爱情诗吧，在歌德笔下也哲思深沉、广远、宏大，不信请读读他的《重逢》，看他如何用宇宙形成拟写男女之爱，与我们的阴阳太极之说共鸣、呼应！还有海涅的政治时事诗，竟把批判讽刺、嬉笑怒骂写得轻松俏皮，令人莞尔、解颐，读起来不啻为一种享受；而他根据民歌写成的一首短诗《罗蕾莱》，竟唱红了莱茵河中一堆原本不起眼的礁石，使它成了全世界的人趋之若鹜的旅游胜地。

再说 Novelle，这种以戏剧性和传奇性为特点的体裁样式，堪称德语文学的奇葩。经过从歌德开始的一代代作家的创造和磨砺，更变得千姿百态、美不胜收，一些名篇，如歌德的哲理 Novelle，霍夫曼（Hoffmann）的童话小说《胡桃夹子》《侏儒查赫斯》，凯勒的幽默讽刺小说《事在人为》《三个正直的制梳匠》，施笃姆的诗意小说《茵梦湖》《燕语》，康拉德·迈耶尔的历史小说《护身符》《圣者》，海泽（Heyse）的意大利风情小说《犟妹子》《特雷庇姑娘》《安德雷亚·德尔莱》，斯特凡·茨威格的《象棋的故事》《一个陌生女人的来信》《一个女人一生中的二十四小时》等，都精彩绝伦，足以让你一读再读，爱不释手，在我国已经脍炙人口。

不能不讲讲常常被忽视的民间文学；丰富多彩的德语民间文学，堪称德语文学之根。享誉世界的格林童话，只是德语民间文学最杰出的代表。它好不好看，无须我说，译翁翻译的《格林童话全集》是新中国成立后的第一个全译本，1993 年在译林出版社首版以来再版、重印数十次，畅销不衰，足以证明它多么好看。2015 年开始，重庆图书馆每年举行"格林童话之夜"，一票难求，盛况空前，也证明它非常受欢迎。

既然如此，德语文学"不好看"的名声，又怎么来的呢？

译翁分析主要来自长篇小说。德语长篇小说，特别是《威廉·迈斯特的学习时代》《艾菲·布里斯特》《绿衣亨利》《没有个性的人》《布登勃洛克一家》似的大部头，大多富涵哲理，议论冗杂，读起来确实会让人感觉沉闷、枯燥、乏味。但是，德语长篇小说数量巨大，并非全部如此，也有不少读起来引人入胜的佳作。不说脍炙人口的《少年维特的烦恼》《纳尔齐斯与歌尔德蒙》《悉达多》等译翁有幸翻译的作品，因为它们名为长篇，实际篇幅很小，又要么感情充沛，故事感人，不是典型的德语长篇小说。

只讲大部头的德语长篇名著，先说一位我国知者寥寥、影响不大的高产德国长篇小说作家，他叫凯勒曼（Bernhardt Kellermann）。我年轻的时候读过他的《隧道》（*Tunnel*），非常喜欢，所以很想把它翻译出来。它迷住我的有三点：1. 情节跌宕起伏，惊险刺激；2. 有对资本主义社会的剖析、批判；3. 有爱情，还有点科幻。我想译出来应该好看。凯勒曼还有一部长篇《毛里求斯案件》，应该也不错。

可是遗憾，这两部长篇在国内顶尖的出版社推出后反响寥寥，所以二十世纪八十年代我再想译《隧道》，出版社就不同意了。译翁百思不得其解，中国读者为什么对《隧道》反响寥寥？现在想来，多半还是"德语文学不好看"这个成见作怪吧。

杨武能

2021 年 3 月于重庆图书馆巴蜀文献馆

目/录

丛书编辑说明 ·································· i
丛书总序 ························· 罗选民 iii
译者自序 ························· 杨武能 vii

第一章　诗歌

歌德抒情诗选 ································ 2
海涅抒情诗选 ······························· 14
施笃姆抒情诗选 ···························· 27
里尔克抒情诗选 ···························· 35

第二章　散文

莎士比亚命名日致辞 ······················ 50
威尼斯船歌 ·································· 57
黑塞说书 ····································· 70
素描歌德 ····································· 95

第三章　中短篇小说

Novelle ································· 108

烧炭党人和我的耳朵 ············· 136

穷乐师 ································· 147

灯怨 ···································· 195

小矮子穆克 ·························· 202

事在人为 ····························· 223

第四章　《浮士德》片段 ······· 258

第五章　《魔山》片段 ········· 264

杨武能译著年表 ····················· **306**

第一章 诗歌

歌德抒情诗选

导读

德国大文豪歌德（Johann Wolfgang von Goethe，1749—1832）身兼文学家和思想家，即使在自然科学领域也取得了同时代人无法忽视的成就，于文学创作更表现出了多方面的天赋和才能。歌德首先是一位诗人，特别是抒情诗人。在长达70余年的创作生涯中，他写成了各种题材和体裁的长短诗歌2500多篇，其中不乏可以进入世界诗歌宝库的明珠、瑰宝。甚至他的整个创作也为诗所渗透，例如《浮士德》本身便是一部诗剧，《少年维特的烦恼》更被公认为以散文和书信形式写成的抒情诗。

歌德作为诗人可谓出类拔萃。从世界诗坛即使只选出两三位最杰出的代表，那也绝对少不了歌德。德国的或者说德语的诗歌，是由于他才发展到空前的高峰，才真正受到世界的重视。与他同时代的欧洲各国诗人，没有几个可以与他比肩。难怪英国大诗人拜伦要尊他为"欧洲诗坛的君王"，并以能与他交换作品为荣。难怪海涅要视他为统治世界文坛的三巨头之一的抒情诗巨擘，与作为小说巨擘的塞万提斯和戏剧巨擘的莎士比亚并立。

  这里节选了歌德的部分诗歌。我在翻译时努力忠实地传达出原诗的思想内涵，尽量再创原诗的情调、意境和韵味，但在格律形式上却只求一个"似"字，以避免矫揉造作，因形害义。

五月歌[1]

大地多么辉煌!
太阳多么明亮!
原野发出欢笑,
在我心中回响!

万木迸发新枝,
枝头鲜花怒放,
幽幽密林深处,
百鸟鸣啭歌唱。

欢呼雀跃之情,
充溢人人胸襟。
呵,大地,呵,太阳!
呵,幸福,呵,欢欣!

呵,爱情,呵,爱情,
你明艳如朝霞!
呵,爱情,呵,爱情,

---

[1] 这首诗还有一个题名叫《五月节》(*Maifest*)。

你璀璨如黄金!

你给大地祝福,
大地焕然一新,
你给世界祝福,
世界如花似锦。

呵,姑娘,呵,姑娘,
我是多么爱你!
你深情望着我,
你是多么爱我!

我热烈爱着你,
犹如百灵眷爱
那歌唱和天空,
那朝花和清风。

我热烈爱着你,
是你给我青春,
是你给我欢乐,
是你给我勇气
去唱那新的歌,
去跳那新的舞。

愿你永远幸福,
如你永远爱我。

神性[1]

愿人类高贵、善良、
乐于助人!
因为只有这
使他区别于
我们知道的
所有生灵。

让我们祝福
未曾认识的
预感中的神灵吧!
愿人类酷肖他们,
人的榜样教我们
相信神的存在!

须知大自然
没有知觉:

---

[1] 作于1783年,虽题名《神性》,实则赞颂的是人和人性的伟大。

太阳同样照着
好人与坏人;
罪人与善人头上,
同样闪亮着
月亮和星星。

风暴、雷霆,
洪水、冰雹,
都恣意肆虐,
匆匆地攫住
这个和那个,
不加区分。

还有那幸福
也在人间摸索,
时而抓住男孩
纯洁的卷发,
时而摸到老者
罪恶的秃顶。

遵循永恒而伟大的
铁一样的法则,
我们大家都必须

走完自己的
生命的环形。

只有人能够
变不能为可能:
他能区别、
选择和裁判,
他能将永恒
赋予一瞬。

只有人能够
奖励善人,
惩罚恶人,
治病救命,
将一切迷途彷徨者
结成有用的一群。

而我们尊敬
不死的神灵,
就像他们也是人,
也在大范围内做着
优秀的人经常做
或乐意做的事情。

愿人类高贵、善良、
乐于助人！
愿他不倦地
造福行善，
成为我们预感中的
神的榜样！

重逢[1]

竟然可能！明星中的明星，
我又将你紧抱在胸前！
那远离你的长夜呵，真是
无底的深渊，无尽的苦难！
是的，你甜蜜而又可爱，
是我分享欢乐的伙伴；
想起昔日分离的痛苦，
现实也令我心惊胆战。

---

[1] 1815年9月24日上午，玛丽安娜又突然出现在歌德面前，令老诗人喜出望外，诗思泉涌。这是一首气势磅礴、意蕴深邃的爱情哲理诗。它将男女之间的爱情与悲欢离合，放在宇宙形成的大框架中加以阐释和吟诵。只有歌德这样的伟大情人，只有诗人兼哲人的老年歌德，写得出如此伟大的爱情诗。

当世界还处于黑暗的深渊,
还偎在上帝永恒的怀抱里面,
他便带着崇高的创造之乐,
安排混沌初开的第一个钟点。
他说出了那个字:变!——
于是传来痛苦的呻吟,
随后便气势磅礴,雷霆万钧,
宇宙闯进了现实中间。

光明慢慢地扩展开来:
黑暗畏葸地离开它身边,
元素[1]也立刻开始分解,
向着四面八方逃逸、飞散。
迅速地,在蛮荒的梦中,
它们各自向远方伸展,
在无垠的空间凝固、僵化,
没有渴慕,黯然哑然!

一片荒凉,一派死寂,
上帝第一次感觉到孤单!
于是他创造出了朝霞,

---

[1] 元素指构成宇宙的基本物质,即西方人认为的水、火、风(空气)、土,与我们的金、木、水、火、土五行大同小异。

让朝霞慰解自己的寂寞；
朝霞撕开无边的混沌，
天空呈现出五色斑斓，
于是，那起初各奔东西的
又聚在一起，相爱相恋。

于是，那相依相属的，
便急不可待地相互找寻；
于是，感情和目光一齐
转向那无穷无尽的生命。
攫取也罢，掠夺也罢，
只要能够把握和保持！
真主勿需再创造世界，
创作世界的已是我们。

就这样，驾着朝霞之翼，
我飞到了你的嘴唇边，
繁星之夜用千重封印
巩固我们的美满良缘。
我俩在世上将要成为
同甘苦共患难的典范，
我们不会又一次分离，
纵令上帝第二次说：变！——

漫游者的夜歌

（之一，1776）

你从天国中来，

消解人世的万般痛苦，

谁感受着双倍的困厄，

就给谁双倍的慰抚！

唉，我已经倦于驱驰！

苦与乐全不在乎！

甘美的和平啊，

来吧，快来我心中长驻！

（之二，1780）[1]

一切的峰顶

沉静，

一切的树梢

全不见

---

[1] 这两首同题诗以第二首最为脍炙人口。歌德于1780年9月6日登伊美尔瑙县境内的基克尔汉峰，于日暮时分将此诗题在一幢牧人小屋上。30多年后，诗人于1813年8月29日再到峰顶，用铅笔加深已经暗淡的笔迹。又过了20年，即将82岁高龄的老诗人重游此山，发现当年题诗犹在，抚今思昔，不禁泫然泪下。

一丝儿风影;
林中鸟儿们静默无声。
等着吧,你也快
得到安宁。

海涅抒情诗选

> **导读**

在德语近代文学史上,海涅堪称继莱辛、歌德、席勒之后最杰出的诗人、散文家和思想家。他不仅擅长诗歌、游记和散文的创作,还撰写了不少思想深邃、风格独特并富含文学美质的文艺评论和其他论著,给后世留下了一笔丰富光辉而宝贵的精神财富。海涅尽管兼擅散文、游记和评论文章的写作,但是无论个人的性情和气质,还是创作的成就和影响,都仍然让我们首先尊他为一位出色的抒情诗人和伟大的时代歌手。

海涅的诗歌创作包括抒情诗、时事诗、叙事诗以及长诗等样式或品种,可谓丰富多彩;尤其是抒情诗,无论立意、运思,还是语言风格,都有鲜明的个性和独特的风格。纵观整个德语诗歌史,海涅可称是继歌德之后最杰出的歌者。在世界诗坛上,海涅的成就和影响足以与英国的拜伦、雪莱,俄国的普希金,匈牙利的裴多菲等大家媲美。20世纪以来,经过鲁迅、郭沫若、段可情、冯至、林林以及其他一些前辈作家和翻译家的译介,海涅已成为我国广大读者所十分熟悉和热爱的一位外国诗人。在重新选译他的抒情诗和时事诗的过程中，译者从前辈特别是本人的业师冯至教授的旧译中学习了不少东西，目的是使新译更加完善，更具可读性，更加上口和富有诗味。

乘着歌声的翅膀……

乘着歌声的翅膀,
亲爱的,我带你前往,
去到恒河的岸旁,
我知道的最美的地方。

在静静的月光下,
那儿的花园红花盛开;
玉莲花痴心等待,
等忠诚的小妹妹到来。

紫罗兰巧笑生媚,
仰望着夜空中的星星;
玫瑰花窃窃私语,
相互倾诉芬芳的爱情。

羚羊跳过来偷听,
一副虔诚、机灵样儿;
远处有隐隐涛声,
是圣河正在掀波涌浪。

我俩就降落此地，
在一丛棕榈树的树荫，
畅饮爱情和安谧，
如此咱们便美梦成真。

星星们高挂空中……

星星们高挂空中，
千万年一动不动，
彼此在遥遥相望，
满怀着爱的伤痛。

它们说着一种语言，
美丽悦耳，含义无穷，
世界上的语言学家，
谁也没法将它听懂。

可我学过这种语言，
并且牢记在了心中，
供我学习用的语法，
就是我爱人的面容。

罗蕾莱[1]

不知道什么缘故,
我总是这么悲伤;
一个古老的故事,
它叫我没法遗忘。

空气清冷,暮色苍茫,
莱茵河静静流淌;
映着傍晚的余晖,
岩石在熠熠闪亮。

一位少女坐在岩顶,
美貌绝伦,魅力无双,
她梳着金色秀发,
金首饰闪闪发光。

她用金梳子梳头,
还一边把歌儿唱;
曲调是这样优美,
有摄人心魄的力量。

---

[1] 此诗系根据德国民间传说写成。在莱茵河中,今尚有一块礁石名叫罗蕾莱(*Lolerei*)。

那小船里的船夫
心中蓦然痛楚难当；
他不看河中礁石，
只顾把岩石仰望。

我相信船夫和小船
终于被波浪吞噬；
是罗蕾莱用她的歌声
干下了这种事。

我们坐在渔舍旁

我们坐在渔舍旁，
遥望大海；
暮霭徐徐升起，
爬上高岩。

灯塔里的灯光
一盏盏点燃，
在遥远的海面上，
仍见一点船影漂来。

我们谈着风暴与沉船,
谈着海员的生活,
谈着他在水天之间
浮荡着的恐怖与欢乐。

我们谈着遥远的国度,
谈着那些罕见的民族,
我们谈着南方和北方,
以及那里的奇风异俗。

恒河两岸芬芳光明,
花树繁茂,
美丽安详的人们[1]
跪在莲花前祷告。

拉普兰人身体肮脏,[2]
头扁、嘴阔、个儿小,
蹲在火边烤鱼吃,
讲起话来呱呱叫。

---

[1] 指居住在恒河岸边的印度人。
[2] 拉普兰在北极。

姑娘们听得出了神,
谁都一声不吭;
船影早被黑暗吞没,
夜已经很深,很深。

他们俩倾心相爱

他们俩倾心相爱,
可是不肯相互承认,
一见面就像仇敌,
还说爱情真烦死人。

他俩终于天各一方,
只偶尔相逢在梦境;
他们早已进入坟墓,
却永远不知道真情。

西里西亚的纺织工人[1]

阴沉的眼里没有眼泪,
他们坐在织布机前,切齿咬牙:
德意志啊,我们为你织裹尸布,
我们织进去三重诅咒——
　　我们织,我们织!

一重诅咒给上帝,我们祈求他,
在严寒的冬季,在饥肠辘辘时,
我们白白的希望啊,期待啊,
他却欺骗愚弄我们,把我们当傻子——
　　我们织,我们织!

一重诅咒给国王——阔佬们的国王,
我们的苦难不能软化他的心肠;
他榨取走我们最后的一枚钱币,
还下令把我们像狗一样地枪毙——
　　我们织,我们织!

一重诅咒给虚假的祖国,

---

[1] 1844年,西里西亚的纺织工人起义反抗资本家压榨和重税盘剥,遭到残酷镇压,海涅作此诗抒发对工人们的同情和对反动当局的义愤。

那儿只繁衍着无耻和卑劣；
那儿的花蕾全都遭到摧残，
腐败和污秽却把蛆虫养育——
　　我们织，我们织！

织机轧轧，梭子飞驰，
我们不分日夜地织啊织——
衰老的德意志，我们为你织裹尸布，
我们织进去三重诅咒，
　　我们织，我们织！

杜卡登[1]之歌

我的金铸的杜卡登啊，
告诉我，你们现在何处存身？

可是陪伴着金色的小鱼，
在清澈见底的溪水中
快活自由地浮沉？

可是陪伴着金色的小花，

1　德国古金币。

在撒满朝露的绿野里
妩媚地眨着眼睛?

可是陪伴着金色的小鸟,
在一碧如洗的天幕上
身披着霞光飞行?

可是陪伴着金色的星星,
在云汉璀璨的夜空中
永远地含笑盈盈?

唉!你们金铸的杜卡登啊,
你们既不在清溪中浮沉,
也不在绿野里眨动眼睛;
既不在蓝天上自由飞行,
也不在夜空中含笑盈盈——
我的债主们,我敢担保,
他们把你们抓得很紧。

两个掷弹兵

两个掷弹兵踏上归途,

从被俘的俄国回法兰西。
一当进入德国的领土,
他俩便不禁垂头丧气。

他俩听到可悲的消息:
法兰西已经没了希望,
大军整个儿一败涂地——
皇上也落进敌人手掌。

两个掷弹兵抱头痛哭,
为着这个可悲的消息。
一个道:"我真痛苦啊,
旧伤口又火烧火燎的。"

另一个说:"大势已去,
我也想和你一道自杀,
只是家里还有老婆孩子,
没了我他们休想活啦。"

"老婆算啥,孩子算啥,
我的追求可更加高尚;
饿了就让他们讨饭去吧——
他被俘了啊,我的皇上!

"答应我的请求吧,兄弟:
如果我现在就一命呜呼,
请运我的尸骨回法兰西,
把我埋葬在法兰西故土。

"这红绶带上的十字勋章,
你要让它贴着我的心口;
把这步枪塞进我的手掌,
把这长刀悬挂在我腰头。

"我这样躺在坟墓里面,
就像一名警惕的岗哨,
直到有朝一日我又听见
大炮轰鸣,奔马长啸。

"这时皇上纵马跃过坟头,
刀剑铿锵撞击,闪着寒光;
我随即全副武装爬出来——
去保卫皇上,我的皇上!"[1]

---

[1] 海涅是法国大革命和拿破仑的同情者和拥护者,这首诗实际上抒发的是他自己的感情。

施笃姆抒情诗选

导读

施笃姆是诗意现实主义的一位杰出代表,这一流派的优点、特长以及弱点,都鲜明而集中地体现在他的创作里。他以写抒情诗开始其创作,1853年出版了《诗集》。他的诗歌大多描写宁静和谐的家庭生活,歌颂故乡美好的大自然,格调清新、优美而富于民歌风格。他在创作中深受歌德、海涅、艾辛多夫和莫里克的影响,自认为是继承了德语诗歌优良传统的"最后一位抒情诗人",在他逝世十年后,冯塔纳也曾说过:"作为抒情诗人,他至少也属于歌德之后产生的三四个佼佼者之列。"

施笃姆在艺术上造诣高深,而且精益求精。他语言朴素优美,写景状物生动自然,尤善于以景物烘托气氛,创造意境,常常能做到情景交融,以景寄情。在翻译时,笔者曾努力保持施笃姆小说的特色,并自认为我本人的文字风格也符合作者的风格,但实际效果未必理想。诚恳希望能得到读者的指教和批评。

十月之歌

雾气弥漫,枯叶飘零;
快快斟满葡萄美酒!
我们要给灰暗的日子,
镀上黄金,镀上黄金!

哪管基督徒和异教徒
还在外边拼命争吵,
然而世界毫发无损,
世界仍然如此美好!

即使有时心生忧戚——
也把酒杯碰得叮当响!
咱们可是胸有成竹:
正直的心绝不会沦亡。

雾气弥漫,枯叶飘零;
快快斟满葡萄美酒!
我们要给灰暗的日子,
镀上黄金,镀上黄金!

不错,秋已来临;然而
请你稍待,请你稍待!
春来时天空又会含笑,
紫罗兰又会开遍世界。

天空蔚蓝,白日晴朗,
趁时光还没有流走,
我快活的朋友啊,快
抓紧享受,抓紧享受!

边城

灰色的海滨,灰色的岸上,
静静躺着一座边城;
雾霭压迫着它的屋顶,
大海围绕着它咆哮,
单调地划破了寂静。

四周听不见林涛喧嚣,
五月没有鸟儿不倦鸣叫;
只有南迁的野雁在秋夜

飞过,嘎嘎嘎发出哀啼,
岸边衰草在寒风中飘摇。

可我整个的心系挂着你哟,
你这大海边灰色的城;
在我心中你青春焕发,
永永远远地青春焕发,
你这大海边灰色的城。

白玫瑰

1

你紧咬细嫩的朱唇,
咬得它鲜血淋淋;
你这样干啊,我明白,
是因为我曾将它亲吻。

你让你的金发褪色,
任随它雨淋日又晒,
你这样干啊,是因为
我曾用手将它抚爱。

你在灶旁任烟熏火燎,
细软的双手开了裂口;
你这样干啊,我明白,
是我曾瞧它没个够。

2

你打从我身边走过,
对我不理又不睬;
我痛苦难当啊,你手儿
多白,脸庞多可爱。

对我说一句温存的话吧,
像过去似的,哪怕一句!
伤口仍在悄悄流血哩,
而你也已将安宁离去。

我多么痛苦,而今你
闭紧嘴,对我默默无语,
要知道我曾无数次吻它,
我曾吻它不知多少次。

曾使我无比幸福的一切,

而今令我心儿破碎；
你的眼睛对我不屑一顾，
它啊曾令我销魂陶醉。

3

街市上一片昏暗，
秋风一个劲儿猛吹；
别了，我的宝贝心肝儿，
我的妻子，我的白玫瑰！

花园中了无声息，
当我离家流浪远方，
它不会告诉你哟，
我再不能返回家乡。

路途中是那么孤单，
没有任何人同行；
与我一道赶路的
唯有天空中的白云。

我真疲倦得要命啊，
恨不能仍待在家里，

恨不能睡个死去活来,
把欢乐痛苦通通抛弃。

慰藉

让要发生的都发生吧!
只要你在,就没啥可怕。

故乡再远,世界再大,
你在哪里,那里有我家。

望着你可爱的面庞,
未来对于我光亮无瑕。

四十岁生日

常言说:男儿四十正当年!
岂知四十已挨着五十的边。

如同清晨一般的爽朗时光
远离我,落在了黑暗深渊。

偶然回首送去匆匆的一瞥，
禁不住啊，我心惊又胆颤。

远远飘来秋天木樨的气息，
从那荒野中的土坑里面。

如同清晨一般的爽朗时光
远离我，落在了黑暗深渊，

偶然回首送去匆匆的一瞥，
禁不住啊，我心惊又胆颤。

远远飘来秋天木樨的气息，
从那荒野中的土坑里面。

里尔克抒情诗选

> **导读**

里尔克的这首自况诗题名叫《预感》。它写成于诗人的思想和创作都渐趋成熟的1904年。在此之前，他已经出版了《生活与诗歌》(1894)和《图像集》(1902)等好几部诗作；他已经两次周游意大利，两次访问俄罗斯，也初次尝试了一下巴黎的生活；他已于1901年与雕塑家克拉拉·维丝特霍芙结了婚，并已有了一个孩子……总之，里尔克在写《预感》时，已对人生和创作都积累起了相当丰富的经验，已对时代、社会以及自身都获得了相当透彻的认识。所以，《预感》这首不足十行的短诗不仅以鲜明突出的形象描绘了诗人与时代的关系，而且还含蓄委婉却极其准确地揭示了他自身的两个重要特点：敏感和孤独。真不知道世间还有什么别的事物，会像长空包围中的一面旗帜那样，又孤独又敏感。

诚然，古往今来，世界各国的大诗人无不都是敏感的，而且也多半孤独。但是，敏感与孤独集于一身、贯穿一生、相辅相成因而给思想和创作打上深深的烙印，这样的情况于里尔克十分显然，在其他诗人却不多见。

孤寂

孤寂好似一场雨。
它迎着黄昏,从海上升起;
它从遥远偏僻的旷野飘来,
飘向它长久栖息的天空,
从天空才降临到城里。

孤寂的雨下个不停,
在深巷里昏暗的黎明,
当一无所获的身躯分离开来,
失望悲哀,各奔东西,
当彼此仇恨的人们
不得不睡在一起:

这时孤寂如同江河,铺盖大地……

秋日

主啊,是时候了。夏天已很盛大。
请往日规上投下你的影子,
还让西风在田野里吹刮。

命令最后的果实结得饱满,
再给它们两天南国的温暖,
催促它们快快地成熟,还给
浓烈的酒浆加进最后的甘甜。

谁此刻没有屋,就不会再造屋。
谁此刻孤独,就会长久孤独,
就会长久醒着,将长信书写、阅读。
就会在落叶纷飞的时节,
不安地在林荫道上往来踟蹰。

秋

落叶了,仿佛从那遥远的空中,
好似天国里的花园都已凋萎,
枯叶摆着手,不情愿地往下落。

在一个个夜里,沉重的地球
也离开了星群,落进了寂寞。

我们大家都在坠落。这只手
也在坠落。瞧:所有人全在坠落。

可是有一位,他用自己的双手
无限温柔地将这一切的坠落把握。

在夜的边缘上

在夜色深沉的大地上,
我的斗室和原野合为一体。
我化作了一根琴弦,

在喧响的、宽阔的
共鸣之谷上张起。

万物是一把把琴身,
充满着黑暗的絮语;
在里边做梦的是女性的哭泣,
睡梦中骚动着一代代人的
怨恨……

我要发出银色的战栗,
让万物在我下面共振,
一切迷惘者将追寻
从我欢舞的声响中发出的
光明,从天空环绕着它波动的
声响中发出的光明,
透过窄小的虚弱的裂隙,
向那一道道旷古的
无底深渊
坠去……

预感

我犹如一面旗,在长空的包围中
我预感到风来了,我必须承受;
然而低处,万物纹丝不动:
门还轻灵地开合,烟囱还暗然无声,
玻璃窗还没有哆嗦,尘埃也依然凝重。

我知道起了风暴,心已如大海翻涌。
我尽情地舒卷肢体,
然后猛然跃下,孤独地
听凭狂风戏弄。

沉重的时刻

此刻有谁在世上的什么地方哭,
无缘无故地在世上哭,
哭我。

此刻有谁在夜里的什么地方笑,

无缘无故地在夜里笑,
笑我。

此刻有谁在世上的什么地方走,
无缘无故地在世上走,
走向我。

此刻有谁在世上的什么地方死,
无缘无故地在世上死,
望着我。

万物都处于循环中……

万物都处于循环中,
我也生活在增长的循环中间,
也许我无力完成那最后一次循环,
可我仍希望尝试一番。

围绕着上帝,围绕着太古之塔,
我旋转,千万年地旋转;
可我还不知道:我是一头鹰,
一场风暴,抑或一首伟大的诗篇。

我爱我生命中的瞑冥时刻……

我爱我生命中的瞑冥时刻,
它们使我的知觉更加深沉;
像批阅旧日的信札,我发现
我那平庸的生活已然逝去,
已如传说一样久远,无形。

我从中得到省悟,有了新的
空间,去实践第二次永恒的
生命。

有时,我像坟头上的一棵树,
枝繁叶茂,在风中沙沙作响,
用温暖的根须拥抱那逝去的
少年;他曾在悲哀和歌声中
将梦失落,如今我正完成着
他的梦想。

黑暗啊，我的本原……

黑暗啊，我的本原，
我爱你胜过爱火焰，
火焰在一个圈子里
发光，因此给世界加上了
界限，出了圈子
谁还知道有火焰。

然而，黑暗包罗万象：
物件、火焰、牲畜和我，
以至于一切的一切，
还有人类与强权——

很可能：一种伟大的力
正在我近旁萌动，繁衍。
我信仰黑暗。

在世间万物中我都发现了你……

在世间万物中我都发现了你,
对它们,我犹如一位亲兄弟;
渺小时,你是阳光下一粒种子,
伟大时,你隐身在高山海洋里。

这就是神奇的力的游戏,
它寄寓万物,给万物助益:
它生长在根,消失在茎,
复活再生于高高的树冠里。

挖去我眼睛……

挖去我的眼睛,我仍能看见你,
堵住我的耳朵,我仍能听见你;
没有脚夫,我能够走到你身旁,
没有嘴,我还是能祈求你。
折断我的双臂,我仍将拥抱你——
用我的心,像用手一样。

箍住我的心，我的脑子不会停息；
你放火烧我的脑子，
我仍将托付你，用我的血液。

城市总是为所欲为……

城市总是为所欲为，
把一切拖入自己的轨道。
它摧毁生灵，如同朽木；
一个个民族被它焚烧掉。

城里人致力于文明事业，
完全失去了节制和平衡，
蜗牛的行迹被称作进步，
要想快跑就得放慢速度。
他们挤眉弄眼如同娼妓，
制造噪声用玻璃和金属。

他们仿佛中了邪，着了魔，
他们已经完全失去自我；
金钱如东风陡起，转眼间
威力无穷，而人却渺小又

虚弱，只能听任酒浆和
人畜体内的毒汁刺激他们，
去把事业的过眼烟云追逐。

豹——于巴黎植物园

在铁栏前不停地来回往返，
它的目光已疲倦得什么都看不见。
眼前好似唯有千条的铁栏，
世界不复存在，在千条铁栏后面。

柔韧灵活的脚迈出有力的步子
在一个小小的圆圈中旋转，
就像力之舞环绕着一个中心，
在中心有一个伟大的意志晕眩。

只是偶尔无声地撩起眼帘，
于是便有一幅图像侵入，
透过四肢紧张的寂静——
在心中化作虚无。

海之歌
——作于卡普里

旷古的海风
吹起在夜半，
到不了人间；
唯有孤独的失眠者，
他必须考虑
如何将你承担。

旷古的海风
强劲地吹刮，
仿佛只为了巨岩，
只为在它身上
撕开空隙一片……

啊，还有山顶上，
月光中，一株繁茂的
无花果在全心
将你体验。

呵,告诉我,诗人……

呵,告诉我,诗人,你干什么?
——我赞颂
可那致命的,狂暴的,
你怎么对待,怎么承受?
——我赞颂
那无名的,还有匿名的,
你怎么呼唤它们,诗人?
——我赞颂
你从何处得到权利永远真实,
不管穿什么衣服,戴什么面具?
——我赞颂
哪怕宁静如星座,狂暴如风雷,
万物都同样认识你,为什么?
——因为我赞颂。

第二章 散文

莎士比亚命名日致辞

> **导读**

英国大文豪莎士比亚的名字叫威廉，按照基督教新教的历法，每年的10月14日为使徒威廉的纪念日，也即莎士比亚本人的命名日。1771年9月，歌德应邀为萨尔兹曼主编的《德国社会》杂志写了这篇颂词，并据此于纪念日的当天在法兰克福家中的一个小型聚会上发表了演讲。这是一篇文采飞扬、热情洋溢且风格独特的散文，不只表明青年歌德无比景仰莎士比亚和深受其影响，而且反映了处于狂飙突进时期的诗人崇尚自然和天才，反对包括所谓"三一律"在内的一切清规戒律的狂放不羁的精神思想。

当命运似乎已快把我们送回到乌有之境的时候，我们却希望仍然流芳尘世；这样一种情怀，在我看来，真是再高尚不过了。先生们，对于我们灵魂的存在而言，人生真是太短暂了，短得来只能成为一个证明：人不管多么高贵或是低贱，多么功勋卓著或是庸碌无为，都一样地宁可厌倦一切，而不会厌倦人生；没有谁能达到他出发时热切向往的目标——须知一个人即使一帆风顺，也终有倒下的一天，而且常常就是在胜利在望的当儿，他会掉进一个天知道是谁给他挖的陷坑里，从此湮灭无闻。

湮灭无闻！我！对于我来说，我可就是一切啊，只有通过我，我才能感知一切啊！每个有自我意识的人都会发出这样的呼喊，同时加大人生的步伐，以备最终踏上彼岸世界的无尽旅程。自然每个人只是尽其所能地快步往前走。这一个可以迈开漫游者的矫健步子，另一个却穿上一步跨七里的宝靴赶到了前面，两步就顶得上前者一天的路程。不管怎么说吧，前面那位勤勉的漫游者始终是我们的朋友和伙伴，对后面这位巨人般的步伐我们却只能瞠乎其后，只能心存敬意地努力追随，并用我们常人的步幅去衡量他巨人的足迹。

赶快启程吧，先生们！只要细细察看他所跨出的哪怕只是一步，就会使我们胸襟开阔，激情如火，胜似傻乎乎地盯着瞧那浩浩荡荡的王妃入城仪仗。[1]

今天，我们缅怀、景仰这位最伟大的漫游者，自己也因此获得了荣耀。我们懂得珍视他的功绩，自己心中便也生出了它们的萌芽。

---

[1] 写此句时，歌德多半想到了同年在他上学的斯特拉斯堡看见的奥地利公主玛利·安东涅特的仪仗；其时公主正前往巴黎，与法王路易十六完婚。

别指望我发表长篇大论,讲得井井有条;气定神闲,娓娓道来,可不是喜庆日子的调门儿。再说,眼下我对莎士比亚思考得实在不多;搞得好,我在这儿所能讲的,充其量也只是我的一些个预感,我的一些个感受罢了。我读完他作品的第一页,就已经终身倾心于他;待到读罢他的第一个剧本,我更像一个天生的盲人,让神手一摸突然之间便见到了光明。我认识到,我清清楚楚地感觉出,我存在的意义无限地扩大啦;一切于我都是那么新鲜,那么陌生,未曾习惯亮光的双眼不禁感到疼痛。渐渐地,我学会了观看,直到今天,感谢那位赐予我感知力的神灵,我还清楚地体验到我有了怎样的收获。

我毫不犹豫地放弃了有规则的戏剧。在我看来,地点的一致像牢狱一般可怕,情节的一致和时间的一致一如桎梏般地束缚着我们的想象力。我跃上自由的蓝天,才感到自己有了双脚和双手。而今,我看清了那些主张循规蹈矩的先生们在自己的洞窟中给了我多少损害,目睹着还有许多自由的心灵继续蜷伏在他们的洞里,要是我不能向他们宣战,要是我不每天去努力击碎他们的堡垒,我的心就会激愤得爆裂。

法国人奉为楷模的古希腊戏剧,从内到外都具有其特殊的品质,如果说一个法国爵爷已模仿不了阿尔克比亚德斯[1]的话,那么高乃伊更休想对索福克勒斯亦步亦趋。

---

[1] 阿尔克比亚德斯(Alcibiades),公元前5世纪的雅典贵族,兼为政治家、军事家,同时还是大哲学家苏格拉底的弟子。高乃伊(Corneille,1606—1684)是法国古典主义戏剧奠基人,索福克勒斯(Sophokles)是公元前5世纪时的希腊悲剧大师。

希腊悲剧源于古代祭祀的插曲,后来具有了庄严的政治内容,为的是向民众展示其祖先的一桩桩伟大业绩,其内容和风格是那样地纯粹、朴实、完美,以致在心灵中激发起了种种完整而宏伟的感情,究其根源就因为希腊悲剧本身就完整而且宏伟。

再说那又是何等样的心灵啊!

是希腊的心灵!我说不清楚它究竟为何物,可是能体会感觉出它的特性,为了简便起见,我只想提一提荷马、索福克勒斯和忒奥克里特[1],是他们教我体会到了希腊的心灵。

现在就让我实话实说吧:渺小的法国人哦,你想拿希腊人的铠甲去干什么呢,它对于你可是太大、太沉了啊!

正因此,所有法国的悲剧到头来也只是对自身的模拟嘲弄罢了。

正因为它们的情节都十分规则,所以彼此就相似得如同一双鞋子的这只像另一只,而且常常还挺无聊,一般说来特别是那第四幕,这个情况先生们不幸都已亲身经历过了,完全用不着我再啰唆。

我不知道,究竟是谁率先把政治、历史事件搬上了舞台,有兴趣的人尽可以就此写出一篇考证的鸿文。对此一发明的荣誉属于莎士比亚的说法我表示怀疑;但他却把这类戏剧发展到了迄今看来仍为其极致的高度,这就够了。他那样的高度只有极少数人的目力能及,这就意味着很难指望有谁能够忽视他,甚或超越他。

莎士比亚,我的朋友,倘使你还活在我们中间,那我就非追随在你左右边不可,你要是出演俄瑞斯特斯,我就心甘情愿充当你的配

---

[1] 忒奥克里特(Theokrit),公元前3世纪的希腊诗人。

角皮拉得斯,而不屑于去担任得尔福神庙里的祭司长这个威严显赫的人物。[1]

我要停笔了,先生们,打算明天继续往下写,须知我现在的语调虽然发自内心,然而在你们听来也许并不怎么愉快。

莎士比亚的戏剧宛如一只精美的百宝箱[2];在这箱子里,世界历史就像用一根看不见的时光之线串着,从我们眼前一幕一幕地拉过。他的布局,拿时下的行话来说,根本算不上是布局;可是他所有的剧作全都围绕着一个秘密的点转动——时至今日尚没有一位智者见过这个点,给它下过定义——,也就在这个点上,我们的自我本性,我们的意志所要求的自由,都与整个剧情的必然发展产生了冲突。然而,我们败坏了的趣味已蒙蔽住我们的眼睛,我们想要逃出黑暗见到光明,几乎需要重新创造一个世界。

所有的法国人以及受了他们传染的德国人,甚至包括魏兰特[3],在这件事上也和在其他一些事上的表现一样,都不够光彩。伏尔泰一向以亵渎所有至尊为能事,对于莎士比亚的戏剧更成了地道的特尔西托[4]。我要是能为成尤利西斯,就管叫他的脊背在我的杖下皮开肉

---

1 俄瑞斯特斯和皮拉得斯是希腊神话中的一对好朋友,前者为报父仇而杀死了自己的母亲,遭到复仇女神的迫害追逐,后者始终忠实相伴。他俩的故事曾被欧里庇得斯等大戏剧家写成悲剧,歌德后来也以俄瑞斯特斯的事迹创作了名剧《伊菲根尼在陶里斯》。得尔福(Delphi)是古希腊祭祀太阳神阿波罗的神庙所在地。

2 这里所谓"百宝箱"即我们俗称的西洋镜。

3 魏兰特(Wieland,1733—1813),与歌德同时期而年纪稍长的德国重要作家,他用散文翻译的莎士比亚剧作风行一时,但在评注中对莎剧的格调趣旨有所指摘。

4 特尔西托是荷马史诗《伊利亚特》中的一个小丑,因无端谩骂希腊联军的统帅阿伽门农而遭尤利西斯的杖责。

绽，面目全非。

这些先生的大多数还特别讨厌莎士比亚的人物。

而我却要高呼：自然啊！自然啊！没有什么如莎士比亚的人物一般地自然。

一听此言你们全来围攻我。

让我喘口气，把话说完吧！

莎士比亚和普罗米修斯比赛，一点一点地模仿他捏塑人类，只不过身材高大而魁梧；正因此我们就认不出自己的这些兄弟们来啦[1]。随后他又一口气把他的精神吹进自己塑造的人物体内，使他们变得栩栩如生，他借他们所有人的口讲话，于是我们能看出他们之间的血缘关系。

我们这个世纪也竟敢对自然问题妄下结论吗？我们这些人从小在自己身上感到的一切一切，在其他人身上看见的一切一切，都只是束缚和扭曲，又哪儿能认识自然呢！面对莎士比亚我经常感到羞愧，因为不少时候我在一见之下便不由得想，要让我来写准是另一个样子！随后我便认识到，我真是个可怜虫，自然借莎士比亚之口吐露真言，我的那些人物呢，不过是一些由传奇小说的怪诞想法吹成的肥皂泡而已。

就此打住吧，尽管我还没有真正开始。高贵的哲学家们说过的关于世界的话，用在莎士比亚身上同样合适：我们所谓的恶只是善的另外一面，为善的存在所必须，原本系构成整体的一部分，就像必

---

[1] 关于普罗米修斯塑造人的故事，请参见歌德早年的颂歌《普罗米修斯》。

有赤道炎热似火,有拉普兰¹冰冻千尺,地球上才存在温带一样。他领着我们漫游大千世界,我们这些娇生惯养的井底之蛙呢,一碰见只陌生的蚱蟆就呱呱乱叫:天啊,它要吃掉咱们了哦!

　　起来,我的先生们!吹响喇叭,把所有高贵的心灵从所谓优雅时尚的乐园中唤醒。他们一个个在那儿睡眼惺忪,无聊昏愦,说存在吧又不存在,心里倒有热情,骨头却缺少精髓,想歇息不够疲倦,想行动却太懒惰,于是只能在桃金娘和月桂树²丛之间闲来荡去,哈欠不断,行尸走肉般地勉强活着。

1　拉普兰位于斯堪底纳维亚半岛北端的苔原地带,以气候寒冷恶劣著称。
2　桃金娘和月桂树是欧洲18世纪中叶曾经流行的安那克瑞翁诗派常用的意象,象征文艺和诗人的荣誉。

威尼斯船歌[1]

> 导读

以小说《少年维特的烦恼》一举成名的青年歌德，1775年接受卡尔·奥古斯特公爵的盛情邀请到魏玛做客，不想却身不由己，一住十年。在这里诗人整天忙于政务和宫廷酬酢，终于感觉累了，烦了。1786年9月3日凌晨，事先没有通知他称作"小巢"的魏玛的任何人，便改扮成一名画家（亦说商人），化名"缪勒"，离开他正在那儿疗养的卡尔斯巴德温泉，朝着自己从童年时代起就十分向往的南方古国意大利奔去。

意大利不只有温暖的阳光，热情的人民，更是古代文化遗存丰富的文艺复兴发祥地，历来被欧洲的骚人墨客和艺术家视为自己"根"之所在。歌德的父亲就曾为提高修养到意大利游历，并且也留下了一部游记。歌德于出游之前两年写成的长篇小说片段《威廉·迈斯特的戏剧使命》，里边便有个神秘的意大利女孩名叫迷娘，她唱的那首内涵丰富和感人肺腑的怀乡曲"你知道吗，那柠檬花开的地方……"，实际上就

---

[1] 选译自《意大利游记》。

抒发的是诗人自己对意大利的热烈恋慕和向往之情。

在阳光明媚的南国一住一年零九个月,诗人不但遍游威尼斯、佛罗伦萨、罗马、那不勒斯等文化名城,踏访庞贝的古城遗迹,观赏、临摹古希腊古罗马和文艺复兴时期的艺术珍品,而且也了解民情风俗,亲身参加天性乐观的意大利人民的各种节庆活动,如1788年2月的罗马狂欢节,更给他留下了终生难忘的印象。此外,他还广交艺术界的朋友以提高艺术鉴赏力和修养,并亲手作画达一千余幅之多。他还渡海前往西西里岛,悉心考察研究岛上的亚热带植物,在巴勒莫的植物园里为自己提出的植物形变论找到了宝贵的实证,即他所谓的"原植物"。他甚至冒险三次攀登有名的维苏威火山,并且一直走到了火山口的边上,直接观察"那冒着蒸汽的、发出咝咝声的地狱大锅"。总之,到了意大利的广阔天地里,歌德一下子又变得年轻、大胆和充满朝气了,与幽暗湫隘的魏玛宫中那位圆滑老练、"谨小慎微"的枢密顾问相比真叫判若两人。

在文学创作方面,歌德也恢复了活力,完成了反映16世纪尼德兰人民革命的悲剧《埃格蒙特》,把《伊芙根妮在陶里斯岛》的散文初稿修改成了诗剧,《浮士德》和《托夸多·塔索》的写作也有相当进展。

当然还有热烈、实在而幸福的爱情——与诗人一生中那些或者多为柏拉图式的,或者结局往往不幸的恋爱比较而言。在罗马等地,他曾和不止一个活泼爽朗的意大利女子相恋、同居,其中一位更被他耐人寻味地戏称作"浮士蒂娜"。他在回魏玛后不久写成的《罗马哀歌》不乏大胆的性爱描写,充满了他对与浮士蒂娜等爱侣缠绵相处的幸福回忆:

罗马啊，你诚然大如一个世界，可是没有
爱情，世界不成世界，罗马不叫罗马。

如此放肆的对爱的呼喊，表明意大利之旅使歌德恢复了他热爱生活、感情奔放、自由不羁的本性，重新找到了他作为诗人的自我。正因此，在不得不准备返回魏玛的前两周，他竟然每一想起要离开意大利，都会像个孩子似的哭泣……

以当时的日记和书信为基础，歌德在晚年完成了自己最重要的自传性作品《意大利游记》。它不仅全面记录了诗人在这个南方古国的经历、感受和思考，内容异常丰富多彩，思想极其精深博大，而且文笔也活泼可喜，是认识和了解歌德的不可多得的杰作。

1786年9月28日傍晚，根据我们的时钟约下午五时，我终于遵从命运的安排，第一次见到了威尼斯。船从布伦塔河口驶入了浅海区，再过一会儿，我就将登上这座奇妙的岛城，访问这个海狸共和国[1]。如此一来，感谢上帝，威尼斯之于我就不再仅仅是个词儿，不再是个空洞的名字，而我呢，生来就痛恨听空话，因此常常对威尼斯这个名字避之唯恐不及。

当第一艘贡多拉靠近我们船边的一刹那——为的是把某些急不可待的游客早一些接到水城去——，我脑海里立刻浮现出一件儿时的玩具；也许已经二十多年了吧，我再没有想起过它。那是我父亲带回来的一艘贡多拉模型，非常的漂亮精致，因此倍受父亲的珍视[2]，要是什么时候允许我拿着玩一玩，我真叫受宠若惊哩。眼下，那用闪亮的白铁皮包裹起来的尖尖船头，那乌黑乌黑的船舱，全都像在欢迎一位老朋友似的迎接着我；我尽情地享受着终于实现青年时代的美梦的喜悦。

下榻在了环境舒适的"英国女王饭店"，它最大的优点是离圣马可广场很近。[3]我房间的窗户朝着一条夹在幢幢高楼之间的小运河，低头就看见一座单拱木桥，对面则是一条狭窄而热闹的小巷子。我就这么住了下来，而且将继续这么住上一阵子，直到我准备好寄回

1　海狸惯于在自己的巢穴周围垒起土埂，以形成一个浅水塘。威尼斯自公元697年起即为由选举产生的总督进行治理的共和国，并且也修筑称为里多（Lido）的堤埂拦阻亚得里亚海以形成浅水港湾（Lagune），故名。

2　诗人的父亲约翰·卡斯帕尔·歌德年轻时也曾于1740年游历意大利，并且写了一部游记。贡多拉为威尼斯别具风味的小游船，至今犹存。

3　歌德住过的这家旅社现名"维多利亚饭店"，在威尼斯的主要观光地圣马可广场北边不远处。

德国去的包裹，直到我饱览了这座水城的美景、风物。而今，我可以尽情享受过去时常渴望获得的孤寂，要知道，在挤过熙熙攘攘的人流时却不为谁认识，你所感到的孤寂将赛过在任何别的地方。在威尼斯也许只有一个人认识我，但我不会马上碰见此人。

9月29日，米迦勒节傍晚

关于威尼斯，书里书外都已经讲得很多了，我不想再细加描写，只说说自己亲身的经历。而在一切一切之中，首先引起我兴趣的，仍然是这座城市的人民，是那数量巨大的、无所不在的、不容你须臾逃避的民众。

当初，他们一伙子人逃到这些小岛上来并非为寻欢作乐，后来的那些与他们汇聚在一块儿也不是出于自愿；危难教会了他们在极其不利的处境中寻求安居之地，谁知不利却转化为有利，他们也因此变得聪明起来。与此相反，整个北方世界却仍旧笼罩在黑暗里。对他们来说，人丁兴旺，殷实富足，乃是必然的结果。而今，城里房舍紧挨着房舍，沙滩、沼泽都已被岩岸取代，就像密集生长的树木不能向旁边发展只好往上冲，这儿的房屋也同样拼命耸入天际。每一寸土地都极其金贵，人们一开始便被塞在狭小的居室里，能留给街巷的宽度也仅仅够把一排房子与对面的房子隔开来，并让市民勉强可以通过而已。至于他们的街道、广场和散步的地方，则统统已为水流所取代。威尼斯这座城市实在太独特了，威尼斯人必须成为一种新的造物。它那像蛇一样曲折蜿蜒的大运河不输于世界上任何一条通衢大道,它在圣马可广场前的空旷浩渺更举世无双。我指的是那一大片为威尼斯本身环抱着的平明如镜的半月形海湾。海湾左边的水面上,圣乔治长岛历历可见,长岛的右边是朱代卡岛及其运河,再往右则看得见海关和大运河的入海口;就在那里,正对着我们,有一群大理石的教堂建筑熠熠闪亮。倘使我们置身于圣马可广场那两根圆柱之间,上边所讲就是投进我们眼帘的主要景物的大致轮廓。威尼斯的远景、近景经常表现在铜版画里,朋友们很容易生动地想象出实际的情形。

为了得到一个威尼斯的总体印象,早饭后大概记住了下榻地的方位,也没带向导便独自钻进了城市的迷宫。只见大小运河纵横交错,整个市区被切割得支离破碎,然而又让大大小小的桥梁拉扯在了一起。[1] 到处都狭窄、拥挤,不是亲眼见着根本想象不出来。通常情况下,伸开双臂就等于,或者几乎就等于一条巷子的整个宽度;在那些最窄的小巷,更是只需双手叉腰,胳膊肘就能碰着两边的墙壁。诚然也有宽一些的街巷,这儿那儿也有一小片开阔地;但比较而言,威尼斯的一切都可称之为袖珍、玲珑。

很容易就找到了大运河和横跨在河上的主要桥梁——用白色大理石砌成的单孔里亚尔托桥。站在桥顶下望,风光美不胜收:大运河上船只穿梭往返,从大陆运来的所有生活必需品,主要都停靠在附近卸货;货船之间犹见不知多少贡多拉在漂摇荡漾。特别今天又是米

---

[1] 威尼斯由浅水区中118座小岛组成,其间流淌着大小运河150余条,最长的一条即大运河有3.8公里,连接各个小岛的桥梁约400座。

迦勒节，整个场面就更加地热闹、欢快。为了描述得详细一些，我得稍微扯远一点儿。

威尼斯让大运河分割成两个大区，其间的唯一联系就是里亚尔托桥；然而为了交通方便，也设有不少固定的渡口，供市民乘平底木船渡河。今儿个那渡口的境况实在好看，太太小姐们一个个都梳妆打扮，戴着黑色的面纱，三五成群地来乘渡船，为的是到对岸的米迦勒教堂去赶这位天使长的纪念弥撒。下得桥来，我走到一个渡口跟前，以便大饱眼福。在那些上船下船的女士当中，我发现确有几位的身段和模样儿都异常地姣美动人。

看得倦了，才坐进一艘贡多拉，离开狭窄的街巷，准备去海湾的另一面看看。于是穿过大运河的北段，绕着圣克拉拉岛驶入浅海地带，再折进朱代卡岛的运河，一直到了圣马可广场的正对面。置身此地，我也像每一个躺在贡多拉里的威尼斯人一样，突然感到自己成了亚得里亚海的主宰。这时候，不由得缅怀起我那善良的父亲来；他一生中最得意的事，就是讲自己类似的经历感受。我将来是否也会如此呢？这围绕着我的一切，乃是一个由无数人的劳动所完成的丰功伟绩，乃是一座令人肃然起敬的、宏伟高大的纪念碑；但这碑不属于某个统治者，而属于全民族。今天，就算他们的浅海区已渐渐干涸淤塞，沼泽地上已弥漫着恶臭浊气，就算他们的贸易已不再繁荣，他们的权势已衰败弱小，然而，他们共和国的整体结构和性质依然存在，仍无时无刻不令旁观者深深地钦仰、敬佩。威尼斯只是受到时光的侵凌罢了，一如世间所有有形的存在。

9月30日傍晚

今天搞到一张威尼斯地图，对城市的布局有了进一步的了解。在对它作了几分研究之后，我便爬上圣马可广场的高塔，纵目远眺。正午时分阳光灿烂，无须望远镜就能看清远远近近的许多地方。潮水已将海湾中的浅水区淹没，我把目光转向那所谓的地角——一条把浅水区封闭起来的狭长海滨——，便第一次见到了大海和漂浮在海上的点点帆影；靠里边的浅水湾里却停着一艘艘大桅帆船和三桅战舰。整个船队原本奉命去增援正在与阿尔及利亚人作战的埃莫骑士，由于风向不对才停在这儿等候。从黄昏至午夜的这段时间，以帕图亚和维岑察的山峰以及提罗尔群山作为背景，整个威尼斯真个美不胜收，风光无限。

10月3日

昨晚去了圣摩西歌剧院——它之所以叫这么个名字，就因为与摩西教堂紧紧相邻——，结果却十分扫兴！内容乏味，音乐差劲儿，歌手们也缺少内心的激情，而最后这点正是使歌剧演出精彩感人的唯一凭借。可也不能讲某个部分演得不好；但是只有两位女主角确实卖了劲儿，认真地在唱、在演，在博取观众的赞赏。这嘛多少总算有点看头。她俩身段漂亮，歌喉甜美，表演活泼伶俐，整个儿叫人赏心悦目。相反，那帮男演员却一个个没精打采，全然缺少取悦观众的兴趣，也没有一条嗓子称得上高亢明亮。

芭蕾表演更加糟糕，以致观众嘘声不断。虽然也有一些出色的男女舞者，但女的几位似乎觉得自己的职责就在于向观众展示其躯体的一个个美丽动人的部分，以此赚取热烈的喝彩。

10月5日

今天一早去参观了兵工厂[1]，由于迄今对航海方面的事一无所知，到了这里才接受启蒙教育，所以始终兴味盎然。要知道，工厂仍然像个旧式大家庭似的在运转着，虽然它兴旺发达的黄金时代已成为过去。我还凑到工匠们身边，看见了不少有意思的情况；旁边耸立着一艘已经完工的战舰龙骨，我便爬上了这个装有八十四门火炮的庞然大物。

同样的一艘战船，六个月前在斯拉沃尼亚人的河岸[2]失火沉没了；幸好船上的弹药舱装得还不太满，爆炸时没有造成巨大的灾难，只是邻近房舍的玻璃窗遭了殃。

亲眼看到了产自伊斯特拉半岛[3]的漂亮橡木的加工情况，静静地观察了这一珍贵树种的发育生长过程。我要不厌其烦地反复声明，

---

1 始建于1104年的著名造船厂，15世纪时即有工人1600名左右，其建成于1460年的大门为最早的文艺复兴式建筑之一。
2 威尼斯的著名游览胜地。
3 即位于亚得里亚海边的克罗地亚半岛。

对这些最终都被人类当作材料来使用的自然造物，我曾辛辛苦苦地进行学习和了解，结果获益多多，有关的知识随时能帮助我弄明白艺术家和工匠们的操作原理。同样，对于高山及其所开采出来的矿石的了解，也大大增进了我的艺术。

10月6日

　　今天晚上，我给自己预定了一场船夫们用自己的调子唱塔索和阿里奥斯托[1]的著名演出。真的必须事先预定；通常是没有这样的演唱的，确切地讲，它本属于一个几乎已湮灭无闻的古代传说。我在月光下登上一艘贡多拉；船头站着一个舟子，船尾站着另一个。他俩开始唱起来，轮流唱出一个又一个诗句。曲调的性质介乎于赞美诗和宣叙调之间，如我们在卢梭的作品中了解的那种；速度始终如一，没有明显的节奏；调式也老是相同，只有音高和音量随着诗句内容的变化而变化，就像在朗诵时那样。然而如我下面要讲的，这一演唱的精义和生命却不难理解。

　　至于曲调产生形成的途径，我不想深究；一句话，对一个略知音律并能背熟一些诗句的闲人来说，用它进行配唱确实倒蛮适合。

　　通常，一名歌手坐在一个岛屿的岸边，或者在一条运河的船上，

---

[1] 塔索是16世纪的意大利诗人，代表作为史诗《解放了的耶路撒冷》，阿里奥斯托是他所效力的宫廷中的宰相。两人为势不两立的对手。歌德也以塔索的故事写成了一部同名的悲剧。

放开喉咙纵情高歌,让嘹亮的歌声尽量传到远方——威尼斯人比什么都重视劲道。在静静的水面上,歌声飘荡开去,另一个歌手远远地听见了它,熟悉它的曲调,理解它的歌词,便唱下面一句进行回应;接着第一个歌手又回答他,如此这般,一个总应和着另一个。他们可以通宵达旦地唱上几夜而不会叫疲倦。两位歌者相互间隔越远,歌声越加动人,听者最适合的位置则居于他俩之间。

为了让我也一饱耳福,我雇的两位船夫便在朱代卡岛登了岸,各自走向运河的两端;我呢,则在他俩中间往来穿梭,总是谁开始唱立刻远离谁,谁收住歌喉又向谁靠近。直到这时,我才一下子明白了如此唱法的真正含义。那从远方飘来的歌声一如哀而不怨的倾诉,听在耳里感觉奇特极了,活像蕴藏着某种难以置信的魔力,直感动得你下泪。我把这归咎于自己的多愁善感;老向导却讲:"真是奇怪,这么唱唱就能叫人哭眼抹泪;他们唱得越好,听的人越控制不住自己的泪水。"[1] 他希望我去听听地角那边的妇女们唱歌,特别是听马拉莫科和佩勒斯特里纳这两个地方的渔妇唱;他讲她们也会唱塔索,而且调子一样,或者差不多。

"丈夫出海打鱼去了,娘儿们总习惯坐在岸边上,在傍晚时分扯开嗓门儿冲着大海一个劲儿唱啊、唱啊,直到听见从远方传来自己男人的歌声。妻子和丈夫就这样对答交谈,"老向导接着讲。

这难道不挺美吗?只不过可以想象,一个第三者在附近听见这样的歌声心里是不怎么好受的,因为他们正在大海上与风浪搏斗啊。

---

1 原文为意大利语。

然而，它们的内容既真实又富于人情味，它们的曲调又生动又自然；反之，歌词本身却会叫我们想破脑袋，因此只是些僵死的字母而已。歌声把孤独者的问候送往遥远的远方，为了让与自己心心相印的另一个人能够听见，能够回应。

10月8日

今天早上跟着我的守护神乘船去里多，登上了这条把浅水区与大海隔离开并封闭起来的狭长地角。上岸后横穿过去，耳畔已响起一阵阵的喧嚣。这是海在怒吼，我马上就看见了它。它在岸边激起如山的巨浪，随后又跌落下去；已到中午，正是退潮的时候。我终于亲眼见到大海啦！在潮水留下的平整沙滩上，我追逐着海的脚迹。要是孩子们能来捡贝壳就好喽。[1] 我自己也像小孩似的捡了个够，不过却拿来派了点用场：我把这里常常湿漉漉地溜掉的墨鱼装了些在贝壳里面，使其慢慢变干。

在地角离海不远的地方，埋葬着一些英国人以及犹太人；这两种人都不许长眠在神圣的土地上。[2] 我找到了高贵的史密斯公使和他头几位夫人的墓地。我的那尊雅典娜雕像就是他所馈赠，为此我在他并不神圣的墓畔对他表示了感激。

他这墓葬岂止不神圣，简直快要让沙给淹没了。里多地角经常

---

[1] 歌德想到了留在魏玛的施泰因夫人的儿子弗里兹和赫尔德尔家的孩子。
[2] 因为他们被视为异教徒。

不过像一道沙梁，海风把沙子刮得飞来飞去，四处堆积，坟丘便遭到了排挤。过不了多少时候，这稍稍隆起一点的纪念地恐怕再没有踪迹可寻了。

大海实在壮观！我真想尝尝驾着渔船出海去的滋味儿；只可惜没有一艘贡多拉，敢划我到海上去。

黑塞说书

> **导读**

赫尔曼·黑塞（Hermann Hesse），德国作家，诗人。1877年出生于德国小镇卡尔夫，从小受到东西方多种文化的影响。1923年入瑞士籍。1946年，由于"他的富于灵感的作品具有遒劲的气势和洞察力，也为崇高的人道主义理想和高尚风格提供一个范例"获得诺贝尔文学奖。1962年病逝于瑞士，享年85岁。

黑塞爱好音乐与绘画，是一位漂泊、孤独、隐逸的诗人。他的作品多以小市民生活为题材，表现对过去时代的留恋，也反映了同时期人们的一些绝望心情。黑塞的作品不以情节曲折取胜，而是以展现内心冲突撼人。黑塞受弗洛伊德精神分析影响颇深，自己亲受治疗，他炉火纯青地以剖白、梦境、幻想、隐喻、象征、意识流各种技巧来凸现人的内心世界，令人击节叹赏。

黑塞一生勤奋，重要作品有《车轮下》《荒原狼》《玻璃珠游戏》《德米安》《流浪者之歌》《知识与爱》《东方之旅》，以及《诗歌集》《回忆录》等。本文节选自黑塞的《读书随感》。

书的魔力 (1930)

在人类并非得自自然的赐予，而是由自身的精神创造出来的众多世界中，书籍的世界乃是最宏大的。一当幼儿在自己的小黑板上涂写下头几个字母，一当他进行阅读的最初尝试，他便迈出了进入这个人造的极其复杂的世界的第一步；可是，要想完全认识这个世界的法则和规章并运用自如，任何人虽穷其一生也不能够。没有语言，没有文字和书籍，便不存在历史，便不会有人类这个概念。如果谁企图以一个狭小的空间，以一幢房屋甚或仅仅一个房间包容人类精神的历史，并且将其据为己有，那他只有一个办法达到自己的目的，就是精心地挑选和阅读书籍……

对于世界上的所有民族，语言和文字都是神圣而富有魔力的东西；命名如同书写，原本都是巫术，都是精神对自然神秘地占有和驾驭。因此，无论在什么地方，书写的本领总是被尊崇为神的恩赐。在大多数民族，写字和读书都曾是只允许僧侣掌握的神圣的秘术。一个年轻人要是立志去学习这些了不起的本领，那可是一件非同一般的大事。它们不易学，也不容大众去学，要学会就必须潜心矢志，作出牺牲。以我们民主文明的眼光观之，精神在当时是某种较之今日更为稀罕，但是也更加高贵和神圣的东西；它处于神的保护之下，不是任何人都能得到。通向它的路充满艰辛，要得到它必须付出代价。我们很难想象，在处于教会和贵族控制下的文化形态中，在一个净是文盲的民族里面，通晓文字的奥秘意味着什么！意味着超乎寻常和拥有权威，意味着拥有法力和巫术，意味着拥有护符和魔杖。

这一切，看起来已经完全变了。今天，文字和精神的世界，看起来已经对每一个人敞开，岂止敞开，他甚至将被强拖进去，如果他存心逃避它的话。今天，能读会写看起来差不多只等于能呼吸或者充其量会骑马罢了。在今天，文字和书籍看起来已经被夺去了所有特别的价值、所有的魅力和魔力。不错，在教会内还存在"神圣的"启示录这个概念；但是，由于西方唯一还真正强有力的宗教组织即罗马天主教已不大在乎把《圣经》说成是俗人的读物了，事实上便不复存在所谓圣书，只有少数虔诚的犹太教徒和某些基督教新教徒仍然是例外。今天，这儿那儿可能仍执行着宣誓就职者必须手抚着《圣经》的规定，但它仅仅是昔日的熊熊烈火一点儿业已冷却的残烬死灰而已，也和誓词本身一样，对于今日的正常人已不具有任何约束之魔力。书籍不再是秘宝，看起来人人皆可得到。从民主和自由主义的立场观之，这是一个进步，是理所当然；但从另外一些立场看，也是精神的庸俗化和贬值。

我们不愿失去因取得了进步而感到的欣悦之情，我们愿为读和写已不再是某个集团或等级的特权而感到高兴：自从发明了活字印刷，书籍就变成了普遍和大量传播的实用品和奢侈品，巨大的印数使它们价格便宜，民众中纵使经济能力很差的人也有了得到该民族的最佳杰作（那些所谓经典作品）的可能。我们不想为书籍几乎已丧失尽昔日的崇高性质过分地悲哀，不想为它近来遭到电影和广播的排挤，甚至在广大民众眼中似乎也进一步失去了价值和吸引力而感到悲哀。我们还完全不必担心书籍将来会彻底消亡；恰恰相反：随着时间的推移，一定的娱乐需要和民众教育的需要越是能通过其他发明得到满足，书籍也会越来越多地恢复尊严和权威。因为就连最幼稚的陶醉于进步的人也很快会认识到，文字和书籍的作用是永恒的。事实将表明，文字记载和这些记载的代代相传，对于人类之有历史和一个持续久远的自我意识来说，不仅是重要的辅助手段，简直就是唯一的手段。

上面我讲了今天书籍"看起来"已经失去它的魔力，今天不会读书的文盲"看起来"已经很稀罕了。为什么讲"看起来"呢？难道那古老的魅力还存在什么地方？难道仍然有着神圣之书，魔鬼之书，种种富有魔力的书吗？难道"书的魔力"一说，还未完全过时和属于童话吗？

是的，正是这样。一如自然的法则不会改变和被"取消"，精神的法则也不容改变和"取消"。你尽可以消灭僧侣和星相家的集团，废除他们的种种特权。你尽可以把过去曾经是少数人秘密财宝的知识和文学作品，向大众开放，是的，甚至强制大众去认识它们。可是，所有这一切都是表面现象；实际上，自从路德翻译《圣经》和古腾堡[1]发明活字印刷以来，精神世界丝毫未起变化。全部魔力仍然存在，精神仍然是一个等级森严的特权小集团的秘密，只不过这个集团已经失去了特定的名称罢了。几个世纪以来，文字和书籍在我们这儿已成为所有阶级的共同财富——就像在取消了按等级着装的清

---

[1] 古腾堡（Johannes Gutenberg，1398—1468），在德国和欧洲第一个发明活字印刷的人。

规戒律之后,时装已成为所有人的财富一样——只不过,创造时装的权利,现在和过去一样,仍然保留在少数人手里,而一位风姿绰约、趣味高雅的美女穿着即便完全相同的衣服,看上去也会与一个平庸的妇人不大相同。除此而外,精神领域在实现民主化之后,还发生了一个很有意思的和使人误入歧途的转移:精神的领导权从僧侣和学者的手中脱落出来,滑向了某个无法再固定和把握的地方,某个它既无须争取合法性也没权威可凭借的地方。因为那个似乎在起着领导作用的精神和知识阶层,那个制造着不同时期的公众舆论或者至少发布着每天的口号的阶层,它并不就是进行创造的阶层。

我们不想谈得太抽象。就从近代的精神史和书籍史中随便举个例子吧!设想有一位在1870年至1880年间博览群书的有教养的德国人,一位法官、一位医生、一位大学教授甚或一位爱读书的普通人什么的:他可能读了些什么呢?他对他那个时代和他的人民的精神创造有何了解?他与他那个时代的现实和未来发生了怎样的关系?他那个时代为批评界和公众舆论所肯定、所赞扬和认为值得一读的文学,今天又到哪儿去了呢?简直是一点影子也没留下。那时候,不分老幼贵贱,德国人耽读的差不多都是施皮尔哈根和马利特的作品,或者充其量是盖贝尔的优美诗篇——其印数是后来的任何抒情诗人未达到的——以及那位著名的"塞金根的号手"的诗作,它们比盖贝尔的诗更加普及和受欢迎。那时候,陀思妥耶夫斯基正在写自己的小说;在富裕和恣情享乐的德国,尼采还是个无名的和遭奚落的踽踽独行者。

例子举不胜举。显然,精神尽管看起来是民主化了,一个时代的精神财富看起来已属于该时代每一个学会了阅读的成员,可是,一切重要事情实际上仍然是秘密地和不为人知地在发生,仿佛地底下某个地方依旧存在着一个僧侣或阴谋集团,从无名的隐秘中操纵着人们的精神命运……

在更狭小和单纯得多的方面,我们同样每天都可观察到书籍那十分奇妙的命运,发现它时而具有极大的魅力,时而又将其隐藏起来。诗人们在鲜为人知或者根本不为人知的情况下生活和死去,而在他们死后,在他们死去常常是几十年之后,我们却看见他们的作品突然复活,突然大放异彩,好似时间不存在一样。我们惊讶地目睹,尼采生前为他的民族众口同声所否定,仅能对数十名智者完成他的使命,可在他谢世已经几十年后,却突然成了一个受宠爱的作者,作品印多少也满足不了需要。还有荷尔德林的诗,也在问世的一百年后突然风靡了一代新的大学生。还有古老的中国智慧,还有那位老子,也在数千年后突然被战后的欧洲所发现,所曲译,所曲解,似乎像美洲冒险小说或者狐步舞一般流行开来,然而在我们现实的精神创造层却产生着极大的影响和作用。

每一年,我们都看见成千上万的儿童走进学校,开始学写字母,拼读音节。我们总发现多数儿童很快就把会阅读当成自然而无足轻重的事,只有少数儿童才年复一年,十年又十年地对学校给予自己的这把金钥匙感到惊讶和痴迷,并不断加以使用。他们为新学会的字母而骄傲,继而又克服困难,读懂一句诗或一句格言,又读懂第一则故事,第一篇童话。当多数缺少天赋的人将自己的阅读能力很快就只用来读报上的新闻或商业版时,少数人仍然为字母和文字的特殊魅力所疯魔（因为它们古时候都曾经是富有魔力的符箓和咒语）。这少数人就将成为读书家。他们儿时便在课本里发现了诗和故事，例如克劳迪乌斯的一首诗或者赫贝尔和豪夫的一篇小说什么的，但在学会阅读技巧之后并不背弃它们，而是继续深入书的世界，一步一步地去发现这个世界是何等广大、恢宏，何等气象万千和令人幸福神往！最初，他们把这个世界当成一个小小的美丽幼儿园，园内有种着郁金香的花坛和金鱼池；后来，幼儿园变成了城里的大公园，变成了城市和国家，变成了一个洲乃至全世界，变成了天上的乐园和地上的象牙海岸，永远以新的魅力吸引着他们，永远放射着异彩。昨天的花园、公园或原始密林，今天或明天将变为一座庙堂，一座有着无数的殿宇和院落的庙堂；一切民族和时代的精神都聚集其中，都等待着新的召唤和复苏，都时刻准备着将它那万千声音和形式掩盖下的同一性体验。对于每一位真正的阅读者来说，这无尽的书籍世界都会是不同的样子，每一个人还将在其中寻觅并且体验到他自己。这个从童话和印第安人故事出发，继续摸索着走向莎士比亚和但丁；那个从课本里第一篇描写星空的短文开始，走向开普勒或者爱因斯坦……通过原始密林的路有成千上万条，要达到的目的也有成千上万个，可没有一个是最后的终点；这个眼前的终点后面，又将展现出一片片新的广阔的原野……

　　这儿还根本未考虑世界上的书籍在不断地增多！不，每一个真正的读书家都能将现有的宝藏再研究苦读几十年和几百年，并为之欣悦无已，即使世界上不再增加任何一本书。我们每学会一种新的语言，都会增长新的体验——而世界上的语言何其多啊！……可就算一个读者不再学任何新的语言,甚至不再去接触他以前不知道的作品,他仍然可以将他的阅读无休止地进行下去,使之更精、更深。每一位思想家的每一部著作,每一位诗人的每一个诗篇,过一些年都会对读者呈现出新的、变化了的面貌,都将得到新的理解,在他心中唤起新的共鸣。我年轻时初次读歌德的《亲和力》只是似懂非懂,现在我大约第五次重读它了,它完全成了另一本书!这类经验的神秘和伟大之处在于:我们越是懂得精细、深入和举一反三地阅读,就越能看出每一个思想和每一部作品的独特性、个性和局限性,看出它全部的美和魅力正是基于这种独特性和个性——与此同时,我们却相信自己越来越清楚地看到,世界各民族的成千上万种声音都追求同一个目标,都以不同的名称呼唤着同一些神灵,怀着同一些梦想,忍受着同样的痛苦。在数千年来无计其数的语言和书籍交织成的斑斓锦缎中,在一些个突然彻悟的瞬间,真正的读者会看见一个极其崇高的超现实的幻象,看见那由千百种矛盾的表情神奇地统一起来的人类的容颜。

我最爱读的书(1945)

人们已无数次地向我提出这个问题:"您最爱读什么书?"

对于一个爱好世界文学的人来说,这个问题颇难回答。我一生读过数万种书,有的读过不止一遍,有的读的遍数更多。我原则上反对将某些文学、流派或者作家排除于我的藏书之外,排除于我的关注或者讲我的兴趣之外。然而尽管如此,这个问题提得还是有理,在一定程度也是可以回答的。一个人可以样样都吃,从黑面包到狍子肉,从胡萝卜到鳟鱼,统统来者不拒,但是仍不妨有三四种特别心爱的佳肴或食物。而一位音乐爱好者,他心里想的可能经常是巴赫、亨德尔和格鲁克,可并不因此就要完全漠视舒伯特或斯特拉文斯基。至于我,认真想想,在任何一个民族的文学中都会碰见一些更亲近和更喜爱的领域、时代及风格:例如,在希腊文学中,我就较亲近荷马而疏远悲剧作家,较亲近赫罗多特而疏远图齐迪德斯。同样,我必须承认,我与所有风格悲壮的作家都不十分投机,都有些难以亲近;我在内心深处不喜欢他们,对他们的敬意总带有几分勉强,不管他们是但丁或是黑勃尔,是席勒或是斯特凡·乔治。

我一生中最常探访、了解大概也最深的世界文学的领域,是那个今天看来似乎已经无限遥远的,是的,甚至已经成为传说的德国——1750年和1850年之间的德国;而歌德,就是这个德国的文学的中心和顶峰。在这个德国,我既不必担心会有的失望,也不存在发现什么轰动事件的奢望。每一次去最古老的和最遥远的世界漫游之后,我总要回到这个德国,回到那些诗人、书信作者和传记作家身边;他们全都是高尚的人道主义者,又几乎全带着大地的气息,民众的气息。特别令我感到亲切的自然是那样一些书:书中有我十分熟悉的风景、民俗和语言,有我从孩提时代起就习以为故乡的一切;在读这样的书时,我享受到了那种对最微妙的细节、最隐讳的暗示、最轻柔的韵味都能心领神会的特殊幸福。每当读完一本这样的书不得不再拿起其他书,例如再拿起一部译著或者一部缺少有机的、真正的、鲜活的语言和音乐的作品，我都会浑身一震，心里颇不是滋味。能令我产生上述幸福感的自然是德语，特别是西南方的、阿雷曼尼和施瓦本地区的德语。这儿我只需要提一提默里克或者赫贝尔；不过那个幸运的时代的几乎所有德国作家和瑞士作家，从青年歌德到施迪夫特，从《亨利希·施蒂林的青年时代》到伊美尔曼和窦洛斯特－许尔斯霍夫，他们的作品全都令我心花怒放，而今日这些美妙的杰作的绝大多数仅仅还为数可怜地存在于一些公私藏书中，在我看正是我们这个可怕的时代最丑恶和最触目惊心的病征之一。

然而，血统、故土、母语并非一切，在文学同样如此；超越这一切之上还有人类。常常既令我感到惊讶又令我感到幸福的是，在最遥远和最陌生之处也能发现故乡，对那些似乎最隐秘和最难接近的东西也能产生热爱，并与之变得亲密起来。这种情况，在我的前半生可以印度的精神文化，随后又可以中国的精神文化为证。我之走向印度人，至少还有路可循，还有种种先天的原因：我的父母和外祖父都到过印度，学会了印度的多种语言，多少受过印度精神的熏陶。可是，我在满了三十岁以后，还压根儿不曾料到，世界上还有着一种如此美妙的中国文学，还存在一种极富特性的中国人生观和人道精神，它们不仅为我所喜爱和珍视，甚而至于变成了我的一个精神归宿和第二故乡。早先，除去吕凯特移译的《诗经》，我对中国文学一无所知；可后来，未曾料到的事情就发生了，通过卫礼贤（Richard Wilhelm）和其他一些人的翻译，我认识了一些东西，没有这些东西，我真不知该怎样活下去：那就是智与善的中国道家的理想。我对中文一字不识，也从未到过中国，却有幸在两千五百年前的中国经典中找到了自己的种种预感的证识,找到了一种精神气氛和故乡,一种我只是从自己的出生和语言所造就的世界里才获得过的感觉。这些通过杰出的庄子之口,通过列子和孟轲之口讲述出来的中国贤者和智者,他们与上述那些风格悲壮的作家恰恰相反;他们惊人地朴素,既接近民众又接近日常生活,无拘无束,隐逸出世,快乐知足;他们的表达方式永远叫人感到惊讶和欣喜。孔夫子是老子伟大的对立面,是一位礼制家和道德家,是一位立法者和卫道士,是中国古代贤哲中唯一有着几分威仪的一位;但是,在某个场合他仍被说成"是知其不可为而为之者"!由此而表现出了一种从容,一种幽默,一种质朴恬淡,在其他任何文学中我再找不出类似的例子。我现在经常想起他的这句话以及其他的一些语录,也包括在我观察世界形势和聆听某些近几年或几十年意欲统治世界,完善世界的人物的言论的时候。这些人行动有如伟人孔子,但在他们的行动背后却缺少"不可为"的自知。

还有日本人我也不该忘记,尽管他们占据我的心思、给我的精神营养远远不如中国人那么多。今天日本和德国一样在人们的心目中都只是个好战的国家。岂知几百年来,在那儿也一直存在着某种既雄伟又睿智、既空灵又坚定甚至还通俗入世的精神,那就是禅。禅起源于印度的和中国的佛教,可到了日本才绽开出无比绚丽的花朵。我视禅为任何民族所能争取到的最宝贵财富之一,为一种堪与佛陀和老子媲美的实战和智慧。过了相当时间以后,日本的抒情诗也令我十分倾倒,特别是因为它那对于极度的简约和短小的追求。一个人在读过日本诗之后不可马上读现代德语诗,否则我们的诗就会显得臃肿，笨拙，无可救药。日本诗人发明了十七字俳句之类的奇妙诗体；他们时刻牢记，艺术不会来自轻松，而是相反。曾经有位日本诗人写了一首只有两行的诗，道：大雪盖疏林，梅开再三枝。他将此诗交给一位行家品评，人家却告诉他，"一枝梅花足矣！"诗人认识到人家完全正确，而自己离真正的简约还何其远矣，于是接受了友好的劝告，改成功的诗直到今天还不曾被人忘记。

不时地有人把我们这个小小的国家现在生产了过多的书籍当作笑话。[1]这种人哪里知道，我要是年轻力壮一点，今天就不会干其他任何事情，而将致力于书籍的编辑和出版工作。对于这种延续精神生命的工作，我们既不能坐等到参战国也许再恢复元气之日，也不能像赶繁荣时期的浪头似的草率为之。世界文学正遭受着危害；而那些匆忙地粗制滥造的新版本，危害之烈与大战及其后果差不多。

读书：目的和前提（1927）

真正的修养不追求任何具体的目的，一如所有为了自我完善而作出的努力，本身便有意义。就说对体力、灵敏和美的追求吧，终极目的也并非使我们变得富有、出名和强壮什么的，而是要提高我们的生活情趣和自信，让我们更加快乐、幸福，对自己的安全和健康更加胸有成竹，因而本身便包含着价值。同样地，对于"教养"也即精

---

[1] 其时黑塞生活在瑞士，已入瑞士国籍。

神和心灵的完善的追求，并非朝向某些狭隘目标的艰难跋涉，而是我们的自我意识的增强和扩展，使我们的生活更加丰富多彩，享受更多更大的幸福。因此，真正的修养一如真正的体育，同时既是完成又是激励，随处都可到达终点却从不停歇，永远都在半道上，都与宇宙共振，生存于永恒之中。它的目的不在于提高这种那种能力和本领，而在于帮助我们找到生活的意义，正确认识过去，以大无畏的精神迎接未来。

为获得真正的教养可以走不同的道路。最重要的途径之一，就是研读世界文学，就是逐渐地熟悉掌握各国人民的作家和思想家的作品，以及他们在作品中留给我们的思想、经验、象征、幻象和理想的巨大财富。这条路永无止境，任何人也不可能在什么时候将它走到头；任何人也不可能在什么时候将哪怕仅仅只是一个文化发达的民族的全部文学通通读完并有所了解，更别提整个人类的文学了。然而，对每一部思想家或作家的杰作的深入理解，却都会使你感到满足和幸福——不是因为获得了僵死的知识，而是有了鲜活的意识和理解。对于我们来说，问题不在于尽可能地多读和多知道，而在于自由地选择我们个人闲暇时能完全沉溺其中的杰作，领略人类所思、所求的广阔和丰盈，从而在自己与整个人类之间，建立起息息相通的生动联系，使自己的心脏随着人类心脏的跳动而跳动。这，归根到底是一切生活的意义，如果活着不仅仅为着满足那些赤裸裸的需要的话。读书绝不是要使我们"散心消遣"，倒是要使我们集中心智；不是要用虚假的慰藉来麻痹我们，使我们对无意义的人生视而不见，而是正好相反，要帮助我们将自己的人生变得越来越充实、高尚，越来越有意义。

　　旨在了解世界文学而进行的作品选择将因人而异；它不仅取决于一位读者为满足这个高尚的需求能够牺牲多少时间和金钱，还取决于许多其他的因素。对这个人也许柏拉图是最可敬的智者，荷马是最可爱的诗人，对于他，柏拉图和荷马始终将成为全部文学的中心，其他一切都得从这个中心出发去加以整理和评判；可对另一个人，占据这个中心位置的也将是另一些名字。这个人有能力欣赏高雅的诗句，跟随着作者驰骋想象，玩味语言抑扬顿挫的音乐美；那个人却更执着于富有智慧的作品。这个人总是偏爱用他的母语写的著作，甚而至于对其他任何作品都不屑一顾；那个人反过来也许特别喜欢法国的、希腊的或者俄国的作品。再说，一个人不管多么博学，总是只懂得不多的几种语言；并非其他时代和其他民族的所有重要作品都已翻译成德语，而且有许许多多的文学作品压根儿就不可译，例如真正的抒情诗……

　　要想建立与世界文学的生动联系，读者的第一要务乃是认识自己本身，进而再认识那些特别能引起他共鸣的作品，而不要遵循任何的模式或者教学大纲！他必须走一条爱之路，而非义务之路。仅仅因为某部作品有名，因为羞于不了解它就强迫自己去阅读，实乃大错而特错。恰恰相反，每个人都该在他感觉最自然的地方，开始对书籍的阅读、了解和喜爱。有的人在学生时代已早早发现自己对优美的诗歌的爱好，也有人更爱好历史和乡土传说；有的人也许喜欢民歌，还有人觉得阅读那种细致地考察我们心灵的感受并给予高度理性的解释的作品，更加富有魅力和令人欣喜。阅读之路有千万条。

可以从小学课本和日历出发，而终结于莎士比亚、歌德或者但丁。一本别人称赞而我们也试图读却引不起我们兴趣的作品，一本令我们反感、无法读进去的作品，千万别强迫自己耐着性子硬往下读，应该干脆放弃。所以也不要过分地鼓励和规劝小孩子和年轻人去读某一专门范围内的书；否则，会搞得他们终身厌恶那些最优美的著作，是的，甚至厌恶读书本身。让每个人凭自己的爱好去开始阅读，读一部文学作品或者一首诗或者一则报道或者一篇论文，以此为出发点，然后再扩而大之。

作为开场白话已经说得够多了！世界文学的辉煌殿堂对每一位有志者都敞开着，谁也不必对它收藏之丰富望洋兴叹，因为问题不在于数量。有的人一生中只读过十来本书，却仍然不失为真正的读书人。还有人见书便生吞下去，对什么都能说上几句，然而一切努力全都白费。因为教养得有一个可教养的客体作前提，那就是个性或人格。没有这个前提，教养在一定意义上便落了空，纵然能积累某些知识，却不会产生爱和生命。没有爱的阅读，没有敬重的知识，没有心的教养，是残害性灵的最严重罪过之一。

……为了说清楚富有个性地、生动热情地与书籍打交道大概是个什么情况，我别无他法，只好将我本人迷恋阅读的一些情形如实相告。我早早地开始了读书生活，也知道应该努力去正确而恰当地选读世界文学。我广泛涉猎，认为了解和懂得某些生疏的事物乃是自己的责任。殊不知这种将读书当作学习，以教养和公平为阅读外国文学的目的和准则的方法，实在不合我的天性；相反，在书籍的世界中，总不断有某种特殊的爱好使我着迷，有某个新发现令我神往，有某种新的热情叫我兴奋不已。许多这样的热情交替出现，有的过一定时期去而复来，有的出现一次便永远消失了……少年时代，我熟悉并可以利用的唯一藏书是我祖父的巨大藏书室。在它数以千计的卷帙里面，绝大多数我一点不感兴趣，也永远不会再感兴趣。我真不理解，人们怎么可能将下述书籍如此大量地搜集在一起：一长排一长排的历史和地理年鉴，英语和法语的神学著作，烫金边的英国青年杂志和消遣读物，满书架的学术期刊，有的用硬纸封面装成了合订本，有的按年份捆扎在一起。这一切在我眼里都索然寡味，布满了灰尘，几乎毫无保留的价值。可是就在这故书堆中，渐渐地，我也发现了另一类东西；但正是它们，促使我慢慢地将这显得如此无聊的藏书整个翻了一遍，并且终于发掘到自己感兴趣的东西。

那不过是一部配有格兰威尔引人入胜的插图的《鲁滨孙漂流记》，以及两巨册1830年出版的四开的《一千〇一夜》的德译本，同样配有插图。这两部书告诉我，在灰色的大海里也可以捞到珍珠；从此我便孜孜不倦地搜寻大厅中那一个一个高高的书架，经常在扶梯顶上一坐就是几个钟头，要不便趴在地板上，让周围一摞一摞的书将自己围起来。

……也是在那个时候，我第一次读到了巴尔扎克的名字。书架上有几册还是他生前出版的十六开蓝色硬纸面的德译本。我没有忘记，我怎样第一次翻开他的作品，却几乎不懂他说些什么。主人公的财务状况竟描写得如此详尽，他每个月入息多少，从母亲方面得到的遗产是多少，还有希望得到多少遗产，以及欠债多少等等，等等。我大失所望。我所期待的是充满狂热与纠葛的故事，是前往野蛮国度的旅行或者甜蜜而冒险的艳遇；谁知没有这一切，却要我去操心一个年轻人，一个还完全陌生的年轻人的钱包！我厌烦地将那本蓝色小书放回原处，从此许多许多年都没再读巴尔扎克，直至很久很久之后重新发现他；这次才是认认真真的发现，一劳永逸的发现。

……又过了若干年，一次与书籍有关的新的体验带给我了满足——如果对这种事情也有满足可言的话。在此之前，通过父亲的指点，我已认识了老子，最先读的是格里尔（Grill）的译本。随后开始出版"中国丛书"，即卫礼贤翻译的中国经典著作；在我看来，这是当今德国精神生活中最重要的事件之一。高度发达的、最高贵的人类文化的精华的一支，以往对于德国读者只是陌生可笑的稀罕物，现在已为我们所拥有，不是像往常那样从拉丁文和英文转译过来，经由第三者或第四者倒手，而是直接地由一位在中国生活了半辈子、对中国精神了如指掌的德国人所移译。这个德国人不止精通中文，也精通德文，并亲身体验到了中国精神对于今日欧洲的意义。"丛书"由耶纳的迪特利希斯出版社出版，头一本是孔子的《论语》；我永远不会忘记，我在阅读这本书时如何的惊异和心驰神往，书中所说的一切对于我如何的既陌生又正确，既符合我的预感和期望又美好无比。这套丛书到今天已相当可观。《论语》之后又出了《道德经》《庄子》《孟子》《吕氏春秋》和《中国民间童话》。与此同时，还有好几位译者在努力重译中国的抒情诗；对中国通俗小说的介绍则更加成功，在这方面，马丁·布伯、H. 卢德斯贝格、保尔·屈耐尔、雷奥·格莱纳等人都有所建树，为卫礼贤的业绩锦上添花。

几十年来，我对这些中国典籍的喜爱有增无已，床头多半总是摆着其中的某一部。印度人所欠缺的一切，在中国人的书里都异常丰富：对现实生活的接近，高贵的谨守最高道德要求的精神与感性的富有乐趣和魅力的日常生活的和谐协调——自如地周旋于崇高的精神境界与纯真的生活享乐之间。如果说印度在禁欲和僧侣式的弃绝尘世方面已臻佳境，令人感动，那么，古代中国在精神修养方面创造的奇迹也不逊色，在中国人那里，自然与精神，宗教信仰与日常生活，不是相互敌对和矛盾，而是相辅相成，各得其所……

当今之世，对书籍已经有些轻视了。为数甚多的年轻人，似乎觉得舍弃愉快的生活而埋头读书，是既可笑又不值得的；他们认为人生太短促、太宝贵，却又挤得出时间一星期去泡六次咖啡馆，在舞池中消磨许多时光。是啊，"现实世界"的大学、工场、交易所和游乐地不管多么生气蓬勃，可整天待在这些地方，难道就比我们一天留一两个小时去读古代哲人和诗人的作品，更能接近真正的生活么？不错，读得太多可能有害，书籍可能成为生活的竞争对手。但尽管如此，我仍然不反对任何人倾心于书。……让我们每个人都从自己能够理解和喜爱的作品开始阅读吧！但单靠报纸和偶然得到的流行文学，是学不会真正意义上的阅读的，而必须读杰作。杰作常常不像时髦读物那么适口，那么富于刺激性。杰作需要我们认真对待，需要我们在读的时候花力气、下功夫……

我们先得向杰作表明自己的价值，才会发现杰作的真正价值。

阅读三阶与读者三型[1]（1920）

确立类型，并按类型区分人类，是我们一种天生的精神需要。从提奥弗拉斯特的"性格论"[2]，到我们祖父一代的四种气质说，直至当代最时髦的心理学[3]，统统是这一需要的表现。甚至每一个人也在无意识地对周围的人进行区分，其依据就是他儿时觉得重要的各种性格类型。这种区分不论出于纯粹的个人经验，还是力图建立一种科学的类型说，都同样十分富有启发性——现在不妨从另一个角度剖视我们的经验王国，从而发现每一个人身上都有着每一种类型的某些性格，不同的性格和气质都可能交替地出现在单独一个人身上，这样做该也非常有益吧。

下边我就要谈谈阅读者的三种类型，或者更确切地说三个阶段。可我的意思并非读书界就分这么三个类型，这个读者只属于这种，另一个读者只属于那种。我相反倒认为，我们每一个人有时候属于这种类型，有时候又属于那种类型。

首先是那种单纯的读者。我们每个人有时便单纯地（naiv）读书。这样的读者拿起书就像吃东西的人拿起食物一样，他仅仅是一个吸取者，他尽量地吃，充分地吸取，不管他是个读印第安人故事的小男

---

1 原题名为《关于读书》（Vom Bücherlesen），作于 1920 年。摘译自 Suhrkamp 出版社《黑塞全集》第 11 卷。

2 狄奥弗拉斯图（前 372—前 287），古希腊哲学家，与亚里士多德同为植物学和植物地理学的创始者。除哲学著作外，他的《伦理性格论》也影响深远。——译注

3 指现代心理学中以荣格等为代表的类型说。——译注

孩，还是一位念伯爵夫人罗曼史的年青女仆，还是一位啃叔本华哲学著作的大学生。这种读者与书的关系不是人与人的关系，而是马与马槽的关系，或者也可以讲马与马车夫的关系：书引导方向，读书的人只管跟着前进。书的具体内容被客观地收取了，被承认为现实。然而不仅仅是具体的内容！也有一些教养程度很高的甚至老有经验的读者尤其是某些爱读文学作品的人，他们也不折不扣地属于这种单纯的读者一类。他们尽管并不只对具体的内容感兴趣，举例说并不仅仅依据其中出现的死亡或者结婚的次数多寡，来判定一部小说的优劣；但是，他们却完全客观地对待作者本人，对待书里所包含的审美内容。他们分享着作者的种种激情，用心地体会他处世的态度，透彻地理解作者的所有富于独创性的解释。艺术、语言、作者的修养以及思想精神之于这类高雅的读者，一如具体题材、环境、情节之于那些头脑简单的读者——他们都视这些东西为某种客观之物，都视它们为一部作品最后的和最高的价值……

就其与书的关系而言，这种单纯的读者压根儿并非人，并非他自己。他仅仅根据故事的紧张、惊险和香艳的程度，仅仅根据场面是辉煌灿烂或是黯淡寒碜，来判定一部小说的价值，要不然就用归根到底已然成为老套的审美尺度，去判定作者的成就得失。他只顾收取，不管其他。书之存在，似乎就为给人专心致志地阅读，就为让他就内容或形式做一番品评，恰如面包是为给人吃，床铺是让人睡觉而存在。

正如对世间的任何事物，对书籍也同样可以采取一种完全不同的态度。人应当顺乎自然本性，而不是按照教养的要求行事，他就变成了孩子，马上开始玩世不恭：面包变成了一座山，他可以在山里凿一条隧道；床既可以是个洞穴，也可以是座花园，还可以是一片雪原。第二种类型的读者便有点这样的孩子气和玩耍天才。这种读者既不把书的题材，也不把书的形式，视为它唯一的和最重要的价值。他们像孩子一样也了解，每一事物都可以有十种乃至百种的意义和用途。比如说，他们就可以观察一位诗人或者一位哲学家，看他如何吃力地说服自己和读者相信他对事物的解释和评价，对之莞尔一笑，因为他们发现那诗人的貌似随心所欲和挥洒自如，只不过是迫不得已和消极对付而已。这种读者甚至了解那些文学教授和批评家多半还茫然无知的东西，比如根本就不存在什么题材和形式的自由选择等等。当文史学家宣称：席勒于公元多少多少年选定了某个题材，决心以抑扬格五步诗体写出来——这时候我们的读者就明白，既无题材也无抑扬格诗体任诗人自由选择；他所看见的不是诗人手中掌握着题材，而是诗人处于题材的逼迫之中，并为自己的发现沾沾自喜。在这种态度面前，所谓的审美价值几乎全部垮了。正是类似的叛道离经和捉摸不定，可能包含着最大的魅力和价值。须知，这类读者追随着作家不像马跟着马车夫，倒像猎手在追踪兽迹。对诗人所谓的自由的背后突然一瞥，对诗人无可奈何的窘境的一瞥，能比高超的写作技巧和精湛的语言艺术的全部魅力，更多地令他们神往欣喜。

在这条路上再跨最后一个台阶，我们便找到第三种也即最后一种类型的读者。重申一下，我们任何人都不必总是属于这三种类型中的某一种，而可以今天处于第二阶段，明天处于第三阶段，后天又属于第一阶段。现在就讲第三类或者第三阶段的读者。他们看上去恰恰是通常所谓的"好"读者的反面。也就是说,这类读者极富个性,他就是他自己,因此面对着他的书完全保持了自由。他们既不想追求教养,也不想获取消遣;他们之用书无异于使用世界上的任何东西;书在他们只是出发点和启迪。至于读的是什么,对于他们归根到底无所谓。他们读一位哲学家的著作,并不是为了信仰他,接受他的学说,也不是为了反对他,批驳他。他们读一位诗人的作品,并不为了让他给他们解释世界。他们自行作出解释。不妨认为,他们是完全彻底的孩子。他们玩弄一切;而从一定的意义上讲,没有什么态度比这玩弄一切更有益和更有用了。在一本书里,这类读者只要发现一个精彩的警句,发现一点智慧或者一条真理,就会首先试着将它翻转过来。他们早已知道,每一条真理的反面也同样是真理。他们早已知道,每一个精神的立足点只是一极,对它来说还存在同样很好的另一极。说他们是些孩子,因为他们高度重视联想,因为他们还知道另一些东西。这类读者或者更正确地讲我们每一个人只要跨入了这个阶段,便可以想读什么就读什么,一部小说也好,一册语法也好,一张行车时刻表也好,一页印件的样张也好。这时候,我们的幻想和联想力处于高度亢奋的状态,压根儿不再读印在面前的纸上的内容,而是畅游在从读的东西里向我们奔涌而来的激励启迪和奇思异想的洪流中。它们可以来自一篇文章,甚至也可以仅仅来自一些文字的图像。报上的一则广告会变成一篇神圣的"启示录"。一个完全无足轻重的词儿,在我们反复玩味它,把它的字母像七巧板似的折折拼拼时,就可能产生出最令人惊喜和赞叹的思想来。在这种状态下,你可能从小红帽的童话读出宇宙起源说或者哲学的奥义,或者嗅到一部情爱小说的香艳气息。就连在读雪茄盒子上的"Colorado maduro"这个西班牙语商标,在玩味这两个词,玩味它们的字母和它们的音调时,你也可以神游于知识、回忆和思想的广阔无垠的国度。

然而——有人现在会打断我——这还算阅读吗?一个读歌德的作品全不关心歌德的意图和想法的人,一个将他的一页作品视同一则广告或者只是一堆偶然凑合起来的字母的人,还算是读者吗?你所谓的第三类和最后一类读者,不就是最低级、最幼稚和最野蛮的一类吗?对于这样的读者,哪儿还有荷尔德林音韵的铿锵,列瑙情感的激越,司汤达意志的坚毅,莎士比亚胸襟的博大?!

问得有理。第三阶段的读者,确实不再是读者。谁要总是处在这个阶段,他很快就会根本不再读书;因为地毯编织的图案也罢,围墙砖石的排列也罢,对于他已具有和一页印刷精美的书完全相等的价值。一张字母表,将成为他唯一的一本书。

是啊,这第三阶段的读者,根本不再是读者……谁总是处于这个阶段,他就不会再读任何东西。然而呢,也没谁会总是处在这个阶段。而反过来,谁要是根本没经历过这个阶段,他就只是个差劲儿的读者,不成熟的读者。他全然不知,世间所有的诗和所有的哲学,也存在于我们自己的心中;即便是最伟大的诗人,他所汲取灵感的源泉也与我们每个人本质里固有的源泉,没有什么两样。一生中哪怕仅仅去经历这第三阶段——这不再阅读的阶段一天乃至一个小时吧!在这之后——返回是多么容易啊!——你就将成为所有书籍的更好的阅读者,更好的聆听者和阐释者。去经历路边的石头对于你有着与歌德和托尔斯泰同等意义的这个阶段吧,哪怕仅仅一次!在这之后，你从歌德、托尔斯泰和所有作家的作品中，都会发现比以前多得无法相比的价值，都会摄取到多得多的汁和蜜，都会体察出对人生和你自己多得多的肯定和承认。须知，歌德的作品并非歌德，陀思妥耶夫斯基的书籍并非陀思妥耶夫斯基。它们仅仅是他的尝试，仅仅是他毫无把握而从未达到目的尝试，那就是摄取这个他处于中心的纷繁复杂、多义多解的世界的形象。

你也试着记下你在散步时产生的一系列思想吧，哪怕仅仅一次！或者试着把你昨晚做的那个简单的梦写下来，这似乎容易一些……可是不等你将它写完，它已成为一本书，或者两本乃至十本。因为梦是一个洞。通过这个洞，你可以窥见自己的心灵；而你的心灵中藏着的，乃是整个世界，不多也不少，就是你从出生至今日所经历的那个世界，从荷马到亨利希·曼，从日本到直布罗陀海峡，从天狼星到地球，从小红帽到伯格森。——你这个想将自己的梦写下来的企图与梦所包容的世界的关系，就恰似一个作家的作品与他希望述说的思想的关系。

对歌德的《浮士德》第二部，近百年来专家和爱好者解释来又解释去，找到了无数最精辟和最愚蠢的、最深刻和最平庸的解释。可以讲，每一部真正的文学作品，都在表面底下深深地潜藏着这种无名的多义性，这种近代心理学所谓"象征的超限定性"。你要是连仅仅一次也不曾认识到这种多义性，认识到它的无穷丰富和难以尽述，那你在任何诗人和思想家面前都会显得狭隘浅薄，都会视一个小小的局部为整体去相信那些几乎连表面肤浅都说不上的所谓阐释。

通常，阅读者总是在上述的三个阶段间游游荡荡，变来变去。这种情况，自不待言，是每一个人在任何的领域里都可能发生的。在读建筑学、美术、动物学和历史著作时，你也可能同样经历这三个阶段及其包含着的无数过渡性小阶段。无论读哪个领域的书，到了第三阶段你便纯粹是你自己，便丧失了读者的性质，便使文学、艺术、世界历史一概化为了乌有。然而，你要是对这个阶段全然不知道，那你不管读任何书籍，科学也好，艺术也好，都只能是小和尚念经罢了。

素描歌德

> **导读**

约翰·沃尔夫冈·冯·歌德（Johann Wolfgang von Goethe，1749—1832），德国诗人、剧作家、小说家、科学家、政治家、戏剧导演、评论家和艺术家，被认为是现代最伟大的德国文学人物。

约翰·彼得·埃克曼（1792—1854）于1822年写了一本诗学论文集，并将手稿寄给了歌德。1823年6月，歌德亲切地接待了他，并邀请他帮自己整理著作。埃克曼成为歌德最亲密的编辑助手，歌德在遗嘱中指定他为遗作的编辑。

本文记录了约翰·彼得·埃克曼在与歌德日常相处中对歌德的观察和记录。

1823年10月14日，星期二
（歌德家的茶会）

今晚第一次在歌德家列席一个大的茶会。我第一个到来，穿过一道道敞开着的房门，从一个房间走进另一个房间，房里都灯火明亮，我心情十分愉快。在最后面的一个房间里，我看见歌德正兴冲冲地迎着我走来。他黑制服上戴着一枚星形勋章，显得气宇轩昂。我俩继续单独待了一会儿，便走进所谓的屋顶室；室内在一张红色长沙发的上方，挂着一幅题名为《阿尔布兰蒂尼斯的婚礼》的油画，特别吸引了我的目光。由推到旁边去了的绿色帷幔衬托着，我眼前的这张画格外鲜亮醒目，能静静地观赏它令我充满喜悦。

"是啊，"歌德说，"古代人不仅有伟大的思想，而且还能将它们表现出来。相反我们现代人虽也不乏伟大的思想，却少有能生动而有力地表现出来的时候。"

正说着里默尔和迈耶尔也来了，封·缪勒首相和宫里的另一些显官贵妇也来了。还有歌德的公子，还有我在此地第一次认识的歌德儿媳也走了进来。室内人越聚越多，大家全都兴致勃勃。还有几个年轻漂亮的外国人来凑热闹，歌德跟他们说的是法语。

这次茶会挺合我的意，所有人都那么自由自在，无拘无束，爱站站着，爱坐坐着，有的开玩笑，有的谈笑风生，谁都喜欢怎么样怎么样。我跟歌德的儿子热烈谈论着几天前上演的侯瓦尔德那出《肖像》，两人对这出戏看法一致。我很高兴,年轻的歌德分析起问题来既富有见地,又激情澎湃。

在聚会上,歌德本人表现得格外地殷勤和蔼。他一会儿走向这个,一会儿走向那个,总是专心地聆听,自己讲得少,让客人讲得多。小歌德夫人则经常走过去挽着他,偎依着他,亲吻她。前不久我曾告诉他,看戏给了我极大的快乐,我不愿多想,只想潜心体验演出的效果。这似乎合他的意,认为适合我眼下的情况。

这时他领着小歌德夫人来到我跟前。"这是我的儿媳,"他介绍说,"你俩已经认识了吗?"我们回答是刚刚才认识。"这位也像你一样是个戏迷喽,奥蒂莉,"他随即道,我们则庆幸彼此有着同样的兴趣爱好。"我这媳妇是一场不落呀。"歌德补充说。——我应道:"多会儿戏精彩好看,我也是一样;不过就算演出挺糟糕,你也得有点耐心才对。"——"这就对啦,"歌德回应说,"你不能走,糟糕也得强迫自己听下去,看下去。这一来你就会恨透那些坏东西,从而提高自己对好东西的识别力。阅读却不是这个样子,读起来不受用就干脆扔掉手里的书;在剧院里却必须忍耐。"我对他表示赞成,心想这老先生确实经常说出有见地的话。

我们分散开来,掺和到了在周围其他房间里高谈阔论的宾客中。歌德凑到了夫人女士堆里,我则和里默尔和迈耶尔结伙,听他们给我讲了许多意大利的事情。

后来政务参事施密特坐到一架三角钢琴前,弹了几首贝多芬的曲子,在场的人看上去都听得专心而又投入。一位聪敏的夫人最后讲了贝多芬的许多趣闻轶事。这样便慢慢到了晚上十点,而对于我来说，这个夜晚过得真叫极其愉快。

1823年10月19日，星期天
（歌德家的午餐）

今天中午第一次在歌德家用餐。席上除了他自己，只有小歌德夫人和她的妹妹乌尔莉克小姐以及歌德的小孙儿瓦尔特。这就是讲没有外人，歌德完全像个一家之长。他什么菜都取一些，切起烧鸡来更是特别敏捷，还不耽误时不时地给自己斟一点酒。咱们其他人则高谈阔论，谈剧院演出，谈年轻的英国人，谈当天发生的其他事情。席间数乌尔莉克小姐特别兴奋，也极为健谈。歌德则举止得体，只是时不时地插进来点评几句，然而每评必有要义。与此同时，他时断时续地翻阅着报纸，从中给我们念上几个段落，特别是念希腊人取得进步的消息。

话题转到了我还得学英语这件事。歌德强烈地建议我一定得学，特别是为了拜伦勋爵的缘故，像拜伦这样卓越伟大的人格过去肯定没有，将来也难再有。他们把本地的英语教员滤了一遍，觉得没有一位发音完全过关的，因此认为我最好找那些年轻的英国人学。

饭后歌德让我看了几个有关颜色学的实验。然而对此我一窍不通，既看不懂那个现象，也不明白他的解说；不过仍表示希望将来有闲暇和机会多少了解一下这门学问。

1824年2月22日，星期天
（观赏意大利风光铜版画）

跟歌德和他儿子一道进餐。席间小歌德讲了不少他学生时代的趣事。也就是他当年住在海德堡，假期里常和朋友们去莱茵河畔漫游。他曾和另外十个大学生在一家旅店过夜，店老板无偿用葡萄酒招待他们，只要求朋友们有朝一日去参加他的一次"婚宴"。这位店主给他留下了很好的印象。

饭后歌德给我们看一些着了色的素描，题材为意大利风物，特别是邻近瑞士山区和玛爵湖（Lago Maggiore）的北意大利。波罗梅伊群岛（die Borromäischen Inseln）倒映在湖水里，湖岸边看得见渔船和渔具；歌德告诉我们，这就是《威廉·迈斯特的学习时代》里的那个湖。在朝着玫瑰山（Monte Rosa）的西北方向上，耸立着将湖与其他地区隔离开的连绵群山，正值夕阳西下，山色幽深如黛。

我说，我出生在平原上，面对这样幽森高峻的群山心里感觉不踏实，绝不会有兴致去那些山谷里漫游。

"这样的感觉挺正常，"歌德说。"归根到底，人只适宜于待在他出生和生长的环境里。要是没有重大的追求，他待在家里会幸福得多。瑞士一开始给我留下了极强的印象，令我心神迷乱，坐卧不宁；直到去过多次，最后一些年纯粹用研究矿物学的眼光去看那些山，才开始平心静气地体验它们。"

随后又观赏了一批根据一家法国画廊所藏油画制作的铜刻画。这些画几乎都少有创意，所以五十幅中很难找出四五幅好的。好的几幅是：一位少女在请人代写情书；一个夫人待在一幢标明要出售（maison à vendre）却无人光顾的房子里；一幅打鱼图；一群站在圣母像前的音乐家。还有一幅普桑风格的风景也不坏，对此歌德评论说："这些艺术家掌握了普桑画风景的一般理念，就照此理念一个劲儿地画下去，结果画作就既说不上好，也不能说坏。不坏是因为随处都隐隐可见一个颇为可观的样板，但是又不能称它们就好，因为这些画家通常都缺少普桑似的伟大人格。诗人们的情况也如此，学习莎士比亚风格的不少，学得成功者却实在叫凤毛麟角。"

最后观赏了劳赫为法兰克福故居雕塑的歌德胸像模型，大伙儿边看边谈。

1824年4月19日，星期一
（歌德跟语言学家沃尔夫"抬杠"）

时下最伟大的语言学家弗里德利希·奥古斯特·沃尔夫从柏林来了，他途经此地前往法国南部。为了招待他，歌德在家专门设了午宴；出席宴会的有以下他在魏玛的友好：教区总牧师罗尔，缪勒首相，建筑事务总监库德莱，里默尔教授，宫廷顾问勒拜因，以及在下我。席间谈笑风生：沃尔夫一些富有睿智的即兴发言令大伙儿受益匪浅，歌德神态优雅，却老出来跟他抬杠。"对付沃尔夫我只有这个法子，"他事后对我说，"我只能扮演他的对立面靡非斯托。否则，他才不会把他肚子里的那些宝藏给掏出来哩。"

席间机智风趣的说笑瞬息即逝,很难把握得住。在对答的机敏、准确、婉转含蓄方面,沃尔夫堪称大师;但是尽管如此,我仍觉得相比之下歌德还是胜他一筹。

1829年4月11日,星期六
(歌德青年时代的两封书信)

今天我发现餐桌摆在长厅里,而且准备了多份餐具。歌德和小歌德夫人对我表示热情欢迎。陆续走进来了叔本华夫人,法国领事馆的年轻伯爵莱因哈特及其表弟封·D先生——此人正好途径魏玛,去为抗击土耳其的俄国军队效力——,乌尔莉克小姐,以及最后还有佛格尔宫廷顾问。

歌德兴致特别高,为了让客人开心,他在入席之前讲了一些法兰克福广为流传的笑话,特别是讲罗特希德和贝特曼两人如何相互使坏,搞砸对方的投机买卖。

莱因哈特伯爵到宫里去了,我们其他人入了席。席间谈话热烈而优雅,谈旅游,谈浴场,叔本华夫人尤其对她在莱茵河畔、离修女院岛不远的新产业的装修感兴趣。

上甜品时莱因哈特伯爵来了。他因来去神速而受到赞扬,要知道这么短的时间他不仅在宫里进了餐,而且还两度更衣。

他带来了已经选出新教皇的消息,当选的是一位卡斯提奥利奥尼,于是歌德给大伙儿讲了选教皇的传统仪式。

莱因哈特刚在巴黎过完冬天，有好些大家想听的政界和文艺界的新闻可以讲。谈到了诸如夏多布里昂、基佐、萨尔万迪、贝朗瑞、梅里美，等等。

散席后客人一个个走了，歌德把我领进他的书房，给我两件极其有意思的手稿看，我非常高兴。是歌德青年时代的两封信，1770年从斯特拉斯堡写给他在法兰克福的朋友霍尔恩博士的，一封在七月，一封在十二月。在这两封信里，都可听见一个预感到自己有远大前程的年轻人在吐露心声。后一封信里已经显露出《维特》的一些个端倪；也跟塞森海姆的那一段有关系，幸福的年轻人看样子完全陶醉在最甜蜜的感受中，日子过得有些个昏头昏脑。信上字迹平静、干净、清秀，已经具有歌德日后一直保持不变的手迹的个性。我欲罢不能，反反复复地读这两份宝贵的信函，在离开歌德时真是觉得自己万分幸运，对他则是万分感激。

1830年2月14日，星期日
（歌德对老公爵夫人逝世的反应）

今天中午应邀去歌德家用膳，途中听到了老公爵夫人刚刚去世的消息。我的第一个念头是，这对年届高龄的歌德将是何等的打击啊！我忐忑不安地跨进了歌德家的大门。佣人们告诉我，歌德的儿媳刚上他那儿去，向他报告那个噩耗。五十多年了呀，我对自己说，他跟老公爵夫人关系亲密，受到她特别的爱护与恩宠，她的死必定令他深感痛惜。如此想着走进他的房间，谁知眼前的景象令我大为意外：只见他精神健旺，心情愉快，正跟自己的儿媳和孙儿坐在餐桌旁喝汤哩，看上去就跟什么事儿也没有发生似的。我们继续高高兴兴地聊一些无所谓的事情。这当儿城里突然丧钟齐鸣；小歌德夫人连忙对我使个眼色，我俩立刻提高了嗓门，为的是不让那钟声搅扰和震撼他的内心，因为我们以为，他的感觉和我们一样。谁知他的感觉才跟我们不一样啊，在他内心里完全是另一番景象。他坐在我们面前，仿佛一位全然不为尘世苦乐所动的神灵。佛格尔宫廷顾问随着通报走进房来，坐到我们桌旁，详细给我们报告老公爵夫人辞世的情形；歌德冷静地听着，丝毫未改迄今表现出的泰然自若神情。佛格尔告辞走了。我们一边继续享用自己的午餐一边谈着话……

1830年11月30日，星期二
（歌德的健康状况）

上个礼拜五，歌德吓得我们够呛；夜里他大咯血，一整天都生命垂危。算上上一次割动脉放血，他失血达六磅之多，这对于八十高龄的他可是要命哦。然而，他的大夫佛格尔宫廷顾问的高超医术和他非凡的身体素质加在一起，这次仍然战胜了死神，他迅速康复起来，不但胃口再好不过，又整夜睡得很沉。任何人都不让去见他，大夫禁止他讲话，然而他活跃的精神安静不下来，已经老是想到自己的工作。早上我收到下面这张他坐在床上用铅笔写的字条：

行行好吧,我亲爱的博士,请再读一读附上的这首你已经熟悉的诗,把新增加的内容补充进去,使其变得完整。接着是《浮士德》!

很高兴再见到你!

歌德 1830年,11月30日

歌德完全康复后很快就把整个身心投到了《浮士德》第四幕的写作,还有就是完成《诗与真》的第四卷。

他建议我先编辑他迄今未曾刊印过的一些小作品,通读一下他的日记和发出的书信,以使我们对将来怎样编订它们心中有数。

没再考虑编辑我跟他的谈话这件事;我觉得更加明智的是别管已经写下来的东西,先抓紧难得的机会尽可能增加新的内容。

几天以后
(歌德逝世,艾克曼瞻仰歌德遗体)

……

歌德殷勤地接待的最后一位客人,是阿尔尼姆夫人的长子;他写下的最后的文字,是题在这位年轻朋友纪念册里的几行诗。

歌德逝世的第二天早上,我产生了再瞻仰一下他遗容的强烈愿望。他忠诚的仆人弗里德利希为我开了停放遗体的房间的门。歌德仰面躺着，安详得如同睡熟了似的：高贵威严的面容神情坚毅，笼罩着深沉的宁静。饱满的额头似乎还在进行思考。我想得到他的一缕卷发，然而敬畏之情制止我去剪它。他赤裸的身躯裹在一条白色床单里面，四周贴身摆放着巨大的冰块，为的是尽量久地保存遗体完好。弗里德利希牵开床单，我对遗体那天神一般的伟岸俊美惊叹不已。宽阔有力的胸部高高隆起，丰满的双臂和双腿微微显露出肌肉，两只脚脚型单纯而精致，全身不见丝毫潮湿、消瘦和干瘪的迹象。面对这样一位完美、魁梧的男子我无比惊讶，一时间竟忘记了不朽的精神已经离开了他的躯体。我把手扪在他心口上——四处寂静无声——，我转身往外走，以便让噙在眼里的泪水痛痛快快地流淌。

第二章 中短篇小说

Novelle

导读

歌德不仅以伟大的诗剧《浮士德》以及优秀的长篇小说和抒情诗丰富了德国和世界文学的宝库,也创作过一些中短篇小说,为这种源于意大利、被称为 Novelle 的体裁在德国的产生和发展,做出过重要贡献。他于 1795 年模仿卜咖丘的《十日谈》写成的《德国流亡者讲的故事》,是德语文学史上第一组有影响的中短篇小说;本集所收的《诱惑》,即为其中一个富有深刻哲理内涵的故事。

Novelle(1827)则为歌德中短篇小说的最后一篇,也是最成功的一篇。他原本想用这篇作品的题材写一首《赫尔曼与窦绿苔》式的叙事长诗,由于席勒和威廉·洪堡提出异议而作罢。三十年后终于诞生的这篇小说,被歌德视为当时尚处于摸索尝试阶段的 Novelle 创作典范,故直接题名为 Novelle。就这件事情,歌德于 1827 年对艾克曼发表了有关 Novelle 本质——即富有传奇性——的如下看法,为后世的作家和理论家所重视:

"我想就叫它 Novelle,您看怎样?要知道,Novelle 不过就是一个发生了的闻所未闻的(unerhört)的事件而已。这就是这个词的本来意义;时下在德国以Novelle之名流行的那许多东西,完全不是Novelle,仅仅是普通故事(Erzaehlung)或者别的您愿意说的随便什么。我插在《亲和力》里的那篇Novelle(指《一对奇怪的小邻居》——译者),也是本来意义上的一个闻所未闻的事件。"

Novelle这篇作品内容单纯,情节集中,格调明朗而富传奇色彩,后半部分更富于诗意,都适应了歌德所理解的Novelle的要求。就主题思想而言,它则以象征和寓意的手法,用一个孩子驯服猛狮的故事,表现了作者所怀抱的以艺术改造世界、以美育陶冶人心、以仁爱制胜暴力的理想。小说中描写的那个贤明有为、人民勤劳安乐的小侯国,并不存在于分裂而黑暗的封建德国的现实中,只存在于歌德的头脑里,是他晚年的社会政治思想的鲜明反映。

清晨，浓重的秋雾还包裹着侯爵府邸内一所所宽广的居室；但透过渐渐变得稀薄起来的雾幕，在庭院中已经隐隐约约看得见一支准备出猎的队伍，或骑马，或徒步，往来穿梭地在忙碌着了。近在跟前的一些人的紧张活动可以看得清楚：有的在放长马镫，有的在收短马镫，有的在传递猎枪和弹药，有的在整理背囊；与此同时，拴在皮带上的一大群猎狗却急不可耐地往前窜动，那个牵它们的人差点儿就给拖着一起跑去。这儿那儿地还有一匹马在扬蹄奋鬣，要么是出于本身暴烈的本性的驱使，要么是受了骑手的马刺的刺激，要知道在这天色微明时分，它也忍不住想显示显示自己哩。全部人马已经整装待发，就等着与自己年轻的妻子告别而迟迟不肯露面的侯爵。

他俩不久前才结为夫妇，但已感到情投意合，无比幸福；两人都生性活泼好动，一个对于另一个的兴趣和爱好总是高高兴兴地给予同情和支持。侯爵的父亲享有高龄，来得及看见侯国中所有臣民都一样地勤谨度日，各人以自己的方式工作和劳动，先创造，然后享受。

他们取得了多大的成效，眼下就有明摆着的事实，因为这些日子正好开大集市，那简直称得上是一次博览会。昨天，侯爵已领着自己的妻子，驱马去那如山的货物堆中转了一通，让她看看正是在这儿，山区和平原如何进行着互利的交易；他知道亲临市集，能使她了解到他的领地有多么殷实富足。

如果说在这些天，侯爵和自己身边的人老是谈论有关眼前这个市集的问题，特别是与他那位财政大臣一工作起来就没个完的话，那么他的狩猎总监却也不愿放弃行使自己的权力；时下秋高气爽，在他看来是非进行那已经推迟的逐猎不可了，这将使他自己和那许多外来的客人过上一次别有风味的难逢难遇的节日。

侯爵夫人很不情愿留下；猎手们决定要进到深山，让那些老林中的和平居民们受一点惊骇，以为突然来了一支敌人的部队。

临分手，侯爵没有忘记建议妻子在他叔叔弗里德利希的陪伴下骑马出去散散心。"我把咱们的霍诺利奥也留给你，"他说，"做你的马厩监督和近侍，他会料理好一切的。"

侯爵说完走下台阶，同时对一个身材魁梧的年轻人发出必要的指示，随后就在客人和仆从们的簇拥下，迅速离去了。

侯爵夫人对已走进院子里的丈夫还挥了一阵手帕，现在才退回后面的房间；在那儿能自由自在地眺望进山的大道。府邸本身就坐落在高出河岸不少的山坡上，所以不论朝前朝后，都有变化多端的景致可供观赏。她发现昨天傍晚架在那儿的一台望远镜还一动未动；他们当时就是用这台奇妙的仪器，越过丛莽、山丘和林梢，观赏了那些他们的祖辈曾经居住过的古堡的废墟；夕照中，大片大片的光与影形成强烈对比，那古代宝贵遗迹的轮廓便显得格外分明，格外宏伟壮丽。在古堡的围墙中间，挺立着经年的参天巨树，种类繁多，给秋色一染，今天早上看起来也十分悦目显眼。美丽的少妇却把镜头稍稍往下搬了一点，对准一片荒芜的砂石地，那是打猎的队伍必须经过的地方；她耐心地等待着，果然如愿以偿：借助这只清晰而放大力强的望远镜，她那双闪闪发光的眼睛清清楚楚地认出了侯爵和他的马厩总管；是的，她甚至忍不住再次对他挥起手帕来，在她与其说是看清，不如说是猜测他又停了一停，并且回过头来张望的时候。

随后佣人报告说，侯爵的叔叔弗里德利希老爷来了。老爵爷走进来，带着他那位腋下挟着一个大皮夹的绘图师。

"亲爱的侄媳，"身体很结实的老爷子说，"我们这儿送来了古堡的分解图；画这些图是为了从各个方面让人看清楚，这座古代的大城堡何以能经年累月，抗住了风霜雨雪的侵蚀，而周围的墙垣却经受不住，这儿那儿地已经坍塌，变成了一堆堆破砖碎石。现在我们已清理了下，又可以上得去了；除此不用再做任何事情，就足以叫每一个漫游者和每一个来访的客人大为惊讶。"

老侯爵摊开图纸，指着其中一张继续说："瞧，从通过外墙的峡谷爬上去，来到城堡跟前，突然就会发现一尊在整个山里头也算最大最坚硬的岩石兀立在我们前面；岩头上又耸峙着一座被内墙围起来的望楼，真叫谁也说不清楚，哪儿是自然生成，哪儿是人工兴建。再往旁边瞅，则是紧接在一起的围墙，以及内外墙之间像台阶似的向下延伸的甬道。不过我说得还不准确，要知道把这架古老的山峰包围着的本是一座森林，一百五十年来就从未砍伐过，到处都生长着参天的巨树；不论你走到围墙边的什么地方，你眼前都总挺立着树干光滑的槭树，树皮粗糙的橡树，和细高细高的根须突露的松树；我们必须小心地绕过它们，才能找到路径。瞧瞧，我们的大师把这特点画得有多清楚，各种盘绕纠结在石墙之间的树干树根都一目了然，那些从墙缝里长出来的粗大树枝也历历可见！真好一个无与伦比的荒芜景象，真好一处绝无仅有的奇妙所在；在这里，呈现在你面前的是一场殊死的搏斗，久已逝去的人类创造力的古老遗迹与永远生动、永远活跃的大自然之间的搏斗。"

老侯爵摊开另一张图,又说:"可对这个庭院你能讲些什么呢?大门边的老望楼倒下来,堵死了它的通道,不知从什么时候起就再没人踏过它的地面了。我们想办法从侧面钻进去,打通了围墙,炸蹋了穹顶,终于开辟出一条舒适而又秘密的道路。内面则无须任何清理,那儿是一块天然生成的石头平坝,只不过这儿那儿仍有巨大的树木生了根;它们生长得很缓慢,但却十分顽强,已经把自己的枝丫伸到了当年曾经是骑士们来来去去的长廊边,是的,甚至穿过门窗,伸进了一座座穹顶的大厅里;不过我们也不想把它们赶出去,它们事实上已经成了这儿的主人,就让它们继续地当家作主吧。在清除掉积在地上的残叶以后,我们才发现这块奇怪的院坝竟是这样的平整,走遍全世界恐怕也见不到第二处。"

"尽管已经讲了这么多还是值得提一提和有必要到现场去看一看:在那些通往主望楼的台阶上,有一株槭树扎下了根,它长得如此粗壮,人要费老大的劲儿才能挤过去,然后才能登上望楼,极目远眺。不过在那儿你仍然可以舒适地流连在树荫下,要知道这株巨树高耸入云,整个望楼都受着它的荫蔽。"

"咱们真该感谢这位杰出的艺术家,是他绘了各式各样的图,令人赞叹地使咱们相信这一切,就像已经身临其境似的。为此他耗费了一天中最美好的时辰,一年中最美好的季节,接连许多个礼拜活动在古堡周围。在这个角落上,为他和咱们派给他的卫士建了一所舒适的住宅。叫人简直无法相信,亲爱的,他在那儿开辟出了一个多么美的风景区,既可远眺山野,又可俯瞰府邸,还可观赏残垣断壁。不过,既然一切都已清楚明白地勾画在纸上,他在这下边也可以不费力气地讲给人听。让这些画去装饰咱们的花厅吧；叫任何一个观赏过咱们布置整严的厅堂、凉亭和林荫道的客人，都不能不渴望再实地去见识见识那混杂着古与今、倔强与坚韧、僵死与新鲜、难以摧毁的人类的创造与不可抵抗的自然的威力的奇异景象。"

霍诺利奥进屋来，报告马匹已经牵到；侯爵夫人于是转过脸去对叔叔说：

"咱们骑马上去吧；让我实地看看你在这儿用图对我说明的一切。自从来到侯爵府，我就听说这件事，可直到现在才真正渴望亲眼去见识一下那在我听起来是不可能的情况，即便有了图，我仍觉得难以想象。"

"现在还不成啊，亲爱的，"老侯爵回答说，"你刚才在图里见到的，还只是将来可能变成也一定会变成的样子；目前还有些障碍；必须再加一些人工，使其达到完美，这样在造物面前，人才不至于相形见绌。"

"那咱们至少也骑着马上山去走走，就算只走到峰脚下也好；今天我真想到野外去看看。"

"这完全可以，"老侯爵回答。

"不过让咱们从城里走，要经过大市集广场，"少妇接着说，"在那儿开着无数的摊档，看上去就像一座小城或者一片营地似的。仿佛本地的千家万户都把自己日常的需求和活动搬到了露天里来，集中在一起进行展览；一个留心的观察者在这里便可看见人类所能够和所需要的一切；你在一瞬间甚至会想入非非，以为根本无须乎金钱，单凭交换就能在这里做成任何一种交易；而说到底也确实如此。

自从昨天侯爵使我有机会去浏览一番以后，我就老爱想象，在这山区和平原紧紧相邻的侯国里，双方把自己的需要和愿望表达得何等明白呵。山民们巧妙地把自己林子里的木材变成了千百种形态，用铁打出了应有尽有的用具；平原上的人呢也拿五花八门的货物来满足他们的愿望，有的货物叫人几乎辨不出是用什么做的，常常也不了解用处何在。"

"这我知道，"老侯爵回答说，"我侄儿最关心的就是这件事；特别眼下的季节，正是收入多于支出的时候；国家的整个财政收入，归根结底就看这一招，跟国内最小的人家没有区别。可是请原谅，我从来不高兴骑着马打市集和人群聚集的地方经过：你真是寸步难行，走一走又给拦住；而且，我脑子里立刻会再现那可悲的景象，仿佛又看见大片大片的货物为烈火吞没，眼睛也因此感到灼痛似的。我几乎就没法……"

"让咱们别错过美好的时辰，"侯爵夫人插断了他的话；她已经听老爷子把那次灾难详细描绘过好几次，每次都曾胆战心惊。原来，在一次长途旅行中，老侯爵某晚曾下榻在市集广场上的头等旅馆里，由于已经极度疲倦，一进屋就倒在床上睡了；其时正逢着开大集市，不期半夜里喊声四起，他惊醒过来一看，可怕的烈火已经卷到了他住房外。

侯爵夫人匆匆跨上心爱的坐骑，领着她那既不心甘情愿，却唯命是从的亲随，没有通过后门往山上走，而是打前门下山去了。要知道有谁不乐意与她并辔而行，有谁不乐意追随她的芳踪呢。就说眼下的霍诺利奥吧，他就是放弃已经盼望了很久的出猎，自愿留下来单独侍候她的啊。

如所预料,他们在集市上只能一步一步地往前走;不过每次一被迫停下来,美丽温柔的少妇就发表一通机智聪明的言论,使情绪变得愉快。"既然我们的耐心不得不接受考验,那我就乐得来温习一下昨天的功课,"她说。而人群也真的一齐拼命朝着两位骑者的旁边挤,他们便只能慢吞吞地往前行进。民众都乐于一睹少妇的风采,当他们看见国中的第一夫人确实美丽之极,温柔之极,无数张笑脸上便流露出了巨大的欣喜。

那些静静地居住在岩石和松柏间的山里人,那些来自丘陵、沃野和牧区的居民,那些小城镇的手工业者以及其他各色人等,全都不分彼此地挤挤挨挨地站在一起。侯爵夫人在冷静地观察过一番以后对她的亲随说,所有这些人不管来自何方,他们用来做衣服的布料都太多了,他们用来做绉襞和边饰的呢、麻、缎带也太多了,仿佛女人们老嫌自己不够肥胖,男人们老嫌自己不够富态似的。

"这个咱们就随他去吧,"叔叔回答说,"人有了富余总得花掉才开心,而最开心的又莫过于用来穿戴打扮自己。"

美丽的少妇点头表示同意。

一行人如此地慢慢走到了通往市郊的一处空场,这儿店铺和摊档没有了,却出现一座用木板搭成的大棚子;他们刚发现这奇怪的建筑,就听见从前面传来一阵震耳欲聋的吼声。看来是关在那里面供人参观的野兽们进食的时间到了;雄狮这森林和沙漠之王吼叫得最带劲儿,马匹们吓得直打哆嗦,使人不禁意识到,在这文明世界的和平生活和劳动中,这野兽之王是太可怕啦。走到木板棚跟前,他们也就不能不看看那些花花绿绿的巨幅招贴画；一头头当地没有的野兽，色彩是如此强烈，样子是如此凶猛，叫和平的国民们克制不住心中的好奇，说什么都得进去解解眼馋。一只大老虎正气势汹汹地扑向一个摩尔人，眼瞅着就要把他撕成碎片；一头雄狮威风凛凛地立在岗头，仿佛在眼前见不到它屑于去猎取的大动物；在这两头猛兽旁边，其他那些形形色色的小野兽就不怎么引人注目了。

"咱们在回来的时候，也不妨下马进去瞧瞧这些个稀客，"侯爵夫人说。

"说来也怪，"老侯爵答道，"人总喜欢让可怕的事物来刺激自己。里边的老虎明明是安安静静地躺在笼子里的，这外边却一定得气势汹汹地扑向一个摩尔人，好叫人相信在里边也能看见同样的景象；世界上的谋杀和行凶还不够，火灾和沉沦还不够，还一定得有说唱艺人去到处一次次地反复宣讲。善良的人们都乐于受此惊吓，以便事过以后能真正体会到，能自由地呼吸是多么美，多么值得称赞。"

一行人出了城门，来到爽朗开阔的野外，立刻把刚才从那些怕人的图画上得来的可怖印象统统忘了个一干二净。开始时他们走的是一条沿河的大道；在眼前河床虽然还很窄，只能行一些小舟，但渐渐地就会变成一条著名的大河，带给远方的国度以蓬勃的生机。随后他们又穿过一座座培植得很好的果园和花园，继续慢慢向山上爬去；他们一边走一边环视这开阔而舒适的居住区，直到先进了一片小树丛，然后来到一座森林里；这些幽静无比的树林虽然遮住了他们的视线，却也令他们赏心悦目。随后亲切地迎接他们的是一道通向山上的谷地，谷中的牧草刚割过第二茬，由于得着一条从上边欢快地流下来的泉水的滋养灌溉,眼下又已是绿茸茸的;临了儿,在走出森林以后,他们又兴致勃勃地继续往上爬,就到了一处更高的比较开阔的地点;从这儿再抬头望去,才看见远远地在一些别样种类的树丛之上,形似峰巅或林梢地高高耸立着那座古堡——他们这次远游的目的地。但回过头来——要知道从来没谁爬到了这里能不回一回头的——,透过巨大挺拔的树木之间偶尔留下的空隙,他们能看清左边的侯爵府邸在朝阳中闪闪发光,能看清建筑得很好的上半城的空中炊烟袅袅,以及再往右边的下半城和曲折蜿蜒的河流;河上建着一座座磨坊,岸边伸展着一块块牧地;正对面则为一片广袤而肥沃的田野。

大伙儿在饱览了眼前的风光以后,或者更确切地说跟我们在登高远眺时经常发生的那样,他们这才真正产生了站得更高、看得更远的欲望,于是又策马继续朝一片宽阔的岩头爬去;到了岩上再看,那座巨大的废墟就像一柱戴着绿冠的峰巅似的立在他们眼前,峰脚下围绕着一些年岁还不太大的树木;他们穿过岩头,蓦然发现正好走到了最为陡峻、最难攀登的一侧。巉岩峭壁耸峙在面前,从古至今就这么生了根似的没有任何变动;其间从山顶上坠下来的巨石则跌得大块大块的,像是一堆乱七八糟的废墟,叫最大胆的人也不敢去碰一碰。倒是那陡峻的岩壁似乎还能吸引青年人;去冒险攀登它们,征服它们,对于青春的躯体来说将是一种享受。侯爵夫人表现出来跃跃欲试的兴致;霍诺利奥立刻上前搀扶她;老爵爷尽管贪图舒服,却也愿意奉陪,不想显得老不中用的样子;马匹被拴在了峰下的树林里;大伙儿打算爬到一块凸出的足够站住他们的岩石上,从那儿鸟瞰山下；到了目的地，山下的景物看上去虽然已经变得如此之小，却仍然如一幅画似的美不胜收。

差不多已经当顶的太阳显得辉煌灿烂；侯爵的府第连同它的各个部分以及一幢幢主楼、侧翼、圆顶、钟楼看上去简直富丽极啦；上城完全伸展开了；下城也看得很舒服；是的，通过望远镜，甚至可以把市集上的小摊档也一个一个分辨清楚。霍诺利奥习惯了总在身上背这么个器械；借助它，他们观看着河的上游和下游，以及河这边山坡上的梯田，河对岸平坦整齐的和丘陵起伏的沃野，此外还有无数的村落；要知道从这儿究竟能看见多少村庄，历来就有争论啊。

在辽阔的大地上一派宁静气氛，正如每到中午时那样，因为老人们说，潘恩[1]这会儿在睡觉啦，整个自然界都屏住呼吸，生怕吵醒了他。

"这已经不是第一次了，"侯爵夫人说，"我站在高处眺望，总会有这么一种感受：瞧这明朗的自然界是多么纯净和平啊，简直给人一个印象，好像世界上压根儿不可能有什么不顺心的事似的；可是一回到人居住的地方，不管房子是高是矮，是宽是窄，总有没完没了的争斗、矛盾、仲裁、调停。"

这时候霍诺利奥用望远镜朝城市的方向看了看，突然大叫起来：

"快瞧！快瞧！市集上失火了。"

众人一起望去，但只看见很少的烟，火焰在大白天里看不怎么明显。

---

[1] 希腊神话里的森林之神和牧神。

"火势在继续蔓延！"一直举着望远镜没放的霍诺利奥高声说。这时侯爵夫人仅凭着一双好眼睛也看清楚了城里发生的不幸；只见不时地有一股红色的火舌蹿起来，浓烟直冲云霄，老侯爵于是说：

"让咱们回去吧，情况不妙，我总是害怕会第二次经历那样的灾难。"

一行人爬下峭壁，朝着马匹走去，这时侯爵夫人对老爷子说：

"请您先赶回去，但一定带上马夫；把霍诺利奥留给我，我们随后就来。"

老侯爵感到此话有理，必须这么办，就骑上马尽可能迅速地跑下布满乱石的荒山坡去了。

在侯爵夫人上马以后，霍诺利奥便说：

"我请求您骑慢点，夫人！城里和府中的消防设施一样完备，人们不会让这突如其来的意外事件吓昏了脑袋。这儿的地面太糟，净是石块和浅草，骑快了很不安全，反正等我们赶到家火已经灭了的。"

侯爵夫人不信他的话，她看见黑烟继续蔓延，并觉得眼前升起一道闪电，耳畔轰地响了一声，想象中立刻出现她叔叔一再讲过的他亲身经历的那次市集火灾的种种可怕情景；很遗憾，它们留在她脑子里的印象太深刻了。

那一次火灾实在是可怕，来得如此突然，如此迅猛，难怪使人终生心惊胆战，总想着同样的不幸会再次发生。那是夜半深更，在巨大的市集广场上，一片陡然升起的大火攫住了一个挨着一个的摊档、店铺，还在来得及把那些沉沉酣睡在店内和店旁的人们撼醒以前；作为一个长途跋涉的异乡人,老公爵疲乏地刚刚进入梦乡,便被吓醒过来奔到窗前,一看外面什么东西都照得通明透亮,烈焰正追逐着烈焰,不住地向左右两方窜扰,并冲着他吐出火舌。广场上被反光映得通红的房舍也像在燃烧似的,随时都有可能接上火头,在烈焰中灰飞烟灭;火势不住的蔓延,木柱和板条被烧得毕毕剥剥地爆响,篷布则飞到空中,拖着冒出火苗儿的碎尾巴在头顶上飘来荡去,好像是一些恶魔附了体,在那儿尽情狂舞,等把自己的化身耗尽以后再从其他什么地方的烈火中重新升起。随后人人都嘶叫着抢救手边的财物;仆人和主人一起拖走已经烧着的货包,拼命想从冒着烟火的棚架上再拔下点什么来,把它塞进木箱里,可到头来连木箱也不得不让飞快卷来的烈火夺去。更有少数人存着迎面扑来的大火会稍停片刻的幻想,在那儿左思右想地找对策,结果连人带物一会儿就被火焰吞没了。城市的一面已是火光烛天,而另一面却仍然笼罩着沉沉黑夜。一些意志坚强和性情迂执的人,不顾烧掉自己的眉毛头发,仍然对凶暴的敌人进行着拼死的抗争,尽力地抢救着一些东西。遗憾的是眼下在侯爵夫人美好的心灵中,这可怕的混乱情景又得到了重演,于是明朗的充满朝气的自然界似乎便罩上了迷雾,她的美目变得阴沉了。森林和草地看上去也怪怕人的。

　　下到幽静的山谷中,她们全然不再感到这儿的空气是多么凉爽宜人。离那道欢快地流淌着的山泉还没有走几步,蓦地里侯爵夫人便发现在谷地最底下的一丛小树林中,有一个异物在蠢动;她立刻认出是一头老虎;这畜生就像她在画面上看见的那样正准备向他们扑过来;而比起适才使她感兴趣的那些画,眼前的情景所造成的影响就太奇怪了。

"快逃,夫人!"霍诺利奥大呼,"快逃命!"

她勒转马头,朝她刚刚走下来的陡峻的山坡冲去。年轻人却面对着老虎拔出火铳,在他认为已经够近的时候放了一铳;可惜的是没有打中,老虎往旁边一跃,马倒给吓愣了;被激怒了的猛兽不顾其他,径直尾随着侯爵夫人朝山上奔去。侯爵夫人也拼命往倾斜的石坡上疾驰,顾不上胯下的娇惯的牲口能不能经受住如此劳累。那马被背上的女骑手驱策着,一次一次地让山坡上的小卵石碰痛了蹄子,尽管奋力挣扎,最后到底疲劳过度,无力地倒在地上了。美丽的夫人非常果敢机灵,一下就跳到了地上;那马也慢慢站立起来,可这时老虎已经逼近,虽然跑得并不非常快。坑洼不平的地面,锋利突出的石块,似乎都妨碍它的前进;只有先紧追不舍、随后齐头并进的骑士霍诺利奥,给了它新的刺激,使它鼓起劲儿继续奔跑。侯爵夫人站在马旁,眼见着猛虎和骑手同时冲到眼前;就在此危急关头,霍诺利奥从马背上弯下腰来,用第二只火铳对准那庞然大物的脑门儿又是一铳;这下打个正着,老虎顿时倒在地上,伸开了四肢,让人真正看清了它有多么威武和可怕,虽然躺在眼前的仅仅只是它的无生命的躯体。霍诺利奥纵身下马,一下跪在老虎身上,右手握着出鞘的宝剑,不让那畜生做最后的挣扎。年轻人的模样真叫英俊;在他疾驰而来的一瞬间,侯爵夫人觉得就跟常常在比武场上看见他的时候一个样。在狂奔着的马背上,他的子弹就曾这样命中插在木桩上的土耳其人脑袋,而且不偏不斜,正好射着那大缠头下的前额;同样准确地,他手执明晃晃的宝剑,在骏马飞驰而过的一刹那,就将地上的摩尔人脑袋挑了起来。对于所有这些武艺他都娴熟精通,得心应手,在此地也就得到了施展。

"给它留下最后一口气吧,"侯爵夫人说,"我担心它还会用爪子伤着你。"

"请原谅!"霍诺利奥回答,"它已经完全死了,而我也不愿弄坏它的皮,好让这皮在即将到了的冬天给您的雪橇增加光彩。"

"可别造孽!"侯爵夫人说。"此时此地,还有什么蕴藏在一个人内心深处的虔诚的感情能不苏醒过来呵。"

"我也一样,从来没比现在更加虔诚,"霍诺利奥高声道,"可也正因为如此,我便想到那最令人高兴的情景,我看这张虎皮就只能陪伴着您,增添您乘雪橇出游的快乐。"

"可它将总是使我记起这可怕的时刻,"她回答。

"不过比起那些抬到胜利者面前展览的已被杀死的敌人的武器来,"年轻人通红着脸又说,"这件战利品不会更使人问心有愧。"

"见着它我将想起你的勇敢和机智,甚至也可以说,你可以终生指望受到我的感激以及侯爵的恩宠。起来吧,老虎已经死了,我们该想想下一步这么办;但首先得站起来!"

"不,"年轻人回答,"既然我已跪着,已处于一种我平时说什么也不能采取的姿态,那就让我以这样的姿态请求您,让我此刻就得到一点您答应给我的眷顾和恩典吧。我曾多次地恳求您高贵的丈夫,求他准我的假,给我一次远游的机会。谁要享有在您的宴席上就座的荣幸,并且以自己的谈吐来娱悦您的宾客,他就必须是一个见过世面的人。旅行者来自四面八方;每当谈起一个城市,谈起世界上某一洲的一个要地时,每次都会问您的亲随,他是否到过那里。可是人家绝不会相信他的话,要是他不曾亲眼见过一切;这就好像一个人之所以受教育,完全是为了别的人似的。"

"站起来!"侯爵夫人再次吩咐道。"我不高兴违背我丈夫的想法,去表示什么愿望和请求什么。不过,我要是看得不错的话,他之所以迄今一直留下你的原因,很快就会不存在了。他的意图是要亲眼看着你成熟起来,成为一个有自立能力的。在外边也能像过去在府里一样为自己和他争来荣誉的骑士;而你今天的行为,我想就是一个年轻人已能走向世界的最好凭证。"

然而掠过霍诺利奥脸面的不是青春的喜悦,而是某种哀伤,但侯爵夫人没时间注意到这个,霍诺利奥本人也来不及吐露衷情;这时从山下已经跑来一个神色慌张的妇女,一只手牵着个男孩,径直奔向他们。还没等霍诺利奥考虑好站起身,那女人已哭喊着一头扑在老虎的尸体上;从这举动以及一身虽说整洁但却色彩鲜艳奇特的衣裙已可猜出,她准是这头被结果了的畜生的驯养者和主人无疑。那男孩生着一脑袋黑色的鬈发,一双眼睛也是黑黑的,手里拿着一只小笛儿,也跪在母亲旁边跟着一起哭泣,虽说不像她那么呼天抢地,但深为悲痛。

不幸的妇人在尽情地哭过以后又絮絮叨叨地述说起来,虽然有点结结巴巴,可话音始终不断,就像从一处山岩泻向另一处山岩的流泉。她操的是一种急促简短的土语,听起来恳求而感人,但想译成我们的方言却又白费劲儿,尽管大意我们也能明白。

"他们把你给打杀了呵,可怜的畜生!他们压根儿用不着这么干啊！你是这么听话，本来会静悄悄地躺下来等着我们的。要知道你的脚掌已经发痛，你的爪子已经没有了力气！因为你太阳晒得太少了，生不出力气啊。在你的同类中，你可是最最漂亮的一只；有谁啥时候见过一只老虎睡直了有这么好看呢，就像你这会儿躺在这儿一样，尽管已经死了，再也站不起来了。每天早上天一亮你就醒来，张开大嘴，吐出红红的舌头，冲着我们像是在微笑哩；还有，你吼起来尽管声音很大，从一个女人手里和一个小孩指头儿中间吃食的时候却跟玩儿似的！多少年来我们和你一起走南闯北。多少年来我们都离不开你，从你那儿得到好处！我们，我们的全部吃喝都靠这些畜生；我们的甘美的食粮都来自这些猛兽。可现在已经全完了！天啦，天啦！"

女人还在没完没了地诉苦，这时绕着山腰，从古堡的背后却跑来一队骑手；侯爵夫人很快认出是跟丈夫去打猎的随从，侯爵本人则一马当先。他们在后边的山里头行猎时看见失火的黑烟，便越过山谷和深涧，跟猛追野物似的径直奔那可悲的信号而来。在迅速翻过光秃秃的石坡以后，他们突然停步不前，在那儿发起愣来，确原是意外地发现了站在下面旷地上的奇怪的一群。两方面的人彼此刚一认出来时全成了哑巴，在略微缓过气以后才三言两语解释清楚眼前这莫名其妙的情况。于是，由一群骑士和随后赶上来的徒步的仆从簇拥着，侯爵便不得不着手处理这样一桩稀罕的闻所未闻的事件。该做什么是不难决定的；侯爵正忙着发出指示，让手下立即执行，这时却有一个身材魁梧的汉子挤进人丛中来，身上也和妇人和男孩一样穿得花花绿绿，古里古怪。这一下妇人和男孩又开始哭天喊地，说实

在没想到会遭此意外。那汉子却非常冷静,站在对侯爵表示出尊敬的距离外,说:

"眼下不是诉苦的时候。呵,我的主人和高贵的猎手,请容我向您报告,雄狮也逃出来了,也跑进了这一带的山里;可是求求您别伤害它,发发慈悲,别让它跟这头可爱的老虎一样死去。"

"雄狮?"侯爵问。"你发现了它的踪迹?"

"是的,老爷。一个农民被它吓得爬到了树上,本来没有必要;他让我再往左边山上去找,可我发现这儿有这么多人和马,便跑来看个究竟,请求帮助。"

"既然如此就必须往左追赶,"侯爵吩咐说。"给你们的枪填好弹药,悄悄地赶上去,要能把它撵进深山密林就算不错了;不过归根到底,朋友,我们无法挽救你那畜生。谁叫你们不当心,让它给跑了呢?"

"都怪发生了火灾,"汉子回答。"本来我们挺沉着和小心,火势蔓延得虽快,但离我们还远,我们有足够的水灭火;谁料这时一个火药库爆炸了,烈火一直冲我们飞来,甚至越过了我们的头顶;这下子我们才张皇失措,发生了现在的不幸。"

侯爵还在忙着吩咐这吩咐那,突然之间所有的人又愣住了,只见从山上的古堡方向急急忙忙地奔下一个人来,一看正是奉命在上边替绘图师看画室的那个卫士;他住在画室里边,顺带监督清理古堡的工人。他跑到时已经上气不接下气,但很快就用几句话讲清了情况:在山上比较高的围墙背后,一株百年老榉树的脚下,那头雄狮正安安静静地躺在地上晒太阳。这个粗汉末了儿很懊恼地说:

"鬼知道昨天我干吗把枪背到城里擦拭去了！它要在我手边，那畜生就休想再站起来，这下皮便归我所有，我一辈子都可以以此为骄傲不是。"

在此不可避免的危险从各方同时逼上来的节骨眼上，侯爵又显示出是一位有军事经验的指挥者；他问：

"要是我们不伤害你们的狮子，你们能给我什么保证，让我相信它不会在我的国土上危害我的臣民呢？"

"这个女人和这个孩子，"那做父亲的赶紧回答，"他们负责去驯服它，让它一直安安静静地待着，直到我去把铁笼子搬上来，重新关它进去，这样既使它不伤害人，也使它免遭伤害。"

这当口男孩似乎已经跃跃欲试，准备吹他的小笛儿；那是一支人们通常称为甜笛的木管直笛，鸟喙儿似的衔口短短的，很像支烟袋；但在行家的手里却会吹出极美的音调了。侯爵问古堡看守人狮子是怎么上去的。看守人回答：

"通过那道两边垒上了墙的窄路呗；这历来就是唯一的通道，现在仍然如此。本来还有两条小路，可全让咱们给弄得无法走了；要知道按照弗里德利希老侯爵的想法和口味，要让任何想去参观那座神奇的古堡的人，都非得走刚才讲的窄路不可。"

侯爵望着继续在轻轻试吹着竖笛的小男孩，沉吟片刻，然后转而对霍诺利奥说：

"今天你已干了不少事，那就善始善终吧。你去守住狭窄的通道，端起你的枪，但是只要还有任何别的办法能赶那畜生回去，就不准开火；不过无论如何得生起一堆火来，它见着火就不敢下山了。剩下的事情由这一男一女去处理。"——霍诺利奥赶紧去执行自己的使命。

男孩则专心吹着自己的笛子,所吹出来的只不过一连串无规则的音符,似乎不成什么曲调;但是唯其如此,倒格外使人觉得不寻常,格外能抓住人心,周围的人全都像被一支美妙的歌曲给迷住了;这当口孩子的父亲便满怀激情地开始讲起话来:

"上帝给了侯爵以智慧,同时也让他认识到,上帝的造物全都具有灵性,只是各自有着不同的表现方式。请看这座巨岩,它岿然屹立,一动不动,抗拒着风雨侵蚀,日晒夜露;古老的树木装饰着它的头颅,它就这么傲然环视远方;倘若有一块掉了下来,也不愿保持故态,而是摔成许多碎块,铺盖在山坡上。但就此还不肯罢休,而是勇敢地往深渊里跳跃,直到溪流接纳它们,送它们到大江里去。从此它们就百依百顺,乖乖地磨去棱角,变得又滑又圆,以便更快地赶路,从一条江河到一条江河,直到终于投进大洋的怀抱,在那儿有成群的巨人在水面巡行,而侏儒则麇集在深深的海中"。

"星星们万代不变地赞颂着主的光荣,而人有谁这样做!可你们干吗遥望远方?看看眼前这只蜜蜂吧!已经到了深秋时节,它还在辛勤地采集花粉,并且既当师傅又当伙计,为自己建造着一所有棱有角、平平稳稳的新居。再看看那儿那只蚂蚁!它认识自己的路,从不迷失方向;它用草茎、土屑和松针建造自己的住宅,使它高高隆起,并且有一个拱顶;可是它白费力气,马踏在上面,一切都土崩瓦解!你们瞧,马踩断了屋梁,踢飞了橡子,不耐烦地喷着鼻息,一刻也安静不下来;因为主让马做了疾风的弟兄,狂飙的旅伴,注定了它要驮着男人去他想去的地方,女人渴望上哪里也驮她上那里。但是棕树林却是狮子的天下,它迈着威严的步子穿过沙漠,在那里统治着所有的动物,没有任何东西敢违抗它的意志。然而人,知道怎么驯服它;人是上帝的同类,为上帝和他的仆人服务的天使也与人一样地毕肖上帝,甚至野兽中最凶暴的狮子对人也怀着敬畏。不是吗,但以理在狮穴中毫不畏惧,始终坚定坦然,连猛狮凶狂的咆吼也不曾打断他虔诚的歌唱。"

这一篇流露出自然纯真的激情的讲话,不时地得到男孩的优美的笛声的伴和;可是等父亲一讲完,孩子便放开纯净清亮的歌喉,委婉动人地唱起来,父亲则接过笛子和谐地进行伴奏。但听孩子唱道:

> 在这儿山坳里,我听见
> 狮穴中传来先知的歌声;
> 天使们在空中飞翔盘旋,
> 可为了安慰受惊的善良人?
> 雄狮、母狮去而复来,
> 终于偎在他的脚下;
> 啊,是温柔虔诚的歌唱,
> 感化了它们的性灵!

父亲用笛子反复吹着同一段曲调,母亲不时地插进来,唱起了第二声部。

可完全出乎意料因而给人留下强烈印象的是,小男孩唱着唱着就完全打乱各句的次序,虽说并未因此得到新的意义,却自然而然

地增强了原诗包含的情感,越发激动人心:

天使们上下飞翔,
用歌唱给我们鼓励,
呵,这歌声何等神奇!
在狮穴中,在山坳里,
孩子可已感到恐惧?
这些温柔虔诚的歌声,
将驱走灾难和不幸;
天使们飞去飞来,
保佑他逢凶化吉。

随后三人一起引吭高歌:

有永生的主统驭尘寰,
有主的慧目照临大海;
雄狮一头头变成羔羊,
排空的怒浪平息下来;
猛劈的利剑滞留在空中,
信仰和希望充满人人心怀;
是仁爱创造了桩桩奇迹啊,
在祈祷的歌声里包含仁爱。

大伙儿全都静悄悄地倾听着，屏息凝神地倾听着，直到歌声完全消失，才回过神来，注意到了眼前发生的事情。所有人都似乎得到了安慰，都以各自的方式受了感化。侯爵仿佛这才看清自己刚刚差一点造的孽，不禁低下头去望着偎依在自己身旁的妻子；侯爵夫人则忍不住掏出绣花手帕来擦眼睛。在此以前不久她那年轻的心胸还感到压抑，眼下却如释重负，极为舒畅。人丛中一派肃穆气氛，好像把所有的危险全给忘了，既忘了山下的大火，也忘了山上那头休息好以后还会爬起来的猛狮。

侯爵招手让下人把马牵过来，这一下人丛中才又恢复了活动；随后他转过脸去对那女人道：

"这么说你们相信通过你们的歌声，通过这孩子的歌声还有这只竖笛的吹奏，就能在碰见那头雄狮时将它驯服，使它在既不危害我们也不遭到伤害的情况下，重新回到笼子里去喽？"

那一家作了肯定的回答，并且一再保证说到做到。侯爵于是派古堡的看守给他们领路，自己则带着少数亲随匆匆离去，其他随从陪着侯爵夫人慢慢跟在后边；那母子二人也在已经搞到一支枪的古堡看守的带领下，向山上走去。

在进入古堡的夹道的口子上，他们发现一伙猎人正在搭干柴堆，以便随时能够生起一堆大火来。

"用不着，"女人说，"没这一切也会万事大吉的。"

再往前走，他们又在一处墙头上看见了霍诺利奥。他怀抱双筒猎枪，以一种随时准备应付意外情况的姿态坐在那里，然而却似乎压根儿没注意到有人上山来，像是正在沉思默想，目光也心不在焉地游来游去。女人与他搭话，请求他不要点火，他似乎仍然爱理不理。她于是更加恳切地求他，高声道：

"英俊的年轻人呵，你杀死了我的老虎，我不诅咒你；别再伤害我的雄狮吧，好心的年轻人，我会给你祝福的。"

霍诺利奥的双眼直愣愣地望着红日开始沉下的远方。

"你在望着西边啊，"女人又高声说，"你这样做是对的，那儿可干的事多着哩；赶快去吧，不要耽搁，你会战胜一切困难的。不过首先你得战胜你自己。"

听到这儿，霍诺利奥似乎微微笑了；女人继续往山上爬去，爬着爬着仍忍不住扭过头来再次望一望留在身后的霍诺利奥；淡红色的夕照使他容光焕发，她相信自己从未见过更英俊的小伙子。

这时候古堡看守对她说：

"要是真如你们相信的，你的儿子能靠吹笛儿唱歌吸引住雄狮，使它安安静静，那么事情就好办了；因为这只大畜生躺的地方离那个破墙洞很近，由于大门给封住了，我们便是从这个洞进出的。小家伙要是能把它逗进去，我便可以轻而易举地把洞堵上，然后孩子只要好好记住我的话，循着他在墙角上看见的小悬梯往上走，就从那野物身边溜出来了。咱俩可以藏起来，不过我将找这样一个位置，以便我的枪弹随时能够给小家伙以帮助。"

"这些麻烦统统没必要，上帝和艺术，虔诚和幸运，一定会使事情圆满结束。"

"就算是吧，"看守回答，"可我也了解自己的职责。我先领你们从一道很难走的台阶爬到城墙上去直接去我刚才说的入口跟前；小家伙可以往下走,马上进入表演场,然后再把被驯服了的猛兽朝里边逗。"

事情就照他说的办。看守和母亲藏在墙头上,目睹着小男孩走下悬梯,踏进开阔的庭院,然后消失在了对面黑森森的墙洞中。可是不一会儿就响起他的笛声;这笛声逐渐变弱,最后终于完全消失了。时间一分一秒地真是够难熬的,那位饱经风险的老猎手在这罕有的情况面前也憋得受不了。他自言自语说,还不如由他去对付那危险的野兽哩;然而母亲却神色泰然地倾着身子聆听着,丝毫没表现出惊慌不安的样子。

终于又响起了笛声,男孩从墙洞中走出来,满意的两眼炯炯发光,雄狮跟在他的身后,但走得异常缓慢,好像行动有些吃力似的,走不多远又想躺下去的样子;可是男孩领着它绕了一个弧形,穿过已经落掉一些叶子但仍色彩斑斓的树林,一直走到通过废墟的缺口射进来的落日的残照中;在那儿,他才慢慢坐下去,像个仙人似的身披霞光,同时再次唱起了他那只能感化性灵的歌;这支歌,我们也不能不再重温一遍:

在这儿山坳里,我听见
狮穴中传来先知的歌声;
天使们在空中飞翔盘旋,
可为了安慰受惊的善良人?
雄狮、母狮去而复来,
终于偎在他的脚下;

啊，是温柔虔诚的歌唱，
感化了它们的性灵！

唱着唱着，那猛狮便紧挨着小男孩躺了下去，并把自己沉重的右前爪搭在他的怀里；男孩一边继续歌唱，一边温柔地抚摸它的爪子，可摩不一会儿他就发现，原来有一根锋利的大刺扎进了雄狮的脚掌中。男孩小心翼翼地把刺拔出来，微笑着从自己脖子上摘下一条花绸围巾，用它包扎好了那猛兽的巨爪，让在上面偷看的母亲高兴得伸出两臂，身子往后一倒，要不是看守的粗大手掌一把将她拽住，提醒她危险尚未过去，她没准儿就会按照老习惯喝起彩来，鼓起掌来的。

孩子在用小笛儿吹出一小段前奏以后，又嗓音嘹亮地唱道：

有永生的主统驭尘寰，
有主的慧目照临大海；
雄狮一头头变成羔羊，
排空的怒浪平息下来；
猛劈的利剑滞留在空中，
信仰和希望充满人人心怀；
是仁爱创造了桩桩奇迹啊，
在祈祷的歌声里包含仁爱。

雄狮，这凶残的野兽，这森林中的大王，这动物王国的暴君，如果说在它的脸上，人什么时候有可能感到一点和蔼亲切与满意感激的表情的话，那么就是眼下；小男孩满身灵气，看上去真像一位强大的无往不胜的征服者；那一个呢，虽说还不像已被征服，在它身上还潜藏着力量，但却跟被驯化了似的，如此地和平，如此地柔顺。孩子继续地吹着笛儿唱着歌，并且随性之所致，对词句进行颠倒和增添：

> 善良的小孩子们，
> 不让他们产生恶念，
> 帮助他们完成善行。
> 虔诚的意念和乐曲，
> 打动了林中的暴君，
> 它偎在主的爱子膝前，
> 永不离开这幼弱的人。

烧炭党人和我的耳朵

> **导读**

伯尔内（Ludwig Börne，1786—1837），德国杰出的散文家和小说家，激进的革命民主主义者，"青年德意志派"的重要代表，创作富有批判精神。主要作品为《巴黎通讯》和论著《门采尔——法国人的吞噬者》。

《烧炭党人和我的耳朵》[1]这篇小说用轻松、幽默的笔触，亦庄亦谐地成功处理了严肃的题材。篇幅不长，故事情节却离奇惊险，变幻莫测，悬念人生。

---

1 烧炭党是19世纪初意大利的秘密革命团体，其斗争目标为推翻法国和奥地利异族统治，建立统一民主的意大利。

我到米兰那天，正赶上城里弥漫着一片明显的紧张气氛。有消息说，在都灵方面已爆发了革命。当局变得疑神疑鬼，更加谨慎、严厉起来；无业游民欢欢喜喜，以为来了浑水摸鱼的机会；某些有声望的市民装出一副哭丧脸以尽义务，骨子里却高兴得像就继承遗产的人似的。在米兰这地方，我找到了意大利的语言，却找不到意大利的天空；找到了意大利的现实，却找不到意大利的过去。因此，我急于跨过这道天国的门槛，一直进到天国内部去。我和一个马车夫谈妥了，第二天载我去佛罗伦萨，然后，我便上德拉斯卡拉大剧院去了。那天演罗西尼[1]的歌剧《奥赛罗》[2]。在米兰以及整个意大利，人们像崇拜偶像一般崇拜罗西尼，这我是了解的；因此在发现剧场中所有人对演出都漠不关心时，就不能不大为诧异。观众笑的笑，聊天的聊天，在宽敞的包厢中踱方步的踱方步，喝汽水的喝汽水，一片乌烟瘴气，天知道台上那班男女歌手究竟在为谁辛苦为谁忙哟。终于，苔丝德蒙娜上场了，她一出来立刻受到鼓掌欢迎。为了表示感谢，她一连三鞠躬：首先冲虚席以待的皇家包厢，一鞠躬；接着冲右手边的包厢，再鞠躬；末了儿才对着池座，三鞠躬。我不明白，如此受观众宠爱的，究竟是女歌星这个人呢，还是她要唱的那支咏叹调。总之，她一出场，剧场里很快便变得鸦雀无声了。她着着实实地唱了一刻钟，我难受得仿佛脖子给人勒住了似的，直等到她后来一个花腔接着一个花腔，节奏也越来越快，越来越急，我断定她这热情唱段已接近高

---

1 罗西尼（1792—1868）：意大利杰出歌剧作家。《奥赛罗》是他根据莎士比亚同名悲剧写成的歌剧。
2 《奥赛罗》中的女主角。

潮，才松了一口气。为了能钻进她已用歌声在观众心坎上打开的突破口里去，博取更多的彩声，苔丝德蒙娜夫人眼看已架起攻城的云梯，接着又向上翻出一串儿勇敢的颤声来——全场屏息凝神……就在这节骨眼儿上，轰隆一声炮响，吓得我从位子上跳了起来，场子里也顿时一片嘈杂声。只听在远远的一间包厢里，有谁压低了嗓门说："明儿个就要打过来啦。"我感觉自己两颊发烧，眼眶变得湿润起来，血液也流得更加欢快了。而不幸得很，我这倒霉蛋是个把心挂在嘴上的人，遇上一点儿事便哇里哇啦，加之又有个可悲可笑的习惯，就是总爱大声自言自语——你说见鬼不见鬼，我竟喊起"烧炭党万岁！意大利万岁！"来，声音喊得可不小，隔两间包厢也听得清清楚楚。

"Zitto[1]！"我身后一个男低音嘟囔起来。

另一位胖胖的先生也惊讶得瞪大眼睛望着我，一位美丽的夫人则拿手帕捂住了嘴。不过，整个说来，我那叛逆言论引起的关注并不如我预料的那么严重，也许是观众没完全闹清这几个德语词的含义吧。我自己呢，却是很清楚的，在接着狂热兴奋后边出现的考虑和头疼中，想到此时此地自己所处的环境，不禁胆战心惊。那所谓简易法庭真叫我不寒而栗，我似乎觉得刽子手已在量我脖子的尺寸；就算我对自己十分宽大吧，估计刑讯与长期拘押总是免不掉的，最大的希望莫过于就关在米兰，那臭名昭著的奥尔密茨[2]是千万去不得的啊。

"唉！"我暗自叹息，"你要眼下还坐在勃兰登堡邦的幽静池塘边听青蛙叫该多好，那比你在这儿听苔丝德蒙娜夫人的花腔女高音要

---

[1] 意大利语：安静。
[2] 捷克城市，城中的要塞是当时奥地利帝国最黑暗的监狱之一。

舒服得多呢！唉唉唉，你这个倒霉蛋！只等这一幕演完，卫兵就要来带你走啦！"……

一幕完了，卫兵却没有来，演第二幕时，也没谁打扰我的聆听，我于是慢慢放心了。

歌剧演完，接下去要跳芭蕾舞。在静静的幕间休息期间，一个年轻人走进了我的包厢，先和那位寒暄了几句，终于看见了我，他喜出望外地叫起来：

"啊，您在这儿哪！"

他直呼我的名字，我想不起他是谁，他便告诉我，在 N 城他常在各种聚会中和我谈话哩。我只好再三表示抱歉，怪自己对于人名和面孔的记性太坏。

"我很奇怪，"年轻人说，"S 先生怎么一点儿未向我提到阁下光临此地的事。"

"怎么？！"我失声叫道，"S 他在这里？"

"难道您不知道？他就坐在那边包厢里哪！——我这就带您去。"

如此同自己一位老友不期而遇，真令我乐不可支。我立刻跟上了我那向导。可我刚一跨进门，这位热情的先生便没了踪影，我被八名粗壮威武的士兵夹在了中间。他们押我进歌剧院的一间警卫室，在那儿客客气气地、仔仔细细地检查了我的衣袋，收去了我的证件。

"劳您的驾！"一位警官对我说。我于是便跟上他。

剧院门前等着一辆马车，我奉命上去，警官便坐在我的旁边。唉——永别了，世界！我仿佛听见背后传来了一声乌鸦叫。我问我自己，我在战斗里会发抖吗？坦白说，我并没把握不这样，不过，我知道，颤抖的只是我的神经，我的心却始终是平静的。然而，眼下受着警察的威胁，就连我那不朽的灵魂也充满恐惧呢。我太难受了。马车如此狭窄、低矮，而且封得严严实实，我憋得简直透不过气来。在车厢两边，各有一个比普通望远镜镜头大不了多少的小窗，玻璃外面罩着铁丝网。月光透过小窗照射进来，在我脚跟前撒下一面黑色的网，我的想象力便满怀恐惧地在网中挣扎。我身边的看守不吭一声，没准儿正在专心一意地破译我的一声声叹息吧，要真这样，我就够让他忙乎的。

马车静静地走了一刻钟才停下来，我听见一扇沉重的门在背后关上了。车门打开，我走下去，发现自己到了一座高墙围着的院子里。院中岗哨林立。我被押进了狱吏的房间，登了记，按了指纹，就跟通过国境时似的。最后，我又签上了名。

"4号！"警官对狱吏说。狱吏是个表情酸溜溜的老头子，一听吆喝马上便对我和气起来，正了正帽子，还给我端来了一把靠椅。警官向我道了晚安，然后凑近我耳朵说：

"请尽管放心，不会难为您的！"

"安娜，给先生照路！"老狱吏也冲隔壁喊道。

应声出现一个年轻姑娘，两手各擎一盏灯，往楼上走去，我跟着她，老头子又跟着我。

"您请便吧！"他打开一间房说，"先生如果要用晚餐，就请劳驾拉一拉铃。"说毕，便和姑娘去了。

我感到奇怪，房门竟未从外面锁上，再环视一下房里，布置得舒适而雅致，就更令人说不出的惊异。再看写字台上，纸和笔也应有尽有。就说那位戴着铁面的神秘囚人[1]吧,待遇也未见得比这更好。

　　一夜来受的惊恐稍稍平定下来,我已为应付审讯作了尽可能的准备,便转而从浪漫的一面来考察自己的经历。这使我心情好了一些,于是才拉铃要晚餐。安娜由老头陪伴着端上来食物,并一一为我切好。交给我使用的仅仅是一把汤匙,老头抱歉说,狱中的规定就是如此。菜肴挺可口,酒更是美极啦。老头走了,安娜独自留在房中。房里有一张梳妆台,台上放着一块叠得整整齐齐的餐巾。只见她朝我意味深长地瞅了一瞅,把手搭在餐巾上,又将食指举到唇边,然后便祝我夜里睡得香甜。她走后,我关上房门,打开餐巾,可里面什么也没发现。我解衣上床,以我当时的处境来说,一夜睡得倒也安稳。

　　次日一早醒来,我又把为保护自己而修建的城堡巡视了一通,仔细检查了各个关键部位,合理配置了防卫兵力,特别加强了薄弱环节。安娜给我送来早餐,这回没有老头陪着。不知是我心情宽松了呢,还是到了白天的缘故,总之,我这才发现她原来竟长得漂亮迷人,昨晚上我却完全视而不见。作为一个女孩子,安娜正值青春妙龄,似乎正微微张开小嘴,痴痴地等待大自然回答她的种种询问。玫瑰与百合在她脸颊上争艳,蓝天难与她的秋波比美,在她唇边时时泛起婴儿睡梦中的微笑,她的金发沉甸甸地垂在肩上,宛如一注下泻的泉水——这样一个美人儿,天使们会爱她如同自己的姊妹,而魔鬼也可能受她诱惑而倒霉啊。我看她看得出了神,站在她面前说不出一句话。这时,她脸上突然出现一种异样的表情,使她失去了全

---

[1] 法国路易十四当政时监禁的一名国事犯,由于一直戴着铁面罩,至今不知究系何人。

部的魅力，我也立刻清醒了过来。安娜搜查了房间的所有角落，然后又跟昨晚一样把手搭在叠好的餐巾上，末了儿再打开餐巾抖了抖。我问她找什么，她走近我，急促而胆怯地说：

"我舅舅是个粗鲁人，严厉得要命。不久前我们关过一个犯人，他买通了我们的侍女，每天早上，他都藏一封信在餐巾里，由女孩子偷偷取走，送进城去，尽管她进来时总有舅舅在旁边。从那以后，他就让我亲自侍候犯人，并负责检查他们有没有在哪儿藏着书信什么的。"

我问安娜，如果我托她交一封信，她会不会出卖我。她把手打在自己心口上，眼睛盯着我，一副诚恳的神气。

"小羊羔！"我说，"姑娘，你这么美，这么年轻……"

"好乡亲，"她娇声喊着，一只手便亲亲热热搭上了我的肩膀……

"这么美，这么年轻，可已经这么坏，毒蛇啊毒蛇！"我冲她喝道。——痛苦扼住了我的嗓子眼儿，我颓然坐到椅子上，泪水从眼里直往下掉。

当我把双手从泪眼上放下时，姑娘业已不知去向，站在我面前的是昨晚陪伴我的那个警官。他见我在伤心，便发生了误解，又安慰起我来。

"放宽心，我们不会故意使您不幸的。咱们到底都是德国人嘛[1]……喏，受了欺骗……一时轻浮……年轻狂热……您尽管讲真话好啦。这样做，您甚至可以报效帝国政府，戴罪立功哩……"

---

[1] 当时奥地利与德国尚未分开。

我摇了摇头。"情况不是这样，"我说，"不过咱们走吧。"

马车在等着我们，我被送到了警察局。局长坐在那儿，已作好了审案准备，他旁边坐着一名录事。审讯开始。问了我姓名，职业，何事做此旅行，在米兰认识什么人……总之，用的就是人所共知的警察局那一套残酷围猎的伎俩，把被告像一头可怜的动物那样赶得无路可逃，最后进入他们的射击圈，只好被迫招供。局长问了我一个小时之久，还只字未提我的罪行本身。终于，那个带关键性的问题出来了：

"昨晚您在剧场里喊'烧炭党万岁'，是什么意思？"

"还有'意大利万岁'哪！"录事赶紧补充。

看来眼下已到了我性命攸关的时刻。可是，人的天性真是个谜，人心的软弱和虚妄也够花样繁多，我在此时此地竟能去考虑：是撒谎好呢，还是坦白好呢；是掉脑袋好呢，还是让人当我是傻瓜好呢。总之，我犹豫不决，于是问题又被重复了一次。

"我耳朵不好。"我回答说。

"那您就请坐下吧。"录事头也不抬地低声说。

我不想扫这位滑头老兄的兴，便真拿过一把椅子来坐下了。

"您这就叫耳朵不好吗！"局长大吼一声。

"过去是的——我想说，昨天以前是的。"

"可现在，现在呢？"录事先生把浑身的狡诈和阴险都集中到了他那鼻子尖儿上，钉着追问。

我于是说下去：

"那不勒斯爆发革命的消息一传到德国，我便急忙赶到了意大利……"录事像秃鹰一般攫住了这句话,刷刷刷地写了下来。我感到自己说走了嘴,但已进退维谷,往回走已是不可能了,便继续说下去:"我早就有心到意大利一游,现在看来是最好不过的时机。我听说,皇帝陛下一行将从维也纳起驾,访问罗马和那不勒斯……盛大的庆典……路途也安全……一句话,我打定主意做这次旅行。然而,十分不幸的是,意大利语我只字不识。于是,我决心赶快学点意大利语,在不多的几个星期里能学多少,就学多少。我从早到晚,阅读意大利书报杂志。除其他读物外,我也见到了米兰本地出的一种期刊。在这期刊里面,介绍了一种治耳聋的方法,而我呢,为重听这个毛病所苦已经多年啦。这种方法是,在吸烟草时不要马上把烟吐出来,而是紧闭着嘴,让烟在口和鼻腔中闷一段时间。据说,照此办理无须几个星期,听觉便会得到恢复。某位献此秘方的俄国伯爵称,许多聋子用过此法,没有一个不见效的。我决定一试,便一连如法炮制了三星期,结果一点儿效果也没有。昨儿晚上听歌剧那会儿,我只觉得耳朵痛得慌,痛的原因事后才闹清楚。也是到了事后,我才明白,为什么我当时觉得那些演员唱得都难听得要命。正当苔丝德蒙娜唱到她最拿手的一段时,我觉得仿佛听见了一声炮响。我一愣,立刻感到说不出的高兴,原来我发现自己的耳朵一下子有了变化。这美妙的音乐之乡,过去我只能看见它缥缥缈缈地出现在地平线的远方,如今已阳光明媚,近在咫尺啦。('还真有点儿诗意哩!'录事嘟囔了一句。)我听见剧场远处有人在窃窃私语——我幸福极啦!我于是想到,世界上的大事小事都有着奇妙的联系啊;拿我耳朵的恢复听觉来说吧,倒真应该感谢那不勒斯的密谋者哩。我这人本来就惯爱嚷嚷,一高兴起来更是自言自语的,而且声音也很大,所以说就喊了'烧炭党万岁'。"

录事气急败坏地跳起来,喝道:

"先生,您是想拿我们开心吗?"

"局长大人,"我说,"我讲的句句实话,虽则听起来可笑,可要说是杜撰的,那又未免杜撰得太没意思了。您该不会认为我竟蠢到了如此程度,连撒个谎也撒不圆吧,或者竟狂妄到了极点,以至敢拿这样的无稽之谈来愚弄阁下吧。"

"您坚持自己的申辩?"

"是的。"

审讯至此结束,我奉命在记录上签了字,便被押回了狱中。

我苦苦等了八天,才等到对我命运的裁决。这期间,安娜没露过面。那个第一天待我和和气气的老头,在我受审后就变得粗暴而凶狠,竟克扣起我的饮食来了。终于,我又被带到了警察局。在那里,他们把搜去的证件和护照还给我,宣布我已获得自由。是他们已经确信我实属无辜呢,还是有人在出力营救;是他们准备待我以宽呢,还是其他什么原因使我的案子得到了如此意外的转机,我至今也没闹清楚。总之,不管怎么说,当时在整个伦巴第—威尼斯王国,没有谁比我更高兴了。就连我蹲了几天牢房,似乎也成了一个收获,我把它看成进餐前总要喝的那一小杯苦味酒——可不是嘛,我面前已摆好一桌丰盛的筵席,罗马从黄金盘中发出喷鼻的香味儿,大海在水晶盏里耀人眼目。

我只顾想入非非,人家却告诉我,要我在二十四小时内离开米兰，我便高高兴兴地答道：

"明儿一早我就去佛罗伦萨。"

"您去见鬼！"一个恩斯河[1]下游的土地养肥的胖军官冲我嚷了一句，喝道，"开步——走！向右转！向后转！您从哪儿来的，就给我滚回哪儿去。要碰上我，可不会这么容易就让您滑过去啦！"说到这里，这无赖举起拳头要揍似的，使我不禁打了一个寒噤。他把我的护照塞到我鼻子底下：

"喏，念去吧！"

护照上签的是去提罗尔和巴伐利亚边境，并且注明："持照人在任何地方都不得停留十二小时以上，否则予以拘押。"

这条规定如闪电一般刺穿了我的心，我站在那儿，呆若木鸡。我后来是怎样回到旅馆，整好行装，钻进马车，昼夜兼程，驶过一座座高山、一道道深谷的，我一点也不知道。一直等到了慕尼黑，我才回过神儿来。

就这样，我不得不循着来时的路径，又回到那个庸人的国度里去。意大利啊，我梦寐以求的仙岛，我算是见过你了——在梦中！在那些年，是谁减轻了我的痛苦，是谁给我的创口敷上了药膏，是谁擦干了我的眼泪？唯有你啊，我的幻想，我的抚慰女神！是你给荒漠的饥饿者撒下了曼纳[2]，用树皮烤出了面包，从萝卜里提炼了白糖。我感谢你呀，仁慈的女神！

---

[1] 多瑙河支流，在意大利境内。
[2] 《圣经·出埃及记》第十六章，以色列人于荒野所得神赐之食物。

穷乐师

导读

弗朗茨·格里帕策（Franz Grillparzer，1791—1872），奥地利杰出戏剧家，也写诗歌和小说。代表作有爱情悲剧《萨孚》《金羊毛》，历史剧《奥托卡皇帝的幸福和结局》，喜剧《撒谎者是痛苦的》等。

《穷乐师》(1848) 是格里帕策为数不多的几个中篇小说之一，但却被视为德语文学史上的一个名篇。它描写一个善良忠厚的人在弱肉强食的社会里不幸的一生，笔触细腻感人。故事情节比较简单，没有惊心动魄的矛盾冲突和戏剧性的转折，没有宏大的场面，却于平淡无奇之中完成对人性的深刻剖析，于平凡琐屑之中透露出温情和诗意。

每年7月月圆后的头一个礼拜日连同第二天,是维也纳的一个民众节日,一个真正的、名副其实的民众节日。民众是节日的参加者,也是节日的举办者;大人先生们纵然屈尊光临,也只能以民众一分子的身份出现,闹特殊、摆架子是不可能的,至少在一些年以前还不存在这样的情况。

那一天,布利基特奥郊原在开教堂纪念年市,与毗连着的奥加登公园、利奥波德镇以及普拉特一起,形成一片欢乐的海洋。[1] 本来,在一次纪念年市和下一次纪念年市之间,劳动人民的好日子就为数不多;因此,他们盼星星,盼月亮,好不容易才盼来了这个狂欢的节日。一时间,宁静的城市沸腾起来。大街小巷人潮汹涌,步履杂沓,笑语声喧,时不时地还传来高声的吆喝和呼喊。此时此地,等级的差别没有了,平民跟军人也混在一起。到了城门口,更是拥挤不堪。人们挤上去又被挤开,再挤上去,好不容易才夺得一条出路。但到了郊外,多瑙河大桥马上又成了另一道难关。终于,两股洪流都浩浩荡荡地得到了通过,它们一上一下,纵横交错,一股是滚滚的多瑙河,一股是更加气势汹汹的人流。多瑙河顺着古老的河床流去;人流脱离了桥栏的阻遏,便漫山遍野地散开来,变成一片人的海洋。

这景象,在一个初来乍到者眼中,该是很担忧的吧。然而它不过是愉快的骚动和纵情的狂欢罢了。

在城门与大桥之间,已经停着一辆辆简易马车,在等着载运节日的真正主人:城里当差干活儿的各色人等。只见马车载满乘客,马

---

[1] 布利基特奥、奥加登公园、利奥波德镇和普拉特,都是维也纳的游乐胜地。

儿撒开四蹄朝着人群飞奔；步行的人要一直等到车逼到身后才分开，车一过马上又合拢去，全都漫不经心的样子，倒也没有谁被伤着。在维也纳，马车夫和行人之间存在某种默契：马车尽可以跑得飞快，但不得压着人；行人尽可以心不在焉，但不得被压着。

  时间一分一秒地过去，车与车之间的距离也越来越小。在这时走时停的队伍里，这儿那儿已混进了一些富贵人家的华丽马车。车再也跑不开了。等到傍晚五六点钟，原本零零星星的马车更是变得密集起来，真正成了一条车水马龙。它们自相阻遏，又受着新从岔道上插进来的车的妨碍，就使"坐车再孬也比走路好"这句谚语显得不正确了。那些打扮得花枝招展的阔太太们，她们坐在几乎是寸步难行的马车里，便成了人们同情、讥讽和瞧稀奇的对象。霍尔斯泰因[1]这种黑马不习惯这么一味地走走站站，不断用后脚直立起来，像是要踏翻挡在前面的马车似的，吓得车里的女人小孩发出一阵尖叫。营业马车平时跑得很快，如今被迫一改旧习，车夫正计算着在这条原本只需要跑五分钟的路上耽搁三小时所造成的损失。他们不断地相互奚落，相互辱骂，有时甚至还动起苦鞭子来。

  终于，就跟这个世界上再顽固不化、停滞不动的东西都仍在不为人察觉地慢慢前进一样，上述状况也出现了一线转机：奥加登公园和布利基特奥郊原边上的树林终于遥遥在望。陆地！陆地！航海者终于见到了陆地！一切烦恼全都抛到了脑后。乘客们纷纷下车，混入了步行者的行列。从远方已送来伴舞的音乐，使新来的人们兴奋

---

[1] 德国地名。

得发出了欢呼。继续往前走,眼前便展现出一片辽阔的欢乐的港湾:树林、草地,音乐、舞蹈,美酒、佳肴,演影子戏的和走绳的,只见彩灯辉煌,烟火纷飞,这一切的一切,汇成了一片 Pays de Cocagne[1],一个 El Dorado[2],一座真正的人间乐园!然而可惜,或者说幸好,你爱怎么看就怎么看吧,这个乐园只存在那么一两天,此后就一如仲夏之梦似的倏然消失,仅仅残存在人们记忆中或希望里。

我不会放过一次参加这种节日的机会。我热爱人类,尤其热爱民众,因此,作为一名剧作家,我认为观察那拥挤不堪的剧场中自然表露出的对我作品的好恶,比起读某个文学巨子拼拼凑凑的评论来,要有趣十倍,有益十倍。这样的文学巨子身心都是畸形的,唯有靠像蜘蛛般地吮吸作家的血养肥自己。——是的,我热爱人类,特别是当他们聚在一起,暂时忘记了各自的私利,融合为一个整体的时候;因为神性就存在于这样一个整体之中,上帝本身就存在于这个整体之中。对于我这样一个人来说,一次民众的节日就是一次灵魂的聚会,一次对圣地的朝拜,一次虔诚的祷告。从一张张或者开朗或者带有隐忧的脸上,从要么轻快要么沉重的步态中,从一家人相互关心的态度里,从他们不经意的言谈中,我读着这些无名氏的生动传记,其乐趣胜过披览普鲁塔克[3]卷帙浩繁的巨著。是啊,在没有体验过这些平凡人的感情之前,你是不会理解那些名人的!从两个醉醺醺的小车夫的争吵到神之子的龃龉之间,贯穿着一条看不见的红线;在一

---

1 法语:富饶的地区,乐土。
2 西班牙语:指传说中的黄金国。
3 普鲁塔克(46—120):古希腊传记作家,著有《希腊罗马名人传》。

名半推半就地跟随情人从跳舞的人群中溜走的女婢身上,存在着朱丽叶[1]、狄多[2]和密提阿[3]的情种。

两年前,我按照老习惯,又加入那些寻欢作乐者的行列,步行去纪念年市。我已走完最拥挤的一段路,到了奥加登公园头上,思慕已久的布利基特奥郊原近在眼前了。不过到了这儿还得通过一道难关,虽然已是最后一道。一条狭窄的土堤,从两块密不通行的育林地带穿过,是连接两个游乐胜地的唯一通路,土堤中间的一扇木栅门,则成为它们的共同分界。平常日子,这条通道对游客来说是宽敞有余的;但在开年市时,它再宽上三倍,也嫌太窄太窄。无尽的人流,摩肩接踵,前拥后推,常常还和迎面而来的人纠缠在一起,亏得那天大伙儿心情都很好,最后也还相安无事。

我索性让人流推拥着前进,一会儿便到了土堤中间,置身于乐土之中。讨厌的是,我须时时停下来,退到路边上去,让对面来的人先过。但也正因为如此,我便有更多的时间,去观察那些立在道旁的人。原来,为了让游客们提前尝到一点盼望已久的欢乐的滋味,在土堤左边的斜坡上已站着一些奏乐人。他们也许是害怕乐园里的激烈竞争,便希望能在这大门口,摘取尚未动用的头一批慷慨的果实。一个目光呆滞的女子弹着竖琴;一个装着假腿的残废老人,用一种既像打簧琴又像手风琴、显然是自制的怪模怪样的乐器进行着演奏,以使周围的人对他那伤残之身的痛苦产生怜悯;还有一个瘫痪的

---

[1] 莎士比亚名剧《罗密欧与朱丽叶》中的女主人公。
[2] 相传为建立迦太基城的女王。
[3] 希腊神话中的女妖。

畸形少年，紧紧抱着一把提琴，身子仿佛跟提琴长在了一起似的，以一个肺痨病人的全部狂热，滚瓜烂熟地把同一支华尔兹舞曲反反复复地拉个不停。最后还有一个人——这人吸引了我的全部注意——他是一个七十岁光景的老头儿，穿着一件破旧但很整洁的细毛料外套，脸上微微笑着，俨然一副自我欣赏的神气。他站在那儿，光着他的秃顶，帽子搁在面前的地上，像街头艺人那样作为盛钱的工具。这时，他拉着一把通体裂纹的小提琴，不光是脚一上一下踏着拍节，就连整个伛偻的身躯都在随之摆动。可是，他这想使自己的演奏和谐动听的全部努力，都是枉然；他所拉出来的，只是一串串各不连贯的单个音符，既没有节奏，也不成曲调。亏他还那么专心致志，嘴唇颤抖着，眼睛紧紧盯住面前的乐谱——一点不错，正是一本乐谱！要知道，所有那些比他演奏的动听得多的乐师，都是凭着记忆在拉；可他呢，却于熙来攘往之中，在自己跟前竖了一个小小的轻便谱架，架上摊着一叠破损肮脏的乐谱，工工整整记录着那些让他拉得面目全非的乐曲。说来也正是他这不平常的行头，吸引了我的注意，同时也招来了过往游客的嘲笑与打趣，使老人摆在面前收钱的帽子一直空空如也，别的乐师却已将大把的铜板装进腰包中去了。为了不受打扰地观察这位怪人，我干脆站到土堤一侧的斜坡上。他又拉了一阵。最后，他停下来，像一个酣梦方醒的人。他抬头望望天空，发现天色已晚，再低下头去瞟了一眼自己的帽子，还仍然空着，便拾起来戴在头上，并无丝毫不快的表示。"Sunf certi denigue fines"[1] 他一边把弓子

---

[1] 拉丁语："凡事都该有个限度。"

嵌进琴弦中间,一边自言自语,然后便提起谱架,挤过迎面而来的熙熙攘攘的人群,吃力地往回走去。

老人的整个举止风度,都大大刺激了我研究人类的兴趣,我好奇到了极点。那寒碜而高贵的外表,那始终如一的怡然自得的神气。那对于艺术的如此热衷却又一窍不通;而且,正好是他的同行们开始大捞其钱的时候,他却往回走去;最后,还有那一句拉丁语,虽说字没几个,却发音纯正,十分流利。这就是说,此人曾受过良好的教育,有着相当的学识;可眼下——却沦为一个乐丐!我急欲知道就里,好奇得身上似乎发起抖来。

然而这时候,在我与老人之间,已经隔着一道厚厚的人墙。他本来生得矮小,手里又提着谱架,不免一会儿戳着这个,一会儿挂着那个,因此被人推来搡去。这工夫,他已经挤出木栅门,我却还在土堤当中,与迎面涌来的人流搏斗。转眼间,他便从我的眼前消失了,等我终于挤到开阔地,哪里都再也寻不着我那老乐师的身影。

这一未曾达到目的的奇遇,使我失去了过节的兴趣。我在奥加登公园里四下瞅了一通,最后便怏怏地走回家去。

公园有一扇小门直通塔博尔街。我走到小门附近,蓦地却又听见那把破提琴发出的熟悉的声音。我加快脚步,可不是他嘛!我好奇地追踪的那位老兄,他这时正站在一群娃娃中间,十分卖力地演奏着哪!孩子们想听他拉一支华尔兹舞曲,一再央求得已经不耐烦了。

"拉华尔兹,"他们嚷着,"拉华尔兹,听见了吧!"

老人似乎根本不睬他们,仍一个劲儿自己拉自己的,直至小听众们嘲骂着离开他,把旁边一个摇风琴的包围起来。

"他们自个儿不肯跳。"老人怅惘地说,边收拾起自己的乐器。这时我已走到他跟前。

"孩子们除去华尔兹以外,是不会跳别的舞的。"我说。

"我拉的正是华尔兹哩。"他用琴弓点着谱子上刚才拉过的那一段,对我讲,"为了投合老百姓的口味,我也得拉拉这类玩意儿。可惜小孩子根本听不懂。"他难过地摇头。

"那就让我来代他们感谢您吧。"我说,同时从口袋里掏出一枚银币递过去。

"谢谢!谢谢!"老人高声道,一边伸出双手作出推拒的表示,"请放进帽子里!请放进帽子里!"

我把钱放进摆在他面前的帽子,他立刻拾了起来,心满意足地揣进怀中。

"这回总可以说满载而归啦。"他笑眯眯地道。

"正是呢,"我说,"你这一讲正好使我想起了刚才令我感到好奇的情况。您今天的收入不够好吧,可你怎么偏偏在真正开始挣钱的时候离开?人们要玩一个通宵,您不是不知道。在这一夜,您可以轻而易举地挣到比平时一星期还多的钱。您叫我怎样解释这事呢?"

"怎样解释?"老人反问道,"请原谅,我不知道您是什么人。您肯定是位乐善好施的先生,是位音乐爱好者。"说到这里,他从怀中掏出那枚银币,双手捧在胸前。"正因为如此,我也愿意把原因告诉您,虽然我以前给别人讲,总是遭到人家的嘲笑。首先,我本人从来不做夜游鬼,因此认为,用唱歌奏乐去引诱别人干这种蠢事也不对;

其次，一个人在生活中，事事都该按部就班，不然就会乱了套和不可收拾的。最后——先生！——我为那些喧闹的人群拉了整整一天，到头来连个面包都没挣到；晚上可就该属于我自己，属于我这可怜的艺术啦。每天晚上，我都要待在家里，以便进行——"他满脸通红，眼睛盯住地上，声音越来越低，"以便凭着想象进行演奏，为我自己演奏，完全不按乐谱。这在乐理书上，敢情就叫即兴演奏吧，我想。"

我们两人都沉默下来。他为吐露了自己内心的隐秘而害臊，我则出于莫名的惊异；一个连最简单的华尔兹舞曲都拉不像的人，居然侈谈着最高超的演奏艺术！这时，他已打算走了。

"您住在哪儿？"我问，"我很想来听听您单独练琴呢。"

"哦，哦，"他几乎是恳求地说，"您知道，一个人在祷告时是不希望有旁人在场的。"

"那我在白天去拜访您吧。"我又说。

"白天，"他回答，"白天我得出去挣面包。"

"那么就早上好啦。"

"看起来，"老人微笑着说，"可敬的先生，您倒像个受赠者，而我，请原谅我直说，反而成了施主似的。您如此客气，我却不识好歹，对您回避。其实，您任何时候光临，都是我的荣幸，我只求您惠允，把您来的日期提前通知我一声，免得来时受到无端的阻拦，或者使我不得不中断当时正做着的事情。因为，我早上的时间也有一定的安排。我认为无论如何，我有义务给我的施主和恩人们的赠予像样的报答。我不愿当个乞丐，尊敬的先生。我了解，别的乐师们都满足于背熟几支街头巷尾的流行曲，德国的华尔兹呀，甚至那种淫秽小调呀,然后便一拉再拉,拉呀拉呀,直拉到人不得不把钱给他们,以便摆脱他们的纠缠,或者就因为他们拉的曲调,使听的人重温了舞会与其他不正当享受的欢乐。所以,他们只凭记忆拉,有时,或者说经常拉错。我才不干这样的骗人勾当呢。我把乐谱抄得清清爽爽,一则自己的记忆力不怎么好,再说大师们编的曲子复杂得很,要一个音符一个音符地记住对谁都是困难的。"他边说边翻乐谱给我看。我发现他抄的都是些古典大师的极其艰深的作品,真是惊诧不已。他抄得十分工整,但笔迹却僵硬难看,因为很多是快板与和弦。满纸便显得黑乎乎的。这个手指笨拙的老头儿,竟拉如此深奥的曲子啊。

"我拉这些曲子,"他接下去说,"一方面是对那些受世人景仰的久已不在人世的大师和作曲家们,表示自己的敬意;一方面也使自己得到满足,并且希望能帮助提高听众那从多方面被破坏了的口味,纯洁他们误入歧途的心灵,以此报答他们对我的赏赐。可是,要拉这样的曲子,让我把话继续讲完吧,"他脸上泛起了得意的微笑,"就需要练习,所以,我早晨的时间,全都安排练琴了。每天头三个小时练琴,白天去挣面包,晚上属于我和我亲爱的上帝,可说分配得公平合理了吧。"说到这儿,他眼里闪着晶莹的泪花,脸上却仍在微笑。

"那好,"我说,"那我就在哪天早上来打搅您。您住在什么地方?"

他回答园丁街。

"几号?"

"三十四号,二楼。"

"真的,"我嚷出来,"在阔人们住的二楼吗?"

"我们那所房子原本只是平房,"他回答说,"只是在顶上的阁楼旁边还有个小间,我就跟两个做手艺的伙计合住在里头。"

"一间房子三个人住?"

"分开了的,"他回答,"我有我自己的铺位。"

"天快黑啦,"我说,"您要回去了吧?再见!"

我把手伸进口袋,准备无论如何再给他一点钱。可他却一把抓起谱架,一手抱着提琴,忙不迭地嚷道:

"千万别这样,千万别这样。我刚才的演奏已得到了优厚的报酬,现在再受赐我是怎么也不好意思了。"说到此,他强作潇洒地向我一躬身,姿态相当别扭,随后便迈开老腿匆匆去了。

我说过,我对继续参加节日活动已兴趣索然,便也循着通往利奥波德镇的路,走回城去。我风尘仆仆,又热又困,便信步走进了一家当地有很多的露天酒馆。平日这些酒馆顾客盈门,今天生意全让布利基特奥夺了过去。离开扰攘的人群,来到这宁静的所在,我感到十分惬意。我一任自己胡思乱想着,不过大部分时间自然想的都是那位老乐师。在我终于省悟到该回家时,天色已经全黑。我把酒钱放在桌上,慢慢向城里走去。

老人告诉我,他住在园丁街。

"这附近有一条园丁街吗?"我问从街上跑过的小男孩。

"那边,先生!"他指着一条小横街回答。

这条远离城边上的住宅区,一直通到旷野里去。我循着他指的方向走着。街两边只有稀稀落落的几所房子,都夹在大片大片的菜园中间，使你对住户的营生和街名的由来一目了然。我那位怪人会住在这些陋舍中的哪一所呢？幸而我已把门牌号码给忘记了，再说黑漆漆的，什么标记也看不出来。

这时，迎面走过来个扛着一大筐蔬菜的汉子，边走嘴里边嘟囔着："老头子又叽叽嘎嘎开啦，吵得人家晚上也不得安宁！"

我继续向前走去，一把小提琴轻微而拖长的声音便传到了我耳边。这声音从不远的一所破房子敞开着的阁楼小窗中飘出来。跟其他房屋一样，这所房子也是低矮的平房，不同的只是在紧接着屋顶的山墙上开了个小窗。我静静站着。从小窗里飘出轻柔而平缓的琴音，然后渐渐响亮起来，直至非常强烈，接着又慢慢低沉下去，最后全然听不见了；然而马上又响起来，迅速上升到嘹亮刺耳的最强音。而且，老是这样同一个音，被演奏者如醉如痴地拉着。终于，他开始练音程，这是个四度音。如果说刚才的单调音响已使演奏者陶醉，那这时的美妙和声将给予他的感官怎样的享受，就更是显而易见。这时，他的手指在琴弦上跳跃，弓子也跟着在拉，过渡音的连接极不流畅，经过一再反反复复，才勉强拉出了个三度音。接下去练五度音。那声音一会儿拖长而颤抖，似断非断的，恰如轻轻的呜咽啜泣；一会儿又快得跟旋风似的，把同样的音程、同样的音符一个劲儿地猛拉。——这，难道就是老人的所谓即兴演奏吗！——诚然，对于演奏者本人说来，也许是的；但对听的人来讲，则又大谬不然喽。

我不知道这样过了多久，并到了怎样讨厌的程度；我只见突然间，一所房子的门猛地拉开，一个穿着内衣提着裤子的汉子冲出门来，站在街心冲着小窗喊道：

"今儿晚上还有个完没有！"话里带着怒意，但还不太粗鲁，不含侮谩口气。话音未落，琴声便戛然而止。说话的汉子走回屋去，阁楼的小窗也关上了。随之而来的，便是包围着我的一片死寂。我费劲地在陌生的小街上摸索着，好久才找到了回家的路。我一边走一边也奏起了随想曲，不过只是在自己脑子里奏，不妨碍任何人罢了。

早上的光阴对我来说特别宝贵：似乎我只要在这一天的头几个小时干些崇高而有意义的事，就可以使剩下的一整天都过得更有价值。因此，我很难下决心在早上外出；要是我哪天不得已这样做了而又感觉没有充分理由，那么在剩下的时间里，我就只会要么心神不定，要么懊恼自责。所以，我把约好在早上进行的对老人的访问，一推推了好多天。最后，我实在忍不住了，才动身前往。这次倒很容易便找到了园丁街，以及那所房子。迎面又飘来小提琴的琴音，只是因为窗户关着，显得很低很低罢了。我走进房去。一个被我的问话惊得几乎张口结舌的园丁的妻子，让我上楼梯。我走到一扇半掩着的小门前，敲了敲，没人应声，临了儿只好推开门，跨进屋去。屋里相当宽敞，但极为寒酸、简陋，墙壁随着屋顶的倾斜而倾斜。紧靠房门，是一张邋遢肮脏的床铺，四周散乱着零七八碎的什物；在我对面窗前，摆着另一张床，床上铺的盖的十分简朴，但却整整齐齐，干干净净。旁边一张小桌子上，摆着乐谱纸和文具。窗台上边，还有几个花钵。房间正中的地板上，从一边墙根到另一边墙根，画了一道很粗的粉笔线，它恰似一条边界，把肮脏零乱和整齐清洁的两个世界，清清楚楚地划分开来。紧靠边界，立着一个谱架，老人穿戴得周周正正，站在面前练琴！这个我所感兴趣的人——我怕只有我才对他感兴趣吧——关于他那拙劣的演奏,我已谈得令人感到乏味了,因此不打算再详细描写这地狱中的音乐,让读者们受罪。要知道,他现在练的多半是快板,更叫人听不出他究竟拉的是什么东西。我在旁边听了好一阵,才终于发现通过迷宫的线索,其困难简直就跟要弄清楚一个狂人的思路。老人拉着。拉,本身便是他的享受。此时此刻,在他的观念中只有两种不同的东西,即谐和音与不谐和音。前者令他愉快、振奋;后者,即使能构成不和谐和弦,他也尽可能避免。所以,他并非按乐曲本身的内容和节奏强调该强调之点,而是凭兴致所至,尽情突出和延长他听来悦耳的单音和音程,他甚至不假思索地反复奏这些地方,同时在脸上流露出近乎痉挛的狂喜神情。他将不和谐和弦尽可能两弓拉过去,而那些对他很难很难的快板,他又认真得一个音符也不肯丢,结果拉出来的时间与全曲相比就太长太长。听到这儿,你该很容易想象那是怎样的乱七八糟了吧。

这音乐我再也受不了了,几次想打断他都没有成功,便故意把帽子掉在地上,才使他回过神来。老人猛地一怔,膝头哆嗦了一下,手里的提琴险些滑到地上。我赶紧走上去。

"哦,是您,尊贵的先生!"他大梦初醒似的说,"我实未指望您真会来践您的约言哪。"

他请求我坐下,把乐器收拾起来放到一边,同时尴尬地在房里瞅来瞅去,然后突然从房门旁边的桌子上抓起一个盘子,一溜烟出门去了。在楼下,我听见他和园丁的老婆进行交涉。但没过一会儿,他又很窘地走了回来,把藏在背后的盘子偷偷放回原处。很显然,他是去向园丁的老婆讨水果来招待我,结果未能得到。

"您住这儿倒挺美的嘛,"为了解除他的窘境,我说:"混乱已被驱逐出境。它刚来得及跨过门槛,就不得不往后撤退。"

"我的寝室只到此为止,"老人指着房间中央的粉笔线说,"那边住着两个手艺人。"

"他们遵守您这条分界吧?"

"他们不遵守,可我遵守,"他回答,"只有门是公用的。"

"您的邻居没有打扰您吗?"

"说不上,"他解释说,"他们深更半夜才回来,虽然有时也会惊醒我,但这反倒使我再入梦乡时更加惬意。可早上我整理房间时也弄醒他们,他们不过骂上几句就走了。"

在我们交谈的过程中,我注意打量他。他穿着极其整洁,在他这个年纪,身段算不错的,只是两腿稍嫌短了一点。此外,他的手脚都出奇地纤细。

"您在瞧我,"他说,"您可能在想什么吧?"

"不错,"我回答,"我对您的经历感兴趣。"

"经历?"他重复着,"我没有什么经历。今天如同昨天,明天又如同今天。后天和再往后自然也将如此过下去,谁知道呢?只有上帝会安排,上帝知道将怎么样。"

"您现在的生活可能是够单调的,"我继续说,"可您以前的遭遇呢?您怎么会……"

"怎么会落得当了个街头乐师,对吗?"他在我无意识地停下来时,接过话头说。

于是我只好告诉他,怎么在一见之下,他便引起了我的注意,以及他说的那句拉丁语,使我产生了强烈的印象。

"拉丁语?拉丁语我当然学过,或者说人家曾经让我学,我有过学习的机会。Logueris latine?[1]"他问我,"不过,我没有学下去。那是很久很久以前的事啦。也许它,就是您所说的经历吧。怎么落到了这步田地?——说来话长哪!这期间发生了不少事情,虽然都不见得特别,但却是各式各样的。我原本也想回顾一下这些往事,看看自己是否已经忘记。这会儿还早。"他边说边伸手进表袋去摸,自然是什么也没摸着。——我掏出自己的表来:还不到九点。——"咱们还有时间。而我也正好像上了瘾似的,想跟您聊聊呢。"说到最后这几句话,他的态度明显地变得随便起来。没怎么客套,便从我手中接过帽子,放到床上。然后他自己也坐下来,一条腿架到另一条腿上,取了一个悠哉游哉的讲故事人的姿势。

"您无疑听说过枢密顾问×××啰?"他开始讲,同时道出了十八世纪后半叶一位名声赫赫的政治家的名字;此公名义上是个微不足道的办公厅主事,权势却近乎大臣。我告诉他,这个人我知道。"他是我父亲。"老人接着说。——他的父亲?这个穷乐师的父亲?这个老乞丐的父亲?那位声名显赫,势大权重的人,竟是他的父亲?!

老人仿佛并未注意到我的惊讶,而是带着显然满意的表情,顺着他故事的线索讲下去。

"我家弟兄三人,我排行第二,其他两个都曾经飞黄腾达,但可惜现在都已去世,就我一个还活着。"他边讲边整了整自己破旧的裤

---

[1] 拉丁语:你会拉丁语吗?

子,低着头把粘在腿上的一根根纤绒拈掉,"我父亲功名心重而且性急。我的哥哥和弟弟都令他满意。只有我,被称为是个迟钝的人,我确实也是个慢性子。如果我记得不错的话,"他继续讲,同时把脸转到旁边,用左手撑着头,像是在凝视着远远的什么地方。

"如果我记得不错的话,我当时倒是什么都能学,只要他们给我时间按部就班地学就成。我的兄弟们在所学的课程中跳跃前进,就跟羚羊似的从一个山巅跳到另一个山巅;我却不行,我完全不能拉下任何东西,只要一个词儿忘记了,也得从头再来,因此总是疲于奔命。常常该装新的东西进脑子了,而旧的东西还占着位置,我便只有停下来。就拿如今成了我生活乐趣与寄托的音乐来说吧,当时他们却搞得我对它恨之入骨。每当黄昏时我拿起提琴来,想不按乐谱随心所欲地拉几下,消遣消遣,他们便跑来从我手中把琴夺走,什么这样会搞坏指法呀,净让他们的耳朵受罪呀,于是责令我去上提琴课,这一来我就受尽了折磨。我这一辈子,从没有恨任何事与任何人像当年恨提琴那么厉害。

"我父亲觉得我很不称心,经常骂我,威胁说要把我送去学手艺。当时我不敢讲,要是真那样做,我才开心死了呢。我太乐意当个镟工或者排字工了。不过,我父亲是绝不会同意的,出于高傲呗。最后,一次公开考试决定了我的命运。为了讨好我父亲,学校也请他出席旁听。一位不诚实的教员预先告诉了我要考的题目,因此一切进行得都挺顺利。但临到结束时,我忘了一个词,一首贺拉斯[1]的诗

---

[1] 贺拉斯(前65—前8):罗马诗人。

里的词。我那位教员，本来一直冲我父亲点头赔笑地听着的，这时急忙来替我解围，凑近我耳朵进行提示。可我呢，却极力想从记忆中和上下文的联系里找出那个词来，没有听他的。他一而再、再而三地重复，还是没用。父亲终于失去了耐性，恶狠狠地冲我喝了一声：'Gachinnum[1]！'（这就是那个词）。这一来就完啦。这一来，我想起了这个，就忘了那个。我再怎么努力，也回不过神来。末了儿，我满脸羞愧地离开座位，照惯例走到父亲跟前去吻他的手；他却一把将我推开，站起身来，对在场的人点了一下头，便径直去了。他骂我Ge gueux[2]，我当时还不是，但现在是。父母亲的话，对孩子的未来往往如预言一般灵验！在别的方面，我父亲是个好人；只是性子急躁，虚荣心重。

"从那天起，他不再和我讲一句话，对我有什么吩咐，也让家里人传达。第二天，人家就通知我，不再让我上学了。我惊恐万分，因为我知道，这会多么伤父亲的心啊！我整天什么也不干，只是哭啊，哭啊，哭着哭着又背诵那首这会儿已从头到尾记得烂熟的诗。我向父亲保证，只要让我继续上学，就一定用勤奋来弥补天资的不足。但是，我的父亲再也不肯收回成命。

"接下去，我在家里闲了一段时间。后来，家里终于送我到一家账房当见习生。然而，算账从来不是我在行的事，至于让我去当兵的主张，更令我感到厌恶。直到今天，我一看见军装仍不寒而栗。要我冒着生命危险去保卫自己的亲人，那也许是对的和可理解的，但

---

1 拉丁语：嘶鸣；狂笑。
2 法语：乞丐；瘪三。

如果让我以流血和互相残杀为自己的职业和本分，那我便回答：不！决不！"

讲到这里，他双臂紧抱胸前，就像正感觉着自己的身体和别人的身体被一剑一剑刺穿似的。

"后来，我到一处办事机关当文书。在那儿，我算适得其所了。我一向就爱写字，直到如今，我还不知道有什么消遣，能比用好墨水在好纸上一笔一画地凑成词儿，或者仅仅凑成字母更有意思。如果是抄写音符，那就更美啊。不过，那会儿我还没想到音乐。

"我办事勤奋，只是过于谨小慎微。手稿上一个符号不对，一个词看不清楚或者漏掉了，本来可以根据意思添改一下就了事的，却往往要折腾我几个小时。

"是按原件抄呢，还是自作主张补充上去呢，我迟疑不决。时间便这样在忧虑中溜了过去，我反倒落得个拖沓懒散的恶名，实际上我工作得比谁都刻苦。我这么干了几年，一次薪水也没领过，因为每当轮到我晋升，父亲便在会上投票赞成别的人，大家出自对他的敬畏，都附和他。"

"就在这一段时间——您瞧！"他掉转话头，"倒真是有了一次经历啦。现在就让我来讲这个经历吧！在这期间，发生了两件事：一件是我一生中最难过的事，一件是我一生中最快乐的事。前者是我离开了父亲的家，后者是我重新找到美妙的音乐，找到了迄今仍忠实于我的这把提琴。"

"当我还留在父亲家里的时候，我受着全家人的漠视，住的是一间对着邻家院子的后屋。起初，我与家人同桌吃饭，席上谁也不对我说一句话。后来，我的兄弟都调到了外地，父亲又几乎天天被请去做客——母亲早已不在人世——人家便嫌单独为我开伙麻烦。因此，用人们都领了伙食费，我也一样；不过，钱还不发到我手里，而是按月直接付给饭馆。所以，除去晚上，我就很少待在自己房间里。父亲要求我，下班后最多半小时就得赶回家。回家后，我便呆坐在苍茫的暮色中，灯也不点，因为那时我的视力已很差。我想想这个，想想那个，既不伤感，也不快活。

"我这么坐着，常常听见邻家的院子里有人唱歌。那人唱了好多首，其中一首我特别喜欢。它那么简单，那么动人，重点又恰到好处，你根本不必去听歌词也明白唱的是什么。依我看，歌词总是破坏了音乐。"说到此，他张开嘴来嘎声嘎气地哼了几句。"我这人天生没嗓子。"他边说，边拿起小提琴。

他开始拉，这次倒是正确地拉出了一支动人、但却并不特别优美的歌子的曲调来。此刻，他激动得手指在琴弦上颤抖，大滴大滴的泪珠滚过他的腮帮。

"这便是那首歌啊，"他放下琴说，"每当我听到它，都感到新的快乐。我已把它铭记在心，却从来不能用自己的嗓音唱准它，哪怕是一两句。然而单单这么听，又使我不耐烦了。这时，我无意间看到了这把小提琴，它是从我少年时代起，就像一件旧兵器似的挂在我房里的墙上。我连忙取下来，并且发现——可能我不在时我的仆人拉过它——弦仍是准的。我把弓子一搭上去，这时候，先生，就像上帝的手指触到了我似的。那一声声琴声，一直沁入我的心田，然后又从心里涌流出来，使我周围的空气也变得令人陶醉。下面院子里的歌声,我手指奏出的琴音,都是我孤寂中的伴侣。我双膝跪地,大声祈祷,不明白自己少年时代怎么会轻视上帝这神奇的创造,甚至于恨它。我吻我的提琴,把它紧抱在心口上,然后把它拉了又拉,拉了又拉。"

"院子里的歌声也一直不断——唱歌的是个女子——然而我想拉着琴跟上她却不那么容易。

"因为,我没有这首歌的谱子。再说我还发觉,我过去学的那一点点提琴技术,现在也忘得差不多啦。因此,我拉不了这个那个,我只能一般地演奏。说实在的,除去这首歌以外,对其他的那些我都并不十分认真,过去如此,今天仍然如此。人们有的拉莫扎特[1],有的拉巴赫[2],可就谁也拉不出亲爱的主来。谁也拉不出主那给人永恒福音与恩典的妙乐,谁也拉不出他用以滋润我们焦灼耳鼓的甜美谐音,以致——"他压低嗓门,羞红了脸,顿了顿又继续说下去,"三度音与根音和弦,五度音与三度音和弦,Nota sen-sibilis[3] 如得到满足的希望一般升腾起来,不谐和音被迫像邪念和倨傲似的沉落下去。回旋流转,臻于佳境,连二度音也融合到那一片谐音中,变得优美悦耳了。——这一切,都是很久很久以后,一位音乐家解释给我听的。——此外,还有许多我不懂的东西,什么 fuga[4] 呀,Punctum contra Pun-

---

1　莫扎特(1756—1791):奥地利著名音乐家。
2　巴赫(1685—1750):德国杰出音乐家。
3　意大利语:敏感的音符。
4　意大利语:赋格曲。

ctum[1]呀,canon a datre[2]呀,等等。上帝的手使它们无须胶泥而彼此契合,构成一座雄伟壮丽的天上宫殿。这点只有少数人懂得,大多数人不但不想知道,反而拼命破坏这灵魂的呼吸,硬给添进人讲的话语,就像让神之子匹配了凡间的女儿,这情况真叫人痛心。先生,"他差不多精疲力竭,终于收住话头,"人就像需要食物一般需要言语,但对于上帝所赐给的琼浆玉液,我们却应该保持纯净才是。"

我的朋友变得如此兴高采烈,我简直认不出他了。他停了一会儿,又继续说:

"我的故事讲到哪儿啦?哦,对了,讲到那首歌,讲到我想用提琴把它奏出来,但没有成功。我走到窗前,以便听得更清楚。这时,唱歌的女子正好从院子里走过。我只能看见她的背影,但不知怎的却好像眼熟。她手里提着一只篮子,篮子里好像盛着一些待烤的糕饼。她跨进院子角落的一扇门里去,烘炉看来就在门内。我听见她继续唱着,伴随着歌声还传来木勺刮来刮去的声音。歌声时而沉浊,时而嘹亮,就像她一会儿弯下腰去对着一个窟窿在唱,一会儿又站直了身子在唱。过了一阵,她又走出来,这时我才弄清楚我为什么会觉得她眼熟,原来我早就认识她了,那是在办公室里。"

"是这么回事。我们从清早开始办公,要到下午才下班,中间没休息。有些年轻的同事,他们要么真觉得饿,要么只是借此打发一点时间,都习惯于在十一点光景进一点点心。那些善于抓紧一切机会捞钱的买卖人,便把生意做到门上来,省得老饕们再去跑路。他

---

1 意大利语:对位。
2 意大利语:二重卡农,三重卡农。

们站在过道和楼梯上,一个面包师卖白面包,一个女水果贩卖樱桃。但最受欢迎的,是附近一个杂货店的女儿,她卖自己刚做好的烤饼,拿出来时还是热烘烘的。顾主们都得到过道上去光顾她的生意,只有去叫她,她才偶尔进办公室里来。我们那位脾气古怪的办公室主任,很难在碰见她时不轰她出去,她虽然不得不服从命令,嘴里却嘀嘀咕咕发着怨言。

"我本人不在她的买主之列,一方面因为缺钱,一方面我向来只把饮食当成一种需要,有时甚至过分克己,从来也想不到从中寻找乐趣和享受。因此,我们相互都不曾留意。只有一回,同事们为了作弄我,跑去对她讲,我要买吃的。她走到我的写字台前,把篮子伸过来。

"'我不买什么,好姑娘。'我说。

"'不买,不买干吗叫人家来呢?'她气鼓鼓地说。我向她道歉,等讨厌鬼们一走,我便一五一十向她做了解释。

"'那好吧,您至少该送我几张纸,我需要拿去垫烤饼。'她说。我告诉她,纸是办公用的,不属于我自己,在家里我有属于自己的纸,可以给她带一点来。'家里我也有的是。'她以讥讽的口气说,然后格格一笑,便跑开了。

"这事发生在几天之前。我眼下便想利用这个机遇,达到自己的目的。第二天早晨,我从家里从不缺少的纸张中,抽出一卷揣在上衣底下,然后把纽扣扣得规规矩矩,走到办公室去。为了不露形迹,我在办公室还一直戴着这个'护胸',虽然很不舒服。我一直挨到中午,才从同事们出出进进和牙床咀嚼的杂乱声响中,知道卖烤饼的女子已经来到,并且断定生意最繁忙的时间业已过去。这时候,我才踱出办公室,从衣服底下抽出纸来,鼓足勇气向姑娘走去。她在面前的地上放着篮子,右脚踏在平日坐的那张小矮凳上,嘴里轻轻哼着歌儿,踩在矮凳上的脚踏着拍子。我走近她,她从头到脚地打量着我,使我更加尴尬。

"'可爱的姑娘,'我终于开口道,'您前不久向我要纸,碰巧我那会儿手边没有属于自己的纸。现在我从家里给您带了点来,请您……'说着我便递过纸去。

"'我那次就告诉您,'她回答说,'我家里也有纸。也好,再多也用得着。'边说边点点头,从我手中接过礼物,塞进提篮里去。'烤饼您一个都不要吗?'她把自己的存货瞅了个遍,说,'最好的可都卖出去了啊。'

"我谢过她,但对她讲,我有另外一个请求。

"'嗯,什么事?'她问,边说边挽住篮子,站起身来,目不转睛地望着我。

"我赶紧接上话头,说自己是一个音乐爱好者,尽管这是不久前才开始的;说我听过她唱的一些美丽的歌,而且觉得其中一首特别动人。

"'您?听我唱歌?'她惊讶地问,'可在哪儿呢?'

"我继续对她讲,我是她的邻居,曾听见她在院子里边干活儿、边唱歌来着,她唱的歌中有一首我特别喜欢,因此还试着用提琴跟着拉过。

"'哈——'她脱口嚷道,'您原来就是那个用提琴叽叽嘎嘎的

人哪!'

"我刚才说过,我那时尚属初学,后来经过许多努力,才使自己的指头灵活起来啦。"

老人打住话头,折过左臂,让手指在空中来回挥动,就跟真在拉琴似的。

"我感到脸上火辣辣的,"他又继续讲他的故事,"我看出来,姑娘也后悔自己把话说过了头。

"'好姑娘,'我讲,'我拉得很糟糕,原因是没有谱子,正由于这样,我想恳求您为我抄一份。'

"'抄一份?'她道,'那些歌不是印出来在大街小巷都有卖的吗?'

"'有卖的?'我应道,'那恐怕只是歌词吧?'

"'是啊,是啊,歌词,歌。'

"'可我要的是谱子啊,要能够唱出来的谱子。'

"'那玩意儿也能写出来吗?'她问。

"'当然能!'我回答,'正是这个才重要呢。可您,好姑娘,没有谱子又怎么会唱的呢?'

"'我听人家唱,跟着也就唱会了。'

"对她这种天赋,我非常吃惊,怎么偏偏这些缺少知识的人,经常都有很高的天赋呢?不过,这还不能算是艺术,不能算是真正的艺术。我开始感到失望了。

"'可您说的到底是哪一支歌?'她问,'我会的多着呢。'

"'全都没谱子吗?'

"'唔,是的。到底哪支呢?'

"'非常非常动人,'我解释说,'一开头就很高,接着转为平缓,结尾时很轻很轻。你经常唱的。'

"'噢,没准就是这首。'她说着便放下篮子,脚踏在小板凳上,用她明亮的声音轻轻地、轻轻地唱起来,同时低下了头,这时候,她是那么的美,那么地妩媚温柔,我忍不住去拉她垂着的手。

"'唉,唉,'她连忙缩回手去,以为我要有什么无礼举动。我才不会哪,我只是想吻她,虽然她是个穷女子。——喏,这会儿我自己不也是个穷人了嘛。

"因为得不到歌谱,我急得直搔脑袋,她便安慰我说,圣彼得教堂的风琴师常去她父亲店里买豆蔻,她准备请他把谱子写下来,过几天我可以去取。说完,她就提起篮子要走,我一直送她到楼梯口。我站在最上面一级台阶上最后一次向她鞠躬,冷不防让办公室主任给撞着了,他命令我回去办公,并且大骂姑娘一通,说她从头顶到脚跟都坏透了。对此我气得要命,正准备回答他,请他允许我说我的看法跟他正好相反,却发现他已回到自己的办公室去了,便只好忍住一肚子气,回到办公桌前。可是从此以后,主任就不放过任何机会,到处说我是个懒惰的公务员,是个放荡的人。

"在那天和接下去的一些日子里,我确实也无法正正经经地工作。我神不守舍,脑袋里净转着那支歌子。几天过去了,又不知道是不是已经到了该去取乐谱的时间。姑娘说,教堂里的风琴师是到她父亲店里去买豆蔻,而豆蔻他只可能用来下啤酒;最近以来,天气很凉爽,那位音乐家很可能只喝葡萄酒,因此用不着豆蔻了。马上去吧,别人以为是去催;拖得太久,又可能被当成无所谓。和姑娘再谈谈嘛，这我是再也不敢了，因为上一次我们打交道，已经遭到同事们风言风语，如今他们正急不可待地瞅着机会要捉弄我呢。

"这段时间，我重新狂热地练起琴来，主要作扎实的基本功练习，偶尔也凭记忆随便拉拉，但拉的时候都紧闭窗户，自己明白自己拉的人家不爱听。就算开着窗吧，我也再听不见我的那支歌了。我的女邻居要么压根儿不唱，要么关起门来唱得很小声，叫我什么也别想听清。

"终于，大约又过了三个礼拜，我再也忍不住了。在这之前，尽管我已有两次在晚上偷偷溜上街去——我故意没戴帽子，让用人以为我只是在院子里走走——但每次一到杂货店前，我就不由得颤抖起来，愿也罢，不愿也罢，反正只能转身往回走。可是终于，我方才说过，我再也忍不住了，便在一天傍晚鼓足勇气，坚决地迈出卧室，走下楼去，穿过胡同，一口气到了杂货店前——这次仍然没戴帽子。我站在那儿盘算着，接下去该干什么。只见店里灯光明亮，隐隐传出来有人谈话的声音。我犹豫了一阵，便弯下腰，从侧面向店里探望。我瞧见姑娘坐在柜台跟前，正就着灯光从一个木盆里拣豌豆或者黄豆。她面前站着一个粗壮的汉子，衣服搭在肩上，手里捏着根棒槌，一看便知是个屠户。两人正谈着话，兴致显得很好，因为姑娘接连笑出声好几次，尽管并未停下手中的活儿，连眼皮也不曾抬一抬。不知是我弯腰弯久了呢，还是别的什么缘故，我又发起抖来。蓦地，我被一只大手从背后抓住，拖着就往里走。我还未明白是怎么回事，已经站在店内。被放开后，我回头一看，原来是店主人。他外出归来，见我形迹可疑，便冷不防逮住了我。

"'好小子！'他喝道，'这下可算弄清楚李子干都跑到哪儿去啦，还有那些摆在店门外筐子里的豌豆和小麦粒儿！瞧我现在来狠狠地揍你！'说着便扑过来，就像真要揍开了似的。

"我张皇失措。但一想到，他是把我错当成了坏人，便马上镇定下来。我向这个无礼的人欠了欠身，告诉他，我是来拜访他的女儿，跟什么豌豆大麦的没有关系。这一讲，那个站在店堂中央的屠户便哈哈大笑起来，凑近姑娘耳朵嘀咕了几句什么，姑娘也笑着朝他背上啪地击了一掌，他便转过身来准备走了。杂货商陪着他一直走出门去。这时，我站在姑娘面前，重又失去了全部勇气，可她却没事人似的只顾拣她的豆子，仿佛一切都与她无关。不多久，她父亲又匆匆地冲进店来。

"'该死的东西，'他嚷着，'你找我女儿干什么，先生？'

"我努力向他解释事情的由来和我拜访他女儿的动机。

"'歌？什么歌？'他问，'我倒想给你唱唱歌哪！'说着，胳臂又挥动起来。

"'在那边放着哩。'姑娘没有丢下拣豆的工作，连身体带椅子地朝旁边歪了歪，又用手指了一下柜台说。我赶紧走过去，看见歌谱摆在那儿。可老头子动作更快，一把抓过去捏在手里，好好的一张纸已经皱成一团。

"'我要问，'他又嚷，'这是怎么回事？这个人是谁？'

"'他是办公室的一位先生，'女儿回答，同时把一粒虫蛀了的豆子拣出来甩得老远。

"'办公室的一位先生？'他大声问，'躲在黑暗处，帽子也不戴？'

"我向他解释，我没戴帽子是因为住在附近，并把我家的房子指给他看。

"'那所房子我晓得，'他叫道，'那儿住的不是别个，正是×××枢密顾问老爷，'这时他说出了我父亲的名字，'可他家的用人我全认识啊。'

"'我是枢密顾问的儿子，'我低声说，就像自己在撒谎似的。——一生中，我经历过许多的变化，但却从未见过像此人听见这几个字后，那浑身上下出现的如此突如其来的变化。

"他厉声呵斥的嘴还未来得及闭拢，眼睛仍露着凶光，脸的下半部却开始漾出笑纹，看着看着便已把整个面孔堆满。姑娘还在弓着身子拣豆，对眼前的事漠不关心，只是时不时地把散乱在额前的头发拢到耳后。

"'枢密顾问老爷的少爷？'老头子终于满面春风地喊出来。'少爷，您老快请坐！芭尔芭拉，椅子！'姑娘不高兴地在座位上扭了扭身子。'好啊，你等着，鬼丫头！'他说着便动手搬开筐子，腾出一把椅子来，用围裙掸去上面的尘土。

"'太荣幸啦，太荣幸啦，'他连声说，'枢密顾问老爷——不，枢密顾问少爷，您老敢情也在搞音乐哪？就像我女儿一样唱歌什么的——不不不，完全不一样，您是正正规规的，像行家那样。'

"我向他声明，我这人生来没有好嗓子。

"'那么，您一定是弹钢琴，上等人都是弹钢琴的。'

"我告诉他，我拉提琴。

"'我年轻时也曾叽叽嘎嘎拉过哪。'他高声说。

"听见'叽叽嘎嘎'这几个字,我情不自禁地朝姑娘那边瞟了瞟,见她正在发出冷笑,心头很不是滋味。

"'请您多关照我女儿啰,我是说在音乐方面!'他又讲,'她唱歌嗓子很好,品行也都不错,可就是哪儿去找这个呢,上帝?'他说时不断地把右手的拇指跟食指一起捻来捻去。

"他错以为我有高深的音乐修养,令我感到十分羞愧,正想说明真情,却听见店门外一个过路的人喊:'晚上好,你们几位!'我大吃一惊,这是我家一个用人的声音。杂货店主也听了出来。他吐吐舌头,耸耸肩膀,凑到我耳朵边说:'是令尊的一位当差的先生。不过没认出您来,您背朝门站着。'

"我确实背朝门站着。但是,一种做了错事被人抓住的不祥预感攫住了我,令我十分难受。我结结巴巴道了两句别,便走出门去。若不是老头子急急忙忙追到街上,把乐谱塞到我手里,我就连它也忘了拿。

"我回到家里,走进自己卧室,等着预料中的事发生。果不其然,那个用人到底认出了我。几天以后,我父亲的秘书上我房里来,向我宣布,我必须搬出父亲的家。我怎么申辩也是白搭。他们已为我在郊外租了一间屋子,于是我便从亲人身边被放逐出去了。还有我那女歌手,我再也见不着她。人家禁止她再来办事处做买卖,去她父亲店里我又下不了决心,我知道,我父亲是不高兴我去的。是啊,当我在街上偶尔碰见杂货商的时候,他也一脸怒气地背转身去,使我觉得就像挨了人家一顿臭骂似的。于是,我独自一人半天半天地待着,只好取出琴来,拉呀,练呀。

"然而，更糟糕的事还在后头。我的家庭开始走下坡路。我的弟弟在骑兵中当军官，他是个固执而狂躁的人，一次在跑得大大汗淋漓以后，却冒冒失失地和人打赌，要人不解甲、马不卸鞍地游过多瑙河去，而且地点是在水深流急的匈牙利境内，结果就赔上了性命。我的哥哥是我最挚爱的亲人，在一个省的省政府做官。他一味与省长作对，据说暗中受着父亲指使，竟捏造罪名陷害对方。结果上面一来调查，我哥哥只好弃职潜逃。我父亲有很多政敌，他们便趁机想倒他的台。在四面围攻之下，本来失了势就已恼羞成怒的他便没有一天不在大臣会议上做激烈的演说。有一天，就在这样的演说中间，他突然中了风，送回家里已说不出话。我当时却毫无所知。

　　"第二天，在办公室里，我发现同事们老在窃窃私语，并且对我指指点点。对这样的情形我已习以为常，因此也未加介意。到了礼拜五——出事是在礼拜三——突然有人给我送了一件别着白花的丧服到卧室里来。我大吃一惊，一问才知发生了什么事。我身体本来强健，这时却受不住沉重的打击，当即倒在地上不省人事。他们抬我上床，我一直发高烧，说胡话，闹了一天一夜。第二天早晨，我天生的好体质又占了上风，但父亲已经死了，埋了。

　　"我没能再和他说话，没能再请求他原谅我带给他的苦恼，没能再感谢他给予我的我不配受的厚恩，是的，厚恩！因为，他原本是希望我好的。我只希望，将来还能见到他，在那个只按存心好坏，而不看成效如何来审判我们的地方见到他。

　　"我一连在自己房里待了许多天，几乎是饮食不进。后来，我终于出了门，但一吃完饭便又回到房里。只有到了夜晚，我才徘徊在黑暗的街头，心情犹如杀死了亲兄弟的该隐[1]。父亲的住宅成了我最怕见的地方，因此避之唯恐不及。只有一次，我正茫茫然在街上乱走，突然发现自己已站在那幢可怕的邸宅前面。我的膝盖哆嗦起来，眼看就站立不稳。我伸出手去扶背后的墙壁，认出那正是杂货店的店门。我看见芭尔芭拉坐在店里，手中捏着一封信。在她身边的柜台上摆着灯，她父亲紧靠柜台站着，像是在劝她什么。即使拼着性命，我也必须进去。在这个世界上，既找不到任何人倾吐我的悲痛，也没有任何人对我表示同情啊！这个老头子，我知道得很清楚，是生我的气的；可姑娘呢，她总可以安慰安慰我吧。没有料到，情况正好相反。我一进门，姑娘就站起来，高傲地睃了我一眼，便走进里屋，关上了房门。老头子呢，却拉住我的手，让我坐，安慰我，并且对我说，如今你成了阔人啦，也不用害怕任何人。他问我继承了多少遗产。我回答不知道。他要我去法院，我答应了。他还说，在公事房里干不出什么名堂，要我把财产用来经商，做干鲜果品的买卖大有赚头，一个懂行的合伙人准保可以帮我把铜板变成金圆，他自己就做过一阵子这种买卖。说完，他开始叫他女儿。姑娘一声不吭，虽然她就在门后，因为我仿佛听见那儿有窸窸窣窣的声音。我见她一直不露面，老头子又净扯钱的事，我便向他告辞。他表示惋惜不能送我，因为店里只有他一个人。我为自己的愿望落了空而难过，但同时又感到莫大的安慰。我站在街上，远远张望父亲的邸宅，突然听见身后有谁压低了嗓子，对我发出警告：'别一下什么人都相信，他们对你没存好

---

[1] 该隐，《圣经》故事中的人物，亚当的长子，他杀死了自己的弟弟阿培尔。

心！'我迅速转过身去，却不见一个人影，只听杂货商店寝室的窗户咣当响了一声，使我知道这个暗中警告我的人就是芭尔芭拉，尽管我未听出她的声音。这样看来，刚才在店里的谈话她是听见了。她是想叫我提防她的父亲呢，或是已有风闻，我父亲刚刚去世，就有一些人，要么是办公室的同事，要么是素不相识者，纷纷来向我哭穷求助，我也答应他们，钱一到手就予以资助呢。已经应允的只好照给，可今后我倒要小心一点了。我去登记领取遗产。可以得到的比人们想象得少，不过仍然相当可观。差不多一万一千金圆哪。我房里整天人来人往，净是要求帮助的人。可我的心肠已硬起来，不是太困难的就不给予资助。芭尔芭拉的父亲也来过。他埋怨我已有三天没登他的门啦，我便老老实实回答他，我怕惹他女儿讨厌。可他讲，这我不用操心，他已经骂过她了，说完便一阵怪笑，叫我大吃一惊。这使我想起了芭尔芭拉的警告，在随后谈到遗产时，我便没告诉他实数，对他合伙做买卖的建议，也巧妙地回避开了。

"老实讲，我当时脑子里已经另有打算。在办公室里，人家完全是看我父亲面上才容下了我，如今已把我的职位另委派了人，本来就没薪水可领，我也不怎么在意。可我父亲的那个秘书，他在我父亲死后却丢了饭碗，便来向我提出一个创办承接咨询、誊印、翻译业务的写字间的计划，要我垫付开办资金，经营管理则由他一人包下来。经我坚持，誊印业务还扩大到了乐谱方面，这更使我感到心满意足。我给了他必需的款子，并让他开了一张收据——我已经变得细心起来。与此同时，还付了开业保证金，数目相当可观，但看来也没什么问题；因为据他讲是保存在商务裁判所里，在那儿钱总归是我的，就跟藏在自己的保险柜中一样。

"事情办完，我感到轻松愉快，志得意满，觉得自己平生第一次成了一个独立的人，成了一个男子汉。我差不多不再想念我的父亲。我搬进一所较好的住宅，衣着也做了一些更换。黄昏来临，我便循着熟悉的道路，向杂货店走去。我步履轻捷，牙齿缝里还哼着那支我所心爱的歌子，虽然并不十分准确，后半段的 B 调我从来就没唱准过。我兴冲冲地走到店里，但芭尔芭拉那冷冰冰的目光，立刻又把我变得畏畏缩缩起来。她父亲待我十分殷勤，她却一副旁若无人的模样，只顾叠她的纸袋，对我们的谈话不吱一声。只有当谈到继承遗产的事时，她才腾地站起身来，喝了一声'爸爸！'这一来，老头子才立刻改变了话题。除此之外，她整个晚上什么都没讲，瞅都不瞅我一眼，就连我最后向她告别时她那一声'晚安'，听来也差不多跟'谢天谢地'似的！

"不过，我还是一次又一次地上她家去，她的态度也就慢慢软了下来。但她似乎并不感谢我，反而一个劲地挑我的刺，责备我，说我什么也不行，两只手都一样地笨，衣服穿起来活像个稻草人，走路也畏畏缩缩，活像只想去规劝大公鸡的老母鸭似的。然而，最令她看不上眼的，是我对顾客殷勤有礼的态度。原来，我在写字间开张之前没事干，想到将来也要和顾主打交道，便在杂货店的小买小卖中帮帮忙，算是见习见习。因此，我半天半天地留在店里，一会儿称香料，一会儿给小孩儿数核桃和李子干，一会儿找补零钱。可找钱时我常出错儿，芭尔芭拉十有八回都一把夺过钱去自己算起来，并当着顾客的面数落我，讥讽我。我对顾客哈哈腰，或者说一句奉承话，她就在顾客还未跨出店门之前粗声大气地抢白我:'货好自有人光顾!'说完便不再理我。但有的时候,她对我也客客气气,听我给她讲城里的新闻,讲我童年的故事,讲我和她初次相遇那个办公室里的公务员的生活。这时,她就让我一个人讲,自己偶尔插进一句半句,以表示她的赞许,或者经常是反感。

"关于音乐和唱歌,我们从来没谈过。因为她认为,你要么就唱,要么就闭住嘴巴,根本没什么好谈的。但是真要唱,却又不可能:在店堂里唱不像话,她和父亲住的里屋又不准我进去。只有一回,我悄悄跨进店门正赶上她背朝着我,踮起脚尖,伸出胳臂在货架上面一层摸来摸去,像是在找什么东西。这时,她轻轻地唱着歌,而且唱的就是那支歌,那支我心爱的歌!——歌声仿佛把我带到了一片青翠如茵的草地上,她仿佛变成了一只鸣啭着的草原百灵鸟,在小溪旁梳洗脖子上的羽毛,小小的脑袋摆来摆去,一会儿把羽毛抖擞开,一会儿又用小喙儿梳理平整。我脚步轻轻地靠近她,再靠近她,一直走到她背后,仿佛那歌声已不再是出自她的口中,而是从我的内心里发出来,是我俩的灵魂在歌唱。这时候,我再也控制不住自己,便用双臂搂住她那腰向前挺、肩膀往后倒的身子。这下可就坏啦。她跟个陀螺似的飞快扭转身,气得满脸绯红,还没等我道歉,她已经抬起手来……

"前面讲过,从前在办公室里常常提到当时还是烤饼小贩的芭尔芭拉,如何让一个冒失鬼吃了一记耳光。同事们说,这姑娘个子虽小力气倒挺大,扇起嘴巴来可厉害啦。这些话当时在我听来只觉得夸大其词,滑稽可笑。谁知事实果真如此,她的力气实在够大,我站在那儿就像给雷打了似的,眼前跳荡着无数亮光。——然而这乃是天上的亮光,像太阳,像月亮,像星星,又像一边捉迷藏、一边唱着歌的小天使们。我恍恍惚惚,像喝醉了酒似的。她呢,更是吃惊不小,伸出手来摸着我的脸颊说:'我打得太狠了!'突然,又像触了电似的,我蓦地在自己脸上感觉到了她温暖的呼吸和嘴唇——她在吻我啦!那么轻,那么轻,但又确确实实吻在我的脸上,就在这儿!"老人举起手来拍了拍自己的面颊,眼泪夺眶而出。

"我记不起后来又发生了什么,"他接下去说,"我只知道我向她奔去,她却逃进了里屋、关上了玻璃门。我在外面往里推门,她弯下身子倾全力顶着,脸贴在玻璃上。我呢,尊贵的先生,就鼓足勇气用力地也吻了她,隔着玻璃吻了她。"

"'哈哈,这儿才叫热闹呢!'我猛听背后有人喊,原来是杂货商正好回来了,'喏,打打闹闹,亲亲热热,'他说,'出来吧,小芭芭,别傻啦!人家真心诚意想和你亲一下,你可是不好拒绝呀。'

"但芭尔巴拉并未出来。倒是我自己似清醒又糊涂地结巴了几句,便离开了。临走时竟错拿了杂货商的帽子,是他自己笑着从我手中换了回去。这便是我开头说的我一生中最幸福的一天。我几乎想说,这是我唯一的一个幸福日子,但又觉得这样讲不对,因为一个人从上帝那儿获得的恩典是很多很多的。

"我不清楚,姑娘心中对我究竟怎样。我想象不出,她是还在生我的气呢,或是已经原谅了我。我踌躇了好久,才又下决心上她家去。但她却对我很好。她坐在那儿静静地做着活计,态度谦和,完全不像平常那样盛气凌人。她朝身边的小板凳歪了歪头,示意我坐下去给她当下手。我们就这么坐在一起干着活儿。老头子想抽身出去，她却说：'你留在这儿嘛，爸爸。你要做的事已经做过了。'老头子只得顿了顿脚，继续留下。他来回踱着，一会儿讲这，一会儿说那，我都不敢插嘴。突然，姑娘尖叫一声——她干着干着不小心划破了手指。她痛得把手甩来甩去，显出平时所没有的娇气。我想看一看她的伤，她却使眼色让我继续做活计。

"'瞧你捣不完的鬼！'老头子嘟囔了一句，然后冲到姑娘跟前，粗声大气地说，'要做的事还没有做！'说完便嗵嗵嗵地跑出去了。

"我抓住时机，想就昨天的事向姑娘道歉，她却打断我说：'别提啦，咱们还是谈点正经事吧。'

"她抬起头来，上上下下地端详了我好一阵，然后以平静的调子说下去：'我自己都记不起，我们开始是怎样认识的了。可一些日子以来，您来得越来越勤了，我们也就习惯了您。您心地善良，这点谁也不否认。可您太软弱，头脑里又净想些无关紧要的事，对自己的正事却不会料理。因此，您的朋友和熟人就有义务和责任为您操操心，使您不至上当吃亏。您在我们店里一坐就是半天，数呀称呀，这样下去会有什么出息？将来您想怎么样？打算靠什么为生？'我说有父亲的遗产。'那可能很多哟。'她说。我报出了数目。'又多又不多，'她认为，'说多，您可用它来干一番事业；说不多，您靠它好吃懒做就过不了多久。我父亲不是劝您做买卖吗，我告诉您别听他的。他自己就搞得蚀光了老本，所以——'她压低声音说，'所以就养成了占别人便宜的习惯，就连对朋友也不会客气一点。您身边必须有个对您真心实意的人才好。'——我于是指着她。

"'是的,我是个真诚的人,'她说,同时把手扪在心口上,从平时那近乎灰色的眼睛里射出蓝色的光芒,蓝得就像天空一样,'不过,我却有自己的道路。我们的店子赢利很少,父亲一直盘算着要开个酒店。可那不是我待的地方。我只愿做手工活儿,不喜欢伺候人。'说这话时,她的模样高傲得像个皇后。'他们又向我提了另外一个建议,'她带着有几分厌烦的神气,从围裙底下掏出一封信来扔在柜台上,继续说,'可那样我就得到外地去啦。'

"'到远方去吗?'我问。

"'问这干吗?这跟你有什么关系?'

"我解释说,我也准备搬到外地去。

"'您真是个孩子,'她说,'这不行。那完全是另外一回事。不过,您如果信任我,乐意和我待在一块儿,那您就去把隔壁那家小百货店盘过来,那家店的老板正想把它出手。我懂这行道,您将本求利,不会吃亏。铺子开张后,您可以写写算算,也就有正事干了;至于往后再怎么样,我们现在不谈。——可您必须改改您的脾气!我最恨婆婆妈妈的男人。'

"我跳起来,急忙去抓自己的帽子。

"'怎么啦?您想上哪儿去?'她问。

"'去取消我的一切原定计划。'我气喘吁吁地回答。

"'什么计划?'

"我于是向她讲了我们筹办兼营咨询与誊印业务的写字间的经过。

"'这个干不出什么名堂,'她说,'谁都会给自己出主意,写字也

都在学校里学过。'

"我还告诉她,我们还抄乐谱,这可并非人人都会的。

"'您又转什么傻念头了?'她责备我说,'丢开您的音乐,该想想正经事啦!再说,您有能耐独自经营一家商号吗?'

"我解释说,我有一个合伙人。

"'合伙人?'她惊叫起来,'他准是在骗您!您该还没把钱交出去吧?'

"我不知为什么就发起抖来。

"'您交了吗?'她又问一次。

"我承认已交三千金圆做筹办资金。

"'三千金圆?'她高声道,'这么多钱?'

"'其余的钱,'我接下去说,'都存在商务裁判所里,无论如何都是保险的。'

"'这么说还不止三千金圆啰?'她大声问道。

"我讲了保证金的数目。

"'是您亲自送进商务裁判所去的吗?'

"'是我的合伙人去办的。'

"'那您有张收据吧?'

"事实上,我并没有收据。

"'您那位清白的合伙人叫什么?'她继续追问。

"我稍觉平静了一点,把我父亲那个秘书的姓名告诉了她。

"'仁慈的主啊!'她嚷着跳了起来,双手绞在一起,'爸爸!爸爸!'

"老头子应声进来。

"'您今儿个在报上读到了什么?'

"'关于那个什么秘书吗?'

"'就是,就是!'

"'喏,这家伙逃跑了,丢下了一大堆债,骗了许多人。如今正到处逮他哪!'

"'爸爸,'她喊道,'他也被那家伙给骗啦。这人把自己的钱全交给他管,让他给害得倾家荡产啦!'

"'天下就有这么多傻瓜!'老头子嚷道,'我不是总这么讲吗?可你老替他讲好话。先前你也笑话他,后来却说他为人诚实。现在我不能不管了!我要让你们瞧瞧,这儿是谁的家。您,芭尔芭拉,给我滚回屋去!您,先生,也快请便,希望您往后别再来了,我这儿没东西施舍!'

"'爸爸!'姑娘叫了一声,'别对他这么狠,他已经够倒霉啦。'

"'正因为如此,'老头子吼道,'我不想也跟他一样倒霉。这个人,先生,'他指了指芭尔芭拉丢在柜台上的那封信说,'他才是位好汉子!头脑中有主意,口袋里有金钱。他不骗谁,可谁也休想骗他。要说诚实嘛,这样的人就最诚实了。'

"我结结巴巴地说,还不能肯定保证金已经丢了。

"'可不是,'他嚷道,'那位秘书是个蠢货哪!告诉你,他是个无赖,精得很。您就快走吧,没准儿您还能抓住他呢!'

"说着,他便把手掌搭在我肩上,推我到了店门口。我往旁边一闪身,转过脸去望姑娘,她身子倚在柜台上,眼睛盯着地面,胸脯剧烈地一起一伏。我想走过去，她却生气地把脚一跺，我向她伸出手，她的手只哆嗦了一下，像是又要打我似的。我走出店门，老头子赶紧就把门关上了。

"我跟跟跄跄地穿过闹市，出了城门，来到旷野。绝望一次次攫住我的心，但我很快又产生了希望。我回忆起，我是陪着秘书一块儿去商务裁判所存放保证金的。当时，我在下面大门口等着，他单独上去缴的款。他回来说，一切都办妥啦，收据过几天人家给我送到家里来。结果这话并未兑现，不过可能性总还存在。但他的邻居都笑话我，问我是否没有看报。商务裁判所离他家仅仅几幢房子，我顺道便去让职员翻存根，结果既不见他的名字，也不见我的名字，毫无付款的迹象。这一来，我的倒霉就肯定无疑了。而且，事情还没有完呢，因为有我与那骗子签订的合同，他的好些债权人就扭住我不放，想让我还债。好在法院没有批准。为此真该赞扬和感谢他们！虽然对我来说，批准不批准都是一样。

"在遭遇这种种不幸的时候，说实话，杂货商和他女儿已完全被我抛诸脑后了。后来心境平静了一点，我便考虑未来怎么办的问题，于是又清楚地回忆起了最后那个晚上的情景。老头自私成性，对他我可以理解，可是姑娘呢？我有时想，如果我还有财产，能够养活她，她说不定就会……可是，她并不爱我这个人。"说到此，老人摊开两手，看了看自己枯槁的身体，"就连我对人客客气气，她都看不顺眼。

"我就这么胡思乱想着，过了一天又一天。一天黄昏——从前这段时间我总是在杂货店里消磨的——我又坐在朦胧暮色中，想着那个去惯了的地方。我仿佛听见他们在说话,在骂我,在嘲笑我是个傻瓜。这时,门外发出了窸窸窣窣的响声,接着,门开了,一个女人走了进来。是芭尔芭拉!——我坐在椅子上动弹不得,面前似乎出现了奇迹。她脸色苍白,胳膊上挎着个小包。她走到屋中央,停下来环视着空荡荡的四壁,再瞅了瞅室内可怜巴巴的几件家具,长叹一声。随后,她走到靠墙立着的橱柜前,解开小包,拿出她为我洗过了的内衣和手巾。她拉开抽屉,发现里面几乎是空落落的,吃惊得绞起手来。但很快,她便开始整理原有的衣服,并把她带来的几件也摆进去。整理完,她退后几步,眼睛望着我,手指着仍然开着的抽屉说:'五件衬衣,三条手巾,全都在这儿了!'说完,她慢慢推上抽屉,手撑着橱子,放声痛哭起来。可以看出她很难受。她坐在橱子旁边的一把椅子上,用手绢捂着脸,出气时重时轻,还在一个劲儿地抽泣。我轻轻走到她跟前,拉住她的手,她柔顺地任我拉着。可是,我为了让她看我,顺着她低垂的手向上摩到她臂肘的时候,她却陡然站了起来,挣脱手,沉静地说:

"'一切都没有用了!事情已经注定。您是自己情愿的,既害苦了自己,也害苦了我们,当然最苦的还是您自己。本来,您是不配得到同情的,'说到这儿,她越来越激动,'因为您太软弱,自己的事都料理不好;太轻信,对谁都死心眼,管他是骗子还是老实人。但尽管如此,我还是同情您。我这会儿来是向您告别。是的,您可能很惊奇,这是您的事。可如今我不得不到那些粗鲁的人中间讨生活,虽然我反抗了很久。有什么办法呢!刚才我已让您握过我的手,咱们这就别吧——永远分别!'

"我看见,泪水又涌上了她的眼眶,她无可奈何地摇摇头,向外走。我的手脚像灌了铅似的挪不动。她到了门口,又回过头来说:

"'衣服都理好了。当心别再丢了什么。往后的日子会很艰难啦。'她举手在空中画了个十字,喊道,'愿上帝保佑您,雅各布!——永远永远保佑您,阿门!'她压低声音补充了这么一句,出去了。

"到这时候,我的四肢才活动起来,急忙出门去追她,到了楼梯口对她喊:'芭尔芭拉!'我听见,她在楼梯上停住了,就迅速往下走,她却在底下对我说:'别来啦!'说完便跨下最后几阶楼梯,出大门去了。

"自那以后,我日子过得很苦,但却没有哪天比这一天更苦。第二天,我好了一点,可依然神思恍惚,不知到底怎么回事,便一大早跑到杂货店前徘徊,希望能打听出一点芭尔芭拉的消息。然而半天也看不出个名堂,最后就鼓起勇气从旁边朝店里张望。我看见店里坐着个陌生女人,在称货物和找补零钱。我大起胆子走过去,问她是否已经把店盘过来了。

"'眼下还没有。'她回答。

"'老板一家上哪儿去了呢?'

"'今儿个一早就去了朗根勒巴。'

"'他女儿也去了吗?'我吞吞吐吐地问。

"'那还用说,'她回答,'她去那儿结婚嘛。'

"女人也许还对我讲了我后来从其他人口里知道的一切,那就是:朗根勒巴的一名屠户,也就是我第一次上杂货店碰见的那位,很久以来就在向芭尔芭拉求婚,她却一直不从;直到最近几天,在父亲的催逼下，同时也可能没有别的人好指望了，她才答应下来。这天早晨，父女俩便动身去了朗根勒巴；而眼下，在我们谈话的时候，芭尔芭拉已经做屠户的老婆啦。

"我说过，那女人可能已对我讲了上面的全部情况，可我只呆呆地站在那儿，什么也没听见，直到一个顾客走来把我推开，那女人也不客气地吼起我来，我才离开了杂货店。

"您大概以为，尊敬的先生，"老人继续说，"那时候我感觉自己是一切人中最不幸的了吧？一开始也正是如此。可当我走出店来，回过头去望芭尔芭拉肯定经常站在后面向外张望的那几扇小窗时，心头却产生了一种幸福之感。是啊，她如今脱离了一切愁闷，成了自己家中的主妇，不必依赖一个本身就衣食无着、无家可归的人，一辈子受穷受苦了。这样的想法给我的心以莫大的安慰，我为她和她的未来祝福。

"我自己则每况愈下，不得不靠音乐为生。起初，在剩下的钱尚足以度日时，我努力练习并记熟大师们的作品，特别是那些我亲手抄写的大师们的作品。后来，我花光了最后一点积蓄，便开始以自己的本领赚钱。一开始，是在室内给人演奏，一次我女房东家里请客，便提供了我初试身手的机会。然而，我的演奏在这种场合不受欢迎，我便转移到了大院中，相信在那众多的听者里头，总会找到几个知音的。是的，我后来终于走上街头，并且获得了真正的满足。行人三三两两地停下来，向我提出问题，离开时都不无同情的表示。他们给我钱，我并不因此难为情。要知道，这正是我的目的啊。后来，我还看出，古往今来多少我不可企及的大师，他们哪个又不以自己的成就换取报酬,而且常常是很高的报酬呢?我便这样一直活到了今天,穷困虽是穷困,可却诚实无欺呀。

"过了几年,我还获得一个额外的幸福:芭尔芭拉回来啦,她丈夫赚了钱,在城外买下了一家肉铺子。她已是两个孩子的母亲,大儿子叫雅各布,跟我一样。我眼前的营生和往事的回忆,都不允许我冒昧;可后来却被他们自己请了去,教他们的大儿子拉提琴。他虽然天资甚浅,又仅仅只能在礼拜天练练,其他日子全得在父亲肉铺里帮忙,却也已经拉得相当不错。有时候我们拉着拉着,他母亲就和着唱了起来。这许多年,她变化尽管很大,人也长胖了,很少能再想到音乐,但这会儿唱起来仍像当年一样的优美,一样地甜蜜。"讲到此处,老人便取出提琴,拉起那支他心爱的歌来,一个劲地拉得如醉如痴,根本忘记了我。我终于听腻了,便站起身,搁了几枚银币在他桌上,走出门去。老人却仍旧狂热地拉着,拉着。

不久我便去外地旅行,直到初冬才回到维也纳。时过境迁,老乐师的事也渐渐淡忘了。第二年开春,浮冰壅塞河床,引起洪水泛滥,城外的低洼地带变成了一片水乡泽国,才又使我想起他来。园丁街虽也淹了,但对老人的生命似乎不必担忧,他住处紧挨着屋顶,被死神选中的多半是住底层的居民。然而,洪水断绝了他的生计,他的处境该是何等困难啊!可在大水消退之前,我也无计可施,再说政府已尽力派船送去了赈济粮食和营救人员。等洪水一退,街上又可行走了,我便决定把已开始征集的数额相当可观的捐款中我那一份,亲自送到我十分关心的这个人家里去。

利奥波德镇一片惨景。街上到处是破船烂家具,一部分屋子里还积着水，水上漂着乱七八糟的东西。我避开拥挤的人群，走到一所房子的大门边，虚掩着的门被我不小心一碰便开了，呈现在我眼前的是过道上的一排排尸体，显然是防疫人员集中运到这儿来的。可不是，有几所房子里，遇难者的尸体还直挺挺地立在窗前，有的还双手紧抓着窗栏哪。时间和人员都不够，来不及对这么多死者作法律鉴定。

我继续朝前走。四面八方都传来悲恸之声，有失去了孩子的母亲，有流浪街头的孤儿。终于，我走到了园丁街。这里也排好了穿黑衣的送葬的队伍，不过看来离我去的那所房子还远。可当我走近以后，才发现在送葬队伍和园丁的家之间人来人往，肯定与那里有着关系。在大门口，站着一个干练强壮的男子，已上了相当年纪，高筒靴，黄皮裤，上衣拖得很长，一眼就可看出是个乡间的屠户。他指东派西，不时地和旁边的人交谈几句，态度显得颇为随便。我经他身旁进入院内，正碰上园丁的老婆迎面走来。她当即认出了我，便眼泪汪汪地对我表示欢迎。

"劳驾您也赏光！"她说，"是啊，我们的老先生也真是可怜！他现在和可爱的天使们一块儿奏乐去了。可天使们也不及他好，不及他在世时好。这个诚实的好人本来安安稳稳地坐在他上面的小屋里，大水一来，他听见孩子们的喊叫，便冲下楼来救人，又是背，又是牵，把孩子们全带到了安全的地方，累得他自己上气不接下气。是啊，人不能总把什么都照顾到，我男人临到最后，才想起把税簿和相当多的钞票忘在壁橱里了。老人一听便提起一把斧头，走进已经齐胸的水里。他砍破壁橱，原封不动地拿来了一切。他自己却着了凉，一开始又请不到医生，便烧得说起胡话来啦。以后病情越来越重，我们尽量治他，心里比他本人还难受。要知道他还在一个劲儿地奏乐，用他的嘴巴奏，还打拍子，还指点别人。后来，水退了一点，我们便接来大夫和牧师，他却突然从床上翻身坐起来，转过脑袋，侧耳听着，仿佛听见远方在奏非常非常好听的音乐，然后脸上带着微笑，倒下去，死了。您上楼去吧，他生前常常谈到您，太太也在上面。我们原本想自己出钱安葬他，可屠户太太不同意。"

在她的催促下，我爬上陡斜的楼梯，到了小屋前，房门大开着，屋子已经腾空，只在中间停放着一口棺木。棺木已经钉上，单等杠夫们到来。在棺木首端的边上，坐着个相当丰满的女人，已经过了中年，穿着印花布裙，系着条黑色围巾，帽子上也缠着黑缎带。她的样子看上去似乎从来不美。她面前站着两个相当大的孩子，一儿一女，显然她在教他们送殡时应注意的礼节。我进屋的时候，她正把傻愣愣地将身子倚在棺木上的男孩推开，然后仔仔细细地抚平被弄得起了皱的棺衣。园丁的老婆领我上前。这时楼下却吹起了喇叭，并且从街上传来了屠户的喊声：

"芭尔芭拉，时辰到啦！"

杠夫们出现了，我退让到一边。棺木被抬到了楼下，送葬的队伍也就出发了。头里走的是擎着十字架和圣幡的学童、牧师以及教堂的工役。灵柩后紧跟着屠户的一对儿女，以及他们夫妇本人。男的不停地翕动嘴唇，样子像在祈祷，同时又在东张西望。女的热诚地念着经文，只有两个孩子使她分心，不得不一会儿推他们快走，一会儿又拉住他们，似乎很重视保持队形的整齐。送殡队伍终于到了墓地。

墓坑已经掘好了。首先是孩子们往里面撒一把土，男人也做了同样的事。他的妻子却跪了下去，用经书遮住眼睛。掘墓人掩了坑，送殡的队伍也就散了。在墓地门口还发生了几句争执，原因是屠户太太觉得殡仪承办人要的钱太多。随后，送殡的人各奔东西，老乐师就这样给葬掉了。

又过了几天——那是个礼拜日——我为好奇心所驱使，去了屠户家中，托词想买下老人的小提琴留作纪念。屠户全家都在，我并未发现他们受到丧事的特别影响。只有老人的那把提琴挂在墙上的镜子旁边，与正对面挂着的耶稣受难十字架恰好对称。我说明来意，出了一个相当高的价钱，丈夫看样子已经颇为动心，妻子却从椅子上一下子站起来，说：

"这是为什么呢？提琴是咱雅各布的，咱们可不在乎多这几个钱还是少这几个钱！"

说着便从墙上取下琴来翻来覆去地看，吹掉上面的灰尘，装进抽屉里，急急忙忙锁上，就像生怕谁去抢似的。她背转身去，避开我的视线。就在这时，女仆端着汤走了进来，屠户便开始旁若无人地大声做餐前祷告，两个孩子也跟着尖声尖气地念起来。我于是一边祝他们吃得开心，一边往门外退去。临出门，我瞥了一眼已经转过身来的女人，只见她两颊上珠泪滚滚。

灯怨

导读

哈克伦德尔(Friedrich Wilhelm Hackländer, 1816—1877),德国作家,擅长写幽默讽刺小说。代表作为《欧洲的奴隶生活》《岗亭奇遇》《和平时期的士兵生活组画》等等。

《灯怨》篇幅极其短小,写的原本也只是生活琐事,但却以小见大,对陈腐不堪的封建等级制度进行了辛辣的嘲讽。轻松、调侃的语调更加凸显出小说人物的可悲、可笑,以及他们相互之间关系的虚伪,读来叫人忍俊不禁。

宫廷顾问夫人和国务顾问夫人是一对好朋友，像她们那样的朋友，在现今这个被败坏了的世界上，是很少见的。她俩相识已有很多年头，长期相处彼此完全习惯了，是的，就连两人的情趣和一些小嗜好，也都变得一模一样。举例说吧，宫廷顾问夫人吃不惯酱汁烧鳕鱼，国务顾问夫人也就把这种烧法的鱼给恨透了。再如不穿绿色的衣服这点，两人也达成了默契。这样，她们不仅意气相投，肝胆相照，就连外表也总是显得那么和谐啊。在个性方面，宫廷顾问夫人比国务顾问夫人要稍稍高傲一点，原因是她认为，自己的头衔联系着"宫廷"二字，要高贵一些，国务顾问夫人费了许多口舌，才打消了她这个想法。

"亲爱的宫廷顾问夫人，"她说，"如果您愿意查一下等级册，那就会看见咱俩都同属第七级呢。"

"可是，"宫廷顾问夫人打断她，"您千万别忘了，在第七等里宫廷顾问紧接着御医，然后排着矿务总监，盐务总监，以及包括秘书主任在内的未明确说出的两级政府员司，在这以后，才轮到国务顾问哪。"

国务顾问夫人微微一笑，指出：宫廷顾问不过是个空头衔罢了，要知道，宫廷顾问夫人自己也只能举出一次例子，说明丈夫到宫中去议过事；相反，她自己的丈夫却总是在首相府里出主意。

这样的等级争论，在一段时间里成了她俩友谊的危险暗礁，幸好后来被平安地绕了过去，她们才和好如初，又肩并肩地航行在日常生活的平静水面上了。他们两家同住在一层楼，用餐的房间当中只隔着一堵薄墙。中午，国务顾问夫人用餐刀敲敲墙壁，朝隔壁喊：

"祝您胃口好，宫廷顾问夫人！"

隔壁便传来闷声闷气的回答：

"谢谢，国务顾问夫人，您胃口怎样？"

又有一次，友谊几乎濒于破裂，原因是国务顾问这个啰里啰唆的老头子，竟认为太太们没有必要袭用丈夫的头衔。怪就怪在宫廷顾问夫人和他意见一致，后来只是由于宫廷顾问和国务顾问夫人激烈反对，才挽救了危局。不过，国务顾问总算使大家同意，以后把太太们的称呼改成了"宫廷顾问的夫人"和"国务顾问的夫人"。

在皇家宫廷剧院里，两位夫人和另外二十四位夫人合订了一间包厢。这间包厢可容纳六个人，经过协商，她俩的票被分在了同一天。因此，两人总是一块儿坐着，一块儿欣赏，既欣赏美妙的演出，也欣赏其他女看客的穿戴和打扮。幕间休息，总要吃苹果和胡桃，由两人轮流招待，逢双日宫廷顾问的夫人，逢单日国务顾问的夫人，一年以后再调换一次，免得一个老轮着双日，另一个老轮着单日。她俩就这么坐在那儿，情投意合；在《荒野之子》一剧中出现：

两个灵魂——一种思念

两颗心脏——一起跳动

这句台词时，她们对作者的理解就再充分不过了。

然而，刁恶的命运却极力要在麦田中播下莠草。

入夜，在快散戏之前，你要是站在斯图加特[1]皇家话剧歌剧院大门外，便会觉得自己仿佛是在一个温暖的5月之夜，置身于一座充满馥郁之气的大森林中，只见四面八方都有"萤火虫"飘飘而来。霎时间，皇宫广场上到处是灯光，都急急忙忙向着剧院运动。这是来接太太们的侍女们打的灯笼。平庸之辈看来，这是些普通的灯，但在深刻的思想家眼中，这些灯的大小和形状都大有讲究。我们简直可以说，斯图加特宫廷剧院门前的这些灯，就是皇家维腾堡宫廷及政府礼宾手册的光辉一章，就是从第八等开始的整个等级册的详尽图解。

第八等的灯笼，属于内廷文书和少尉军官的太太们使用，体积小，正方形，白铁皮造，内点油蜡烛一根。

第七等的灯笼，属于宫廷顾问、国务顾问、林务总监和御厩总监的太太们使用，个儿大一些，也长一点，仍为白铁皮造，点蜡烛一根。

第六等的灯笼，比上面的大得多，枢密顾问和少校军官（从这一等级起享受刑事豁免权）的太太们使用，点硬脂烛两根。

第五等的灯笼，主任秘书、使馆参赞、高级参军以及中校军官的太太们使用，大得无以复加。这一等的灯为黄铜造，点蜡烛两根。

第四等以上不再打灯笼照路，而是通常派来一名男仆，充作大臣夫人或上校夫人的守护神。

第三等同上。

第二等和第一等，即殿下们，他们要么根本不上剧院，要么就使

---

[1] 德国城市，当时为维腾堡小王国的京城。

用自备的华丽马车和轻便马车。

在此我们可以向各位保证，不管是宫廷顾问的夫人还是国务顾问的夫人，都没有僭越规定她们享受的品级，也就是说第七等。她们的灯笼是用白铁皮造的，略带长方形，点蜡烛一根。由于她们，如上文所表，通常都是搭伴儿回家，所以便有两盏灯用；一盏打在头里开路照明，一盏摆在末尾断后，照着蹒跚前行的夫人们，别有一番风味。

谁知命运作梗，让国务顾问在一次拍卖会上贱价买进了一盏灯，一盏显然属于第六等级使用的灯，因为虽然稍有残损，但却大得出奇，且有两个烛座。要是国务顾问识相些，他就应从拍卖人的惊愕，以及在场各位太太脸上清清楚楚地流露出来的正当的不满中，认识到他是何等严重地违反了等级规定。然而，他对这一切都视而不见。灯带回家里，便被那个心怀叵测的侍女给擦得亮铮铮的。

啊，友谊的墓碑，惹祸的灯笼！

可敬的读者啊，让我们也洒两滴泪水吧。

戏散场了，两位夫人漫步回家。前面，由宫廷顾问家的侍女莉克打着第七等的灯笼开路。在她们身后，跟着国务顾问家的贝贝拉，手提新买的那盏灯。也许，宫廷顾问夫人并不至于发现对她们的友谊的这一可怕背叛，要是她没有不幸地心血来潮，突然在皇宫广场中央停住脚，提醒她的朋友欣赏起美丽的夜色来的话。

"真是一个迷人的晚上，国务顾问夫人，今儿晚上，您瞧见那些煤气灯有多亮了吗？"

"是啊，从那园林中传来的，我想，敢情是夜莺的啼叫吧，宫廷顾问夫人。"

"不错，国务顾问夫人，还有在剧院的屋顶上，那月光照耀下的少女像有多美啊！还有……嗯——贝贝拉，你那是什么灯？"

"噢，噢，宫廷顾问的夫人，这是国务顾问的夫人的灯呗。"

"国务——顾问的——夫人的——灯？"

"对啦，我真忘记了告诉您，我的丈夫最近在一次拍卖会上买了这盏灯。"

宫廷顾问夫人的神圣感情受到了伤害，她那原已给美丽夜色激起了盎然诗意的脆弱的心，一下子痉挛得缩紧了。她那为泪水模糊了的目光，先停在自己小小的、白铁皮造的、仅有一根蜡烛的灯上，随后痛苦地瞅了那盏第六等的大灯一眼，临了儿又愤怒而可怕地瞪了瞪国务顾问夫人，便闷声不响地朝黑夜里冲去。

国务顾问夫人摇着头，也自己走自己的路，就是说径直走回家去。回到家，贝贝拉有事还必须出去一趟，这时国务顾问夫人已退进了内室。她真没料到，宫廷顾问夫人会有此一举。

谁知贝贝拉竟把灯放在楼梯口上，自个儿摸黑上街去了。

一会儿，宫廷顾问夫人也回到家，情绪已经差不多冷静下来。"本来嘛，"她自言自语说，"也怪不着国务顾问夫人。诚然，她一贯都颇傲慢。不过，这盏不该她用的灯，她肯定决不会用了，她永远也不会再让你看见它的。"

说着，她推开了房门，可瞧——那个倒霉的灯笼，正蹲在过道的楼梯口上，发出明亮的光，好像想说：喂，瞧瞧咱哪，宫廷顾问夫人，瞧瞧咱这两根硬脂烛。嘿嘿，第六等呢！

宫廷顾问夫人感到眼前发花，那个灯笼又几乎占据了整个楼梯，不幸的妇人没法不碰着它。让我们转过脸去吧，那灯是偶然地滚下楼梯去了的——四面玻璃都摔碎了，烛也全灭了。贝贝拉走回来，急得双手抱住了脑袋。

灯罩破碎了，友谊也破碎了。两位夫人气鼓鼓地睡去，一整夜都在做梦，值得注意的是都在梦着第六等级，以及那个刑事豁免权。

对于读者，我们还有什么好讲呢？和谐被破坏了，猜忌的魔鬼便利用一切机会，使两颗受伤的心再也靠拢不到一起。

第二天一早，国务顾问夫人就去买了顶绿色的帽子，宫廷顾问夫人买了条绿色的披巾。宫廷顾问和国务顾问都大为诧异，怎么下一礼拜竟一连吃了三次浆汁烧鳕鱼。剧院的票折价出让了，吃中饭的时候再也听不见敲墙壁的声音，到了下一季度，两家都搬了出去，宫廷顾问搬到内卡尔大街尽头，国务顾问搬到福依尔湖边。

可是在天上，友谊的天使却在为一盏第六等级的灯笼而哭泣哪。

一些年过去了，正巧在1849年1月17日那一天，两位夫人又相逢在皇宫广场上——时事使得她们的腰背都伛偻了——她们泪眼汪汪，言归于好，相互拥抱，嘴里一边念叨着德国宪法第七条[1]。

1　指1848年3月革命后在法兰克福国会上提出通过的德国宪法。这部宪法实为一纸空文，在小说作者看来，它的第七条中关于取消等级制度和等级特权的规定，只起了促进反动势力内部团结的作用。

小矮子穆克

> 导读

威廉·豪夫（Wilhelm Hauff），1802年出生在德国的斯图加特市，早年在迪宾根大学攻读神学和哲学，毕业后当过家庭教师和报纸编辑。他虽然写过一部开德国历史小说先河的长篇小说《列支敦士登》，也成功地创作了一些中篇小说和诗歌，但是，威廉·豪夫这个名字之所以留在文学史上，之所以迄今仍为世人熟知，主要还是因为他把一系列成功、感人的艺术童话奉献给了读者。

豪夫童话可以说是德国艺术童话的杰出代表。它尽管篇数有限，题材内容和艺术风格却称得上丰富多彩。故事不仅发生在德意志的城市、乡村和莽莽黑森林（《冷酷的心》和《年轻的英国人》），也发生在遥远的异国他乡，广袤的阿拉伯大沙漠（《营救法特美》《赛义德历险记》），荒凉的苏格兰小岛屿（《施廷福岩洞》），等等。在风格上，豪夫童话更是兼收并蓄，既富有民间童话善恶分明的教育意义和清新、自然、幽默的语言特色（《鹭鸶哈里发》《小矮子穆克》和《阿布纳尔，什么也没看见的犹太人》），又不乏浪漫派童话小说的想象奇异、诡谲、怪诞，气氛神秘、恐怖（《断手》《幽灵船》和《施廷福岩洞》）。但与此同时，它还有不少区别于，或者说优于民间童话和一般浪漫派艺术童话的地方。较之一般浪漫派作品，豪夫童话则更富有现实性和社会批判精神。从总的倾向上看，豪夫童话的基调都比较明朗、欢快，都更富有积极乐观和进取向上的精神。

从前，有一个人叫作小矮子穆克，住在我可爱的家乡尼策阿。尽管我当时年龄很小，对他却迄今记忆犹新，特别有一次就是因为他的缘故，我被我父亲揍得半死。我认识小矮子穆克的时候，他已经是个老头子，但身高却只有三四尺。他身子尽管又矮又小，上面长的那个脑袋却比一般人肥大得多，因此看上去很特别。他独自住在一所大房子里，甚至连饭也是自己做。所以，要不是中午时分有一股浓烟从他房顶袅袅升起，住在城里的人也就无从知道他是否还活着，因为他一个月才出一次门。不过，傍晚还是能经常看见他在自己的房顶上走动，而从街上望去，人家还以为只是他的大脑袋在滚去滚来呐。那时候，我和我的小伙伴都是些调皮鬼，喜欢愚弄和嘲笑别人，因此小矮子穆克一出门来，我们就像过节一样高兴。每个月固定的那一天，我们就聚在他的门口等他。一会儿门开了，先是一个大脑袋伸出来看看，脑袋上裹的头巾当然还要人些，然后身子才跟了出来。他穿着一件褪了色的小大衣，一条宽松的裤子。宽宽的腰带上挂着一把弯刀，弯刀长得让人搞不清楚究竟是穆克挂在刀把上，还是刀挂在穆克身上。他这样一露面，我们都欢呼雀跃，高兴得把帽子朝天上扔，像发了疯一样围着他不停地跳。小矮子穆克倒一本正经地冲我们点头问好，同时慢慢地朝街上走去。我们这群捣蛋鬼却跟着他追，不断地叫着"矮子穆克，矮子穆克！"我们还特地为他编了一首滑稽的歌子，追着他到处唱：

矮子穆克，穆克矮子，
住着一栋大大的房子，

四个星期只出门一次，
好一个能干的小矮子。
脑袋大得像座小山，
转过脸来瞧瞧，瞧瞧，
捉拿我们呀，穆克矮子！

我们常常就这样拿他开心。而今令我羞愧的是，我不得不承认每次恶作剧都是我闹得最厉害。因为我总是去扯他的小大衣，有一次甚至于从后面踩住他的大拖鞋，害得他摔了一跤。当时我觉得好笑极了；然而，当我看见穆克朝我父亲的房子走去，我却再也笑不出来。他径直走进父亲屋里，在里面待了好一会儿。我躲在大门边，看见父亲陪着穆克出来，毕恭毕敬地搀扶着他，在门口还不断地向他鞠躬告别。我的情绪一下子糟透啦，因此在外边躲了很久。后来，肚子饿得我只好回家；我这人是宁愿挨打也不肯忍受饥饿。我耷拉着脑袋，规规矩矩地走到父亲面前。

"听说你嘲笑了善良的穆克？"他非常严肃地问。"我要给你讲讲这个穆克的身世，这样你以后大概就不会再去捉弄他了。不过，先还是按规矩办。"

这个规矩就是打我二十五烟袋，而每次他都是一五一十地数得清清楚楚的。说着，他取来他的长烟袋，拧下琥珀烟嘴就开始揍我；这次比以往任何一次都揍得厉害。

二十五下打完了，他就命令我，注意听他讲小矮子穆克的故事：

小矮子穆克原来叫穆克拉赫，他父亲是我们尼策阿地方一个有名望但却贫穷的人，几乎和他儿子现在一样地离群索居。儿子是个侏儒，他感到没脸见人，也不大喜欢儿子，因此没给他受教育，就这样稀里糊涂地让他长大了。小穆克已长到十六岁，还是个成天嬉皮笑脸的孩子。父亲却严肃古板，总是责骂他，说他早就该长大成人，却还一天傻乎乎的不懂事。

一天，穆克的父亲不幸跌了一跤，就这样离开了人间，留下小穆克一个人又贫穷又不懂事。狠心的亲戚们把可怜的穆克赶出门，因为父亲欠他们的债无法还清。他们劝穆克去世界上流浪，碰一碰自己的运气。小穆克回答他同意走，只是希望把父亲的外套留给他；亲戚们满足了他的请求。但是父亲个子又高又大，穆克穿他的衣服显然不合式。不过穆克很快就想到了办法，他剪去了衣服过长的部分再穿。看来他忘了还应该把衣服裁瘦一点，所以他的穿着直到今天仍旧那样古里古怪：大大的头巾，宽宽的腰带，肥大的裤子，蓝色的小大衣，全部都是父亲的遗物；打那个时候起，他就一直这样穿着打扮。他把父亲那把长长的大马士革弯刀往腰带里一插，抓起一根小木棍当拐杖就出了门。

穆克兴奋地逛了一整天，因为他是出来寻找自己的幸福呀。一瞅见地上有块碎玻璃在太阳下闪闪发光，他赶紧就捡起来藏好，相信它不久会变成美丽的钻石。一旦看到远处清真寺的圆顶像火焰一般辉煌灿烂，湖面像明镜一样熠熠生辉，他都会欣喜若狂地跑过去，相信自己已经来到神话世界。可是，唉！走近一看，幻境完全消失。随之而来的疲惫和饿得咕咕叫的肚子使他想起，他还生活在尘世！

就这样，他在外面流浪了两天，又饥饿又苦恼，对能否找到幸福已经失望。地里的野果是他充饥的唯一食物，坚硬的土地成了他睡觉的床铺。第三天清晨，他从一个山坡上望见了一座大城市。半轮残月照到城墙的雉堞上，房顶上飘扬着五颜六色的彩旗，一切都仿佛在召唤他向那儿奔去。小矮子穆克吃惊地站在坡上，静静地观察着那座城市和它四周地区。"对，小穆克会在那儿找到自己的幸福！"他自言自语，说着就不顾劳累，高高跳起。"要么在那儿，要么哪儿也没戏！"他鼓起全身的力量，朝着那座城市走去。看起来近在咫尺，他还是中午时分才走到；因为短小的腿脚已几乎不再听使唤，他不得不经常跑到棕榈树下坐着休息一会儿。终于，他来到了城门，赶忙整理整理小大衣，把头巾也扎得好看一些，并且系紧腰带，让长长的弯刀挂得更加倾斜。然后，他弹去鞋上的尘土，拿起他的手杖，勇敢地走进城门。

他已转了好几条街道，却还没有一扇门敞开欢迎他，也没有谁像他想象那样招呼他："喂，小穆克，进来呀！来和咱们一起吃喝！让你的小腿儿也歇一歇！"

他来到一幢漂亮的邸宅前，再一次满怀希望地朝上张望。这时恰好有一扇窗户打开了，一个上了年纪的妇女伸出头来，用唱歌般的嗓音叫道：

快来呀，快来！

稀饭已熬好，

餐桌已摆上，

邻居们快快来，

稀饭已熬好，

请把口福享！

邸宅的门开了，穆克看到很多狗和猫朝里面跑去。他犹豫不决地站了好一会儿，不知自己该不该接受邀请也去进餐。临了儿，他还是鼓足勇气，跨进大门。几只小猫跑在他前面，他决定跟着它们走，没准儿它们比他更清楚厨房的位置。

穆克上完楼梯，就碰见刚才从窗口朝外喊的那个老太太。她满脸不高兴地盯着穆克，问他有何贵干。"你请大家来你这儿吃饭，"小穆克回答，"我正饿得难受，所以就来了。"

老太太乐了，说："你真是个奇怪的人，打哪儿来的哟？全城谁都知道，我不是给哪一个人做饭，而是喂我可爱的猫咪。有时我也邀请周围的猫来陪陪它们，就像你刚才看见的来着。"

小穆克给老太太讲父亲死后他过的艰难日子，请求她让他今天和猫儿一块儿吃点东西。小穆克老老实实的讲述打动了老太太，她允许他在家中做客，并给了他很多吃的和喝的。等小穆克吃饱喝足了，老太太久久地打量着他，然后说："留下来在我这儿干活儿吧，小矮子穆克！要你干的活儿不多，我也不会亏待你。"

小穆克觉得猫粥很好吃，便同意留下来，成了阿哈兹太太的小工。他的工作很轻松，也很特别；这是因为阿哈兹太太养了六只猫，两只公的，四只母的。小穆克每天早上得给它们梳理皮毛，涂上珍贵的香膏。如果太太出门走了，小穆克就得照料这些猫儿：把盘子端到它们面前，让它们吃东西；晚上又把它们放在丝垫上睡觉，还盖上天鹅绒毯子。家里还有几条小狗要他照应，不过没有照料猫儿那样麻烦，因为老太太对待猫咪就像对自己亲生儿女一样。穆克在这儿生活也很孤单寂寞，就像当年和父亲一块儿一样，因为除了老太太，他整天就只能看见猫儿狗崽。有一段时间，小穆克过得还不错，有足够的东西吃，干的活儿也不多，老太太看来对他也还满意。可是猫儿却变得越来越调皮，只要老太太一出门，它们就像着了魔似的在房里乱蹦乱跳，把所有的东西扔得乱七八糟，还打碎挡了它们路的一些漂亮餐具。然而，一听见老太太上楼的脚步声，它们马上就缩回到自己的垫子上，看见女主人进门就赶忙摇着尾巴迎上去，跟什么事也没发生一样。屋里乱得一塌糊涂，使阿哈兹太太非常生气，并且责怪小穆克。不管穆克怎样分辩，她都听不进去；她更相信她那些看样子温驯听话的猫儿，不相信自己这个仆人。

　　小穆克在这儿也没找到幸福，心头十分难过。他暗暗拿定主意，不再为阿哈兹太太干下去。前一段的流浪让他尝到了没有钱的苦头，他决心要搞到女东家多次答应过给却从来没给的工钱。阿哈兹太太住宅里有一间房子，一年到头都锁着，穆克从没见过里面是个什么样子。但他经常听见主人在那里面搞得叮当乱响，就非常想知道她究竟藏着些什么东西。现在他考虑出走需要花钱，一下子就想到老太太的财宝很可能藏在那间屋子里面。然而屋子的门总是牢牢地锁着，他根本无法接近那些财富。

　　一天早上，阿哈兹太太又出门了。这时一只小狗总是来扯小穆克宽大的裤脚，好像要穆克和它一块儿去什么地方。这条狗平常老是受老太婆的虐待，只有穆克才心疼它，照料它，因而它也最喜欢穆克。穆克本来就乐意和狗一起玩，这时就顺着这小狗的意思，跟着它走去。瞧啊，小狗领他进了阿哈兹太太的卧室，走到一扇小门前；而在这之前穆克从未发现这儿还有一扇门。门是半掩着的，小狗钻进去了，穆克也跟着进去。这时他才发现，他正站在早就想进去的那间屋子里，真是喜出望外。他东瞅西瞅，看能否找到几个钱，谁料一个子儿也没有。到处放的只是一些旧衣服和奇形怪状的器皿。有一件东西特别引起了他的注意，这是个水晶玻璃制品，上面雕刻着美丽的图案。他把这器皿拿在手上，翻来覆去地细看。啊，倒霉，闯了祸啦！他没注意到器皿上还有一个盖子，盖子只是松松地搁在上面，这当儿掉下去了，跌得粉碎。

小穆克吓得目瞪口呆，好一会儿动弹不得。这一来，他的命运也就注定了只有逃走，不然老太太肯定会揍死他。他决定立刻就走，不过走之前还想看一看，也许能在阿哈兹太太的财宝中找到点他路上有用的东西。突然，他看见一双硕大无比的拖鞋，尽管式样不好看，但自个儿的已经旧了，根本走不了远路；再有，他喜欢这双鞋子的码子大，希望一旦穿上这双大鞋，人们不再把他当作小孩子。因此他迅速地蹬掉脚上的旧的，穿上了那双大拖鞋。房角里有一根手杖，杖顶上精雕细刻着一个狮子头，穆克认为这玩意儿放在屋里也多余，便拎着它急急忙忙离开了屋子。他赶快回到自己房间，穿上小外套，捆扎好父亲留下的头巾，把弯刀别在腰带上，随后就飞快地奔出邸宅，跑出城去了。他担心老太太会派人追他，所以越跑越快，直到累得快要趴下。他这一辈子从来没跑得这么快过，是呀，他觉得根本就停不下来，似乎有一股无形的力量在拽着他朝前跑。终于，他发现，一定是这双大拖鞋有奇特的作用。因为这鞋不停地朝前飞奔，同时也拖着他飞奔。他千方百计想停下来，可就是办不到。实在无奈，他只好像赶马的人那样吆喝："喔——喔！停下，喔！"这样，拖鞋总算停了下来，穆克也精疲力竭地倒在了地上。

穆克得到这双魔鞋真是心花怒放，这样，他辛苦的劳动总算挣回来一件宝物，这宝物在他寻找幸福的途中也许能派上用场啊。尽管非常兴奋，小穆克还是累得睡着了。要知道，他小小的身躯没法长时间地支撑一颗这么重的大脑袋。在梦里，那只领穆克到阿哈兹太太房里找到拖鞋的小狗对他讲："亲爱的穆克，你还不大懂得怎样使用这拖鞋呐。让我告诉你吧，你只要穿上它，用鞋后跟转三个圈，就能想飞到哪里就飞到哪里。而用那小手杖，你能找到金银财宝，因为什么地方埋得有金子，手杖自己就会在地面上敲打三下；在埋银子的地面上则敲打两下。"穆克醒来后便思考这个奇怪的梦，决定马上尝试尝试。他于是穿上拖鞋，跷起一只脚，用另外一只脚的后跟打转儿。谁要是尝试过穿双大拖鞋接二连三地打转是怎么回事，那他看到穆克第一次转没有成功也就不会大惊小怪啦，更何况他脑袋又大又重，转起来总是东倒西歪。

可怜的穆克不断地摔倒，把鼻子都跌痛了。但他没被吓住，仍一次又一次地试下去，终于，他成功了。他站在鞋后跟上，像轮子似的转了起来。他希望到附近的一座大城市去，突然——拖鞋托着他一下子升上天空，像风一般穿过云层。小穆克还没明白发生了什么事，就已经降落在一个集市广场上。这儿货摊一个挨着一个，人们摩肩接踵，忙忙碌碌。小穆克夹在人群中走来走去。后来，他觉得还是到偏僻的街道去好一些，因为在集市上，时不时有人踩着他的大拖鞋，害得他差点摔倒；还有他插在腰上的长弯刀，不是碰着这个就是撞着那个，他费了好大的劲才避免挨揍。

这当儿，小穆克认真地考虑究竟该干点什么事，才能挣到钱。尽管他有一根魔杖，可以给他指出隐藏的财宝，然而他又怎么能够马上找到埋有金银财宝的地方呢？当然，在急需的时候，他可以通过展览自己来挣钱；可是他很骄傲，不屑于干这种事。终于，他想起了他的快腿。"也许，"他捉摸，"这双拖鞋能帮我挣钱糊口呐。"就这样，他决定给别人当跑腿儿。他期望这座城市的国王会需要这样一个用人，并为此付一份好工钱。于是，他四处打听到王宫去的路。王宫门前站着卫兵，问他来干什么。他回答想找个差事，卫兵便让他去找宫中总管。小穆克找到了总管，向他谈了自己的想法，并请求在宫廷信使队里给他一份活干。总管睁大眼睛，从头到脚把小矮子穆克打量了一番，然后说："什么，凭你这双还不足一尺长的小腿儿，你竟想当宫里的神行快差？马上滚蛋吧！我在这儿要干的可不是陪着傻瓜闲扯。"可穆克向他保证，他是郑重其事地前来求职，为此愿意和宫中最快的信使赛跑。总管觉得这事可能非常好笑，就让穆克作好晚上比赛的准备，随即带他来到厨房，叫人先给小矮子饱餐一顿。他自己则去向国王禀报小穆克的情况和请求。国王是个爱热闹的人，听说总管专门留下了穆克来寻开心，非常地满意。他命令把王宫后面的大草坪布置起来，好让宫内所有的人都能舒舒服服地观看比赛，并且吩咐总管照料好穆克。国王告诉王子和公主，今晚他们将会看到一场精彩表演。他们马上又把消息转告给了自己的仆人。因此,当夜幕降临,凡是能走动的人都急不可待地涌向草坪;草坪上已搭起看台,可以让大家清楚地看见那个吹大牛的小矮子儿赛跑。

国王和王子、公主刚在看台上坐定,小穆克就来到了草地上。他向高贵的观众们鞠了一躬,动作非常之优雅。观众们一见小矮人,就爆发出阵阵欢呼声;他们可从来还没见过这样一个侏儒啊:小小的身体支撑着硕大的脑袋,身上穿一件小外套,裤子显得格外肥大;宽宽的腰带上别着把长长的弯刀,短小的脚上套着双大拖鞋——不!那样子太滑稽,叫人没办法不笑出来!小穆克面对满场的哄笑却面不改色。他拄着自己的小拐杖,傲气十足地站在那儿等着他的对手。按照穆克的愿望,总管挑出跑得最快的信使同他较量。此人随即走过来站在穆克身旁,一块儿等着起跑的信号。依照约定,阿玛扎公主挥了挥面纱,说时迟,那时快,两个赛跑者就像离弦的箭似的穿过草地,向同一个目标飞奔而去。

一开始,对手遥遥领先,但乘着大拖鞋的小穆克紧追不舍,很快就追赶上来,并且将他抛在了身后。小穆克到了终点好一阵子,对手才气喘吁吁地赶到。观众们又惊又喜,竟然发了好一会儿呆,直到国王带头鼓起掌来,大伙儿才欢呼雀跃,兴奋地吼叫:

"赛跑冠军小穆克万岁!"这时已有人把小穆克带过来。他跪在国王面前,说道:"至高无上的国王啊!我刚才只是小试身手。求您在您的信使队里赏我一个职位吧!"

国王却回答:"不,亲爱的穆克,我要你做我的贴身信使,时刻都待在我身边。我赐你年薪一百金币,同时准许你和我最亲近的仆人一同进餐。"

小穆克心花怒放,觉得梦寐以求的幸福终于找到。国王也特别宠爱他,总是让他去送最紧急和最机密的信件;而他也每次投递都准确无误,并且快得令人难以置信。

可是,奴仆们却不喜欢穆克。他们很不乐意地看到,主子去宠爱一个除了跑得快就别无可取的小矮子,因而冷淡了他们自己。他们因此想方设法要陷害他,可是由于国王对自己这位高等枢密信使——在短短的时间内穆克已提升到了这个职衔——非常地宠信,他们所有的阴谋诡计都未能得逞。

穆克对这些人搞的鬼把戏本来一清二楚,只是他心地太善良,压根儿就没想到要进行报复。反之,他倒想方设法让对方喜欢自己,使自己成为他们不可缺少的人。突然,他脑海里浮现出了他的魔杖;近来他完全沉浸在了幸福中,竟把这件宝贝抛到了脑后。现在他想,如果找到了宝藏,这些人准会对他好些。他常听说起当年敌人入侵时,现在这位国王的父亲埋藏了很多宝物,可还没来得及把秘密告诉儿子就去世了。从现在起,小穆克总是随身带着他的魔杖,希望有朝一日能走到老国王埋藏宝物的地方。一天黄昏,他偶然地来到国王花园里一个偏僻的角落,以前他很少到这儿来。忽然,他感觉手中的魔杖在动,并且朝地下敲击了三下,小穆克立刻明白是怎么回事儿。他随即抽出弯刀,在旁边的树上刻上了标记。然后他悄悄地溜回宫中,找来一把铲子,静静地等待天黑,以便行动。

对于小穆克来说,挖掘宝藏这事比他想象的要艰难得多。

他的臂力太小,铲子却又大又重。他大约已经干了两个小时,才挖了几尺深。好不容易，他的铲子总算碰到了点硬东西，听声音像是什么铁家伙；于是他挖得更加带劲儿。又挖了一会儿，终于露出一个大铁盖子。为了搞清楚这个盖子下面究竟藏着什么东西，他索性跳进了坑里。他发现真是一个装满金币的大罐子，但想捧出这个罐子却力不从心，只得从罐中取出一块块金币，拼命地朝裤兜和腰带里塞，连小外套也派上了用场。随后他细心地埋好剩下的金币，把装满钱的小外套驮在背上。真的，要是脚上没有这双神奇的拖鞋，他在原地根本甭想动，沉重的金币会把他给完全压垮。然而，没有让一个人察觉，小矮子穆克已回到房中，在沙发垫下面藏好了他弄到的钱。

眼看着这么多属于自己的钱，小穆克心想这下子情况会变了，他可以从宫里反对他的人中争取到不少的保护人和热心追随者啦。单凭这点人们就不难看出，善良的小穆克一定没受过什么教育；不然，他绝不会以为用金钱就能获得真正的朋友。唉，要是小穆克当机立断，马上擦亮他的拖鞋，带着他包金币的小外套逃之夭夭就好喽！

小矮子穆克慷慨大方地把钱分给大家，不想倒引起其他侍从的嫉妒。厨师长阿胡里说：

"穆克准是个造假币的家伙！"

侍从总监阿赫迈特断言：

"穆克油嘴滑舌地从国王那里得到了好处！"

大司库阿尔哈兹是穆克的死敌，自己总想在国库里捞一把，这时便干脆讲：

"这些钱都是他偷的！"

为了弄清事实真相,他们想出了一个计策。一天,大司酒考尔舒兹垂头丧气地来到国王面前。他忧心忡忡的样子引起了国王的注意,于是便问他是否身体不舒服。

"唉,"大司酒回答,"我失去了陛下的宠幸,是多么地伤心啊!"

"你瞎说些什么呀,亲爱的考尔舒兹?"国王说,"从什么时候起,我恩泽的阳光不再照耀你?"对此,大司酒回答,国王恩赐给了高等枢密信使那么多金币,而忠实、可怜的仆从他却一个子儿也没得到。

国王听后大吃一惊,让他详细地讲了小穆克送别人金币的情况。这个阴谋家轻而易举就让国王怀疑起小穆克来,认为他使用鬼点子盗窃了国库。事情的这一转变正中大司库阿尔哈兹的下怀,他当然不情愿查清楚国库的账。于是国王下令秘密监视小穆克的所有行踪,指示要尽可能在现场将他拿获。紧接着这个不幸的白天,夜幕又已降临。小穆克扛着铁铲,悄悄溜进宫中的花园。由于他不断地赠送金币,手里的钱眼看已不多了,就想从秘密的埋藏地再取一些出来备用。谁知厨师长阿胡里和大司库阿尔哈兹正领着卫兵,在远远地跟随着他。就在他从坛子里取出钱来朝小外套中塞时,卫兵们一拥而上,把小矮子打翻在地,捆将起来,不由分说地立刻带到了国王面前。

国王从酣梦中被吵醒,心中自然不高兴,也就对他可怜的高等枢密信使小穆克毫不留情,马上开始审讯。整个坛子已从地下挖出来,连同铲子和塞满金币的小外套,一一呈送到了国王的跟前。大司库阿尔哈兹上前禀报说,是穆克正在把装满金币的坛子往地下埋时,他和卫兵上前抓住了他。

国王接着问被告小穆克,事情是不是这样;还问他,他埋的金币是哪里来的。

小穆克自信无罪，便坦然回答是在花园里发现了这个坛子；再说，他也不是在埋，恰恰相反，他正想把坛子挖起来。

听了穆克的辩解，在场的人哄堂大笑。国王也觉得小矮子太放肆了，怒不可遏地吼道：

"什么？你这无耻之徒！你偷了国王的钱，还想欺骗他，竟这么愚蠢，这么卑鄙！大司库阿尔哈兹，我要你告诉我，你能否认出这些钱是不是我国库里被盗的那些？"

这家伙回答说，他对自己掌管的事了如指掌，近一段时间国库不断被盗，丢失的比这些还要多。他敢发誓，这正是被盗走的金币。

国王一听，就命令给小穆克戴上脚链手铐，把他关到高塔里去。同时，他把金币交给大司库，让他放回国库里去。阿尔哈兹对事情如此了结心满意足，回到家中就数那些闪闪发光的金币，并在坛子底部发现了一张纸条；然而，这个黑心肠的坏蛋一直也没向谁透露过此事。条子上写着：

敌人正像潮水般席卷我的国土，我不得已埋藏部分钱财于此。不管是谁找到了它，都得立即交给我的儿子，否则就要受到他的国王的惩罚！

国王萨迪

关在牢房里的小穆克忧伤地想来想去；他清楚，偷了国王的东西必死无疑。但是，他又不想告诉国王小魔杖的秘密，怕的是一旦如实讲出来，他们就会抢去他的魔杖和拖鞋。他的担心并非没有道理。可遗憾的是，他的拖鞋现在没法帮助他，因为他已戴上镣铐，牢牢地锁在了墙上；哪怕他使出浑身解数，也没法站在鞋后跟上打转了。不过，第二天宣判了他的死刑，他的想法就改变了：舍去魔杖保住小命儿，总比保住魔杖丢了性命强。因此，他请求国王单独接见他，对他道出了魔杖的秘密。一开始，国王根本不相信他的话。小穆克要求当面试一试，条件是国王得免他一死。国王答应了穆克的请求，让人背着小矮子穆克埋了几个金币在地里。随后，国王命令穆克用他的魔杖来寻找那些钱。不一会儿，穆克就找着了，因为魔杖清清楚楚地在埋钱的地面上敲打了三下。这一来，国王明白大司库欺骗了他，于是按照东方国家的风俗，赐给大司库一条丝带自己去吊死。对穆克呢国王却说："尽管我答应了免你死刑，可我觉得你不仅有魔杖这一个秘密，你跑得如此快同样是有奥秘的，如果你不把它也告诉我，我就叫你一辈子都待在监狱里。"小穆克在高塔里已关了一夜，再也不愿尝蹲监狱滋味，就告诉国王他的所有奥秘都在脚上的拖鞋，但并没教给国王站在鞋后跟上打三个转的诀窍。国王想试试魔鞋，很快把它套在自己脚上，随即像疯子一样在花园里拼命奔跑。好几次他都想停下来，无奈又不知道怎样才能使拖鞋停住。小穆克呢又不愿放弃这么一个小小的报复机会，就让国王不停地跑，跑，跑，直跑得跌倒在地，昏厥过去。

国王终于苏醒过来，对让他跑得半死不活的小穆克火冒三丈。"我答应了给你生命和自由，但你必须在十二小时内离开我的国家，不然我就下令绞死你！"小穆克的魔杖和拖鞋呢，他都让没收进了自己的宝库。

小穆克又开始像从前那样可怜地流浪。他咒骂自己太愚蠢，竟妄想在王宫中变成个大人物。幸好驱逐他的那个国家并不大，八小时后他已抵达边境；小穆克穿惯了他亲爱的拖鞋，光着脚走得很苦。

越过国界以后，小穆克离开了人们通常走的大道，想寻找最茂密蛮荒的森林，独自在里面隐居；对所有的人他都恨透了。在一座密林深处，他发现了一块看上去对实现他的决心完全适合的地方。一条清澈的小溪，沿岸长着高大荫凉的无花果树，还有一片柔软的草地，都好像在对他发出邀请；他躺下来，决心不再进食，而是在那里等待死亡。思考着死的种种可悲情景，他不知不觉就睡着了。等他再醒来时，肚子开始饿得难受；他于是得出结论，饿死是件挺糟糕的事，便东张西望，看什么地方能找到点吃的。

他是在树下睡着的，树上正好挂着无数鲜美成熟的无花果；他爬上树采摘了几个，吃得津津有味，随后又走到溪边饮水解渴。可一见自己在溪水中的倒影，小穆克真吓坏啦：他脑袋上长了两只奇大无比的耳朵，一条鼻子又粗又长！他惊慌失措地伸手一摸，妈呀，他的耳朵的长度都足有半尺多！

"我活该长一对驴子耳朵，就因为我像头蠢驴一样糟蹋掉了自己的幸福！"小穆克哭喊着，在无花果树下东转西转。终于又感到饿了，他只好再去摘那些果子，因为树上除去无花果，别无其他可吃的东西。吃完第二批果子，他突然想起也许可以把耳朵藏在自己的大头巾底下，这样看上去就不会太可笑，可是却觉得似乎没有了耳朵。他立即跑到溪边想看个究竟，真的啊，他的耳朵又恢复了原来的形状，鼻子也不再又大又难看了。这下他明白了是怎么回事：第一棵无花果树使他长出长耳朵和长鼻子，第二棵却治好了他。小穆克欣喜地意识到，他的好运又一次给了他获取幸福的手段。于是，他能拿动多少，就分别从两棵树上摘了多少果子，带着它们回到自己刚离开不久的那个国家。在那里的第一个小镇上，他乔装打扮得叫人再也认不出来，然后才继续向那位国王的京城走去，也很快走到了。

其时正逢成熟的水果还很稀罕的季节，小矮子穆克于是往宫门前一坐，因为他早就了解，厨师长总是来这里采买稀罕的水果，献上国王的餐桌。穆克还没坐多一会儿，就看见厨师长从宫里走来了。他先将宫门前一个个小贩的货色巡视一番，最后目光才落在小穆克的提篮里。"啊，难得一见的鲜果，"他说，"陛下他一定喜欢。这整蓝多少钱？"小穆克喊了个便宜价格，两人很快成了交。厨师长把提篮交给一个用人，继续往前走。小穆克呢却赶快溜之大吉，生怕宫里的大老爷门儿脑袋上一出毛病，就会来抓他这个贩子去治罪。

国王在用餐时情绪好极了，不住地夸奖厨师长手艺高超，还尽心竭力地为他备办山珍海味。厨师长呢，明知自己还藏有时鲜美味，便故意笑眯眯地欲言又止，道："好戏还在后头喽，"或者"结尾满意，一切满意，"害得王子公主们好奇到了极点，巴不得知道他还会端上来什么好吃的东西。当他终于献上那些鲜美诱人的无花果，在场的王室成员全禁不住长长地"啊！"了一声。

"真熟透啦，叫人馋涎欲滴！"国王嚷嚷。"厨师长，你真是好样儿的，我要特别地、大大地奖赏你！"说着，对这样的美味一贯节省的国王亲自动手分配无花果，给每位王子和公主一人两只，给嫔妃、宰相、大臣一人一只，其余的则通通揽到自己面前，开始津津有味地大吃大嚼起来。

"天啊，你的样子怎么变得这么怪，父王?"阿马尔扎公主突然叫起来。

大家吃惊地望着国王，只见他脑袋旁立着两只硕大无朋的耳朵，一条长鼻子一直拖到了下巴。他们再你望望我，我看看你，也同样又惊又怕；所有人的脑袋上都或多或少地增加了这样的装饰。

不难想象王宫上下是何等的惊慌失措！立刻差人去请城里所有的医生。大夫们蜂拥而至，有的开丸药，有的让服冲剂；可是耳朵和鼻子仍旧是老样子。试着拿一位王子来动了手术，可割掉的长耳朵很快又长了出来。

穆克在藏身之处听到了事情的整个经过，断定谈判的时机已到。在此之前，他就用卖无花果的钱买了一套衣服，现在穿起来装扮成一个学者；一束用山羊毛做的胡须更使他的化妆无懈可击。他扛着一小口袋无花果踱进宫中，自称是个来为王室治病的外地名医。一开始大家很不以为然，可一当小穆克给一位王子吃了无花果，使他的耳朵和鼻子恢复了正常，所有人立刻都争着请外地的神医替自己医治。然而国王一声不吭，拉着小矮子的手就把他领去自己房里。在那儿他打开一道通宝库的门，示意穆克跟着他进去。

"我所有的财宝都在这里了，"国王说，"随便你挑吧，但你必须治好我这个恶疾！"

这话小穆克听起来就像美妙的音乐一样。他进门时就看见他的拖鞋摆在地上，他那根小手杖也紧挨在旁边。现在他在库房中踱来踱去，做出像在欣赏国王的宝贝的样子，可是一走到那拖鞋跟前就急忙将它穿上，同时抓起小杖，扯掉下巴上的假胡须，让大惊失色的国王看见一张再熟悉不过的面孔，认出被他放逐了的小穆克。

"你这忘恩负义的国王，"小穆克说，"忠心耿耿的臣仆不得你好报，你活该变成现在这样个丑八怪。我让你永远长着驴子的长耳朵，以便你每天都回忆起小穆克！"说完，小穆克就踩着鞋后跟迅速转了三转，希望自己走得远远的。国王还没来得及喊卫士帮助，小穆克已逃之夭夭。从此穆克就在这城里过着富足的生活，只是孤孤单单；因为他鄙视世人。他成了一位饱经世事的智者，虽然外表有些个奇特，却不该受到你嘲弄，相反倒应赢得你的尊敬。

事在人为

> 导读

歌特弗里德·凯勒（Gottfried Keller, 1819—1890），瑞士德语作家，尤其擅长中短篇小说创作，故有"中短篇小说家里的莎士比亚"之称。他的中短篇代表作为《塞尔特维拉的人们》(1856—1874)和《苏黎世小说集》(1878)。此外，他的长篇小说《绿衣亨利》(1855)，也是德语文学中的一部名著。

德语的 Novelle，到了凯勒以及同时代的施笃姆和迈耶等人手里，可以说发展到了一个前所未有的高峰，而其中凯勒的成绩尤为突出。他继承和发扬了德国古典文学的现实主义传统，深刻地反映了瑞士的宗法社会走向崩溃，资本主义开始发展的这一历史转折时期的现实状况。他长于人物形象的塑造和生活细节的描绘，往往能从一些司空见惯的人情世态中，发掘出一些富于时代典型意义的细小事情和现象来，加以集中、放大和渲染，令人一目了然。此外，瑞士新兴的民主制度使凯勒对世事的观察多了一些乐观和明朗——与他的德国同行比较而言——他的小说于是形成一个十分突出的风格，那就是极富生活气息和幽默感。

《事在人为》选自《塞尔特维拉的人们》,原名《自身幸福的锻造者》。这篇小说以轻松幽默的格调,娓娓动听的语言,讲了两个骗子的故事。它的情节颇有些离奇,转折也出人意表,结尾更耐人寻味。这一大一小两个骗子究竟谁赢了,一下子实在说不清楚。

约翰·卡比斯，塞尔特维拉城一位快满四十岁的体面男子，他有一句经常挂在嘴边上的名言，即所谓：人人都必须是、应该是、也能够是自身幸福的锻造者。为达此目的，他说，还需大叫大嚷，折腾来又折腾去。

一个好样儿的，他更经常讲，应该从从容容、漂漂亮亮地几锤头就打出自己的幸福来！他所讲的幸福，还不仅仅是你我所想的获得生活必需之物，而是要啥有啥，绰有余裕。

因此还年纪轻轻，他便初显身手，漂漂亮亮地敲了第一锤头，也就是把他的名字"约翰尼斯"，改成了英国人常叫的"约翰"，给自己脑门儿绕上一圈盎格鲁撒克逊的灵光，使自己区别于所有其他瑞士佬，提早为日后的飞黄腾达做好了准备。

完成这一壮举后，他便静悄悄地过了一些年，既不学习，也不干事，又不胡搞乱来，只是心安理得地坐等。

无奈幸福却不肯上钩，他便又敲了出色的第二锤头，索性把自己卡比斯这个姓中的字母"i"改成"y"，使这个（有的地方念卡彼斯）意思为"圆白菜"的德语词，带上了一股子洋味儿。这一来他便相信，我约翰·卡比斯该更有理由交好运了吧。

谁知一晃又是几年，他眼看三十出头，祖遗的一点薄产尽管省吃俭用，精打细算，也终于花光了，幸福却仍然不肯光临。到了这步田地，他才真正着起急来，考虑要老老实实地干他一番。

从前，他经常羡慕许多塞尔特维拉市民，羡慕他们仅仅在自己的姓后面添上个女人的姓，就堂而皇之地开起大商号来了。有一阵，也不知从哪儿和怎样就忽然刮来了这股风。总之，它看来很对那些爱穿红绒背心的先生们的口味，转眼间全城各个角落都听见了这种冗长的双姓。大小店铺的招牌上，住户的门板上，打钟绳上，咖啡盏和茶匙上，无不写着它们。而且有一段时间，城里一周出一次的报纸，竟也充斥着告白和启事，内容无外乎某某人启用某某复姓。对于新婚夫妇们，能尽快在报上登出这么一则启事来，更是成了蜜月中的一大乐事。自然啦，这中间也产生了某些嫉妒与非议。试想，一个臭皮匠或别的被瞧不起的人，仅仅用上个双姓便想在社会上出人头地，又怎能不遭人指责非议，嗤之以鼻呢？尽管他是完全合法地占有着老婆的那一半。经验表明，姓氏的连缀关系着谱系的改变，历来是上流社会这部大机器里一个既有用又脆弱的小零件；所以，靠加长姓氏挤进上流社会的外来者是一个还是更多，大家到底是不能漠然视之的。

不过对约翰·卡比斯来说，他名字的这一根本改变无疑将会成功。形势逼人，他必须毫不迟疑地打出他最漂亮的一锤；作为一个铸造自身幸福的老铁匠，他虽然并不成天地敲来打去，可到了节骨眼儿上就不能不露一手了。也就是说，约翰开始不声不响地，然而十分坚决地，物色起对象来。瞧吧，有志者事竟成！就在约翰下定决心的那个礼拜，一位老太太便带着个待字闺中的女儿，来到塞尔特维拉住下啦。老太太自称奥利华夫人，女儿自然就叫奥利华小姐。卡比斯－奥利华！这声音立刻在约翰的耳朵里响起来，并不断在他心中引起回声：用这个姓先开一家小商号，要不了几年定能创出一份大家业！主意一定便着手行动，他用自己的全部行头精心装备起来。

他那装备包括：一副金丝眼镜；三枚用金链子缀在衬衫上的珐琅

扣；一条交叉在撒花坎肩前胸的长长的金表链，外加各种零七八碎的附件；一枚巨大的胸针，上面嵌着一幅滑铁卢大战[1]的袖珍画；三四枚大戒指；最后，一根藤手杖，杖头是做成贝壳形状的观剧用的单眼镜。此外，他在口袋里还带着几件宝物，是他要坐定以后才掏出来摆在面前的，计有：一个大大的皮烟斗套，套里藏只海泡石烟斗，烟斗雕成了被缚在马背上的玛泽巴[2]形象，这是他最珍爱的一件东西，因此每当他抽起烟来，雕像上的人和马都要翘得和眉心一般高；其次是一个金锁和雪茄匣，匣中躺着一排排上等雪茄，外面裹着一张红白色相间的虎皮纹纸；还有一个惊人豪华的打火机，一只银鼻烟壶以及一块描花的小记事板；最后，才是那个精致和复杂得无以复加的钱包，里面有许许多多神秘莫测的夹层。

在约翰看来，这全部东西加在一起才构成一个幸福男子的理想装备；所以，他还在小有家财之际便购置了这些东西，为自己的一生预先定下了基调，可以说是既勇敢又不无远见。须知今日，这些东西与其说是一个爱虚荣的平庸男子装门面之物，还不如说已成了他磨炼意志、毅力和得到安慰的凭借。眼下虽然天时不利，可他仍得为有朝一日时来运转做好充分准备，谁不知幸福就跟个贼似的，不定哪天晚上便会闯进他家里来呢。因此他宁可饿死，也断断不肯卖掉或当掉其中哪怕最不重要的一件两件。不管在世人眼中还是自己眼

---

[1] 1815 年，英国和普鲁士及其联军在比利时的滑铁卢取得对拿破仑的决定性胜利。

[2] 伊万·玛泽巴（1640—1709）：乌克兰哥萨克起义领袖，拜伦和普希金都歌颂过他反抗沙皇统治的斗争。

中,他都决不能成为一个叫花子,所以便学会了在保持体面的情况下,苦熬苦挨过日子的本领。为了不遗失、损坏或弄乱任何一件东西,他还规定了自己的举止要安详、文雅。喝酒及其他使人烦躁的任何事,他都决不允许自己去做;难怪他十年前买下的玛泽巴烟斗,至今还不曾折断一只马耳朵或敲掉那高高翘起的马尾巴,就连皮包和匣子上的钩儿环儿,一个个也都开关自如,跟刚造成时一般无二。除去所有这些装饰品外,他对他那外套与帽子也爱护备至,并且永远拥有一件干净衬衫,以使那些扣子、链子和别针有个雪白的衬底。

要做到这些,才不像他那句名言中说得那么容易呢,可世人往往把一种天才的成就,错误地说成是不需花力气的。

倘使两位女士是幸福的化身,那这幸福便会心甘情愿地投进约翰张开的网中;她们一见他文质彬彬,满身珠宝,便觉得没有白来塞尔特维拉,要找的人终于找到啦。约翰整天悠哉游哉,她们便想这准是个生活舒适而又有保障的食利者或年金领取者,家中秘藏着不知多少票据。她们提起自己家道不错,却发现卡比斯先生似乎对此并不在意,便聪明地打住话头,相信吸引这位君子的仅仅是姑娘的人品。长话短说,不到几个礼拜,约翰便与奥利华小姐订了婚,接着就去京城,订制精印上他们那高雅的双姓的名片,做一块漂漂亮亮的招牌,并为即将开张的呢绒绸缎号建立几处必要的信用关系。一时兴起,他还买了两三把精致的尺子,数十本印有麦扣利[1]标志的支票簿,标价签和金边的小标签,以及账本等一应物品。

---

[1] 罗马神话中的商业神。

事毕，他兴冲冲地赶回去见他的未婚妻。在约翰眼中，她百事都好，不足之处就是脑袋稍嫌大了些。她快快活活地迎接着自己的未婚夫，听他报告旅行经过，然后告诉他，结婚必需的新娘一方的证明文书已经到了。她说这话时微微笑着，显得有点儿吞吞吐吐，似乎有件并非十分重要，却又不是完全没有意义的事要让他知道。一切过场走完了，最后才弄明白：奥利华老太太诚然是位寡居的贵夫人，小姐却不过是她年轻时的私生女，因此不论公私场合，都只能用她娘家的姓氏，也就是姓霍依普特尔[1]！新娘子因此叫：霍依普特尔女士；他们日后的商号便叫：约翰·卡比斯 – 霍依普特尔，译成德语意思即为"圆白菜小脑袋汉斯"。

未婚夫呆呆地站着，半天说不出一句话，眼睛瞪着他那不吉利的未婚妻，终于喊道：

"长他妈这么个大脑袋还叫霍依普特尔！"

未婚妻又羞又怕，低下头，以待风暴过去。她做梦也没想到，对卡比斯来说，她有一个漂亮的姓至关重要啊。

卡比斯二话没说，便冲回自己家中，以便把事情好好地考虑考虑。谁知在路上，有些捣蛋鬼便叫起他小脑袋汉斯来，显然已经知道了他的秘密。有三天三夜，约翰独自一个关在房中，像个老铁匠似的翻来覆去敲打这件被自己做坏了的活计。第四天头上，他终于打定了主意，又去母女家中，提出要和老太太结婚，而不是和她的闺女。谁料在老太太方面，也打听出卡比斯先生家中并未藏着什么票

---

1 "霍依普特尔"，意为小脑袋。

据，当下便大为震怒，毫不客气地给他吃了闭门羹，随后自己就带着女儿离开了塞尔特维拉。

卡比斯先生眼睁睁看着光辉灿烂的奥利华母女，像个肥皂泡似的一闪一闪地在蓝天里消失了。他手中还握着那把锻造幸福的大榔头，显得十分狼狈。他自己最后一点积蓄，也因这次交易花得精光。临了儿，他不得不狠下心来找点儿事做，以便至少把生活维持下去。他将自己估量了又估量，发现除有一手刮胡子的好手艺，操刀和磨刀还在行外，便别无一技。于是他便买了个大面缸，开起一家小小的理发铺来。铺门上挂了块写着"约翰·卡比斯"的牌子，这是他自己动手锯断了那块漂漂亮亮的大商号招牌，痛心地扔掉了失去的奥利华那一半做成功的。然而，"圆白菜脑袋"这个雅号却留下来，并为他在城里招徕了许多主顾。往后一些年，他便在刮脸和磨剃刀中讨生活，过得倒满可以。他曾经挂在嘴边那些豪言壮语，似乎也完全忘记了。

话说有一天，他店里来了位顾客，一个刚出远门归来的塞尔特维拉人。在约翰朝他脸上抹皂沫的时候，此人随口问了一句：

"从你招牌上看，塞尔特维拉倒还有些姓卡比斯的人吧？"

"鄙人是族中最后一名，"理发师不无自豪地回答，"敢问先生，您干吗打听这个？"

陌生人一直不作声，直等到他的胡子刮完，打整干净，一切停当，钱也付了以后，他才重新提起话头来道：

"在奥格斯堡[1],我认识一个有钱的老头子。他经常向我提到,他的祖母也出生在瑞士的塞尔特维拉城,娘家便姓卡比斯。老头子好奇得要命,非常想了解此地还有没有他祖母族里的人。"说罢,主顾便出店去了。

圆白菜脑袋却把这事反复地思来想去,想着想着,一下子十分激动。他隐隐约约回忆起确曾听人说过,在很多很多年以前,他有一位老辈嫁到了德国,从此杳无音信。此刻,一股子对亲眷的脉脉温情,一种对于自己宗族谱系充满浪漫味儿的兴趣,油然产生在他心里,以至担心起来,怕那位主顾不会再露面。根据此人胡须的长势判断,他两天以后非来不可。果然,他如期来了。约翰为他抹好皂沫,在刮脸时好奇得手都微微颤抖了。一刮完,便再也忍不住,立刻详详细细打听起来。顾客回答说:

"那不过是位叫亚当·里图姆莱[2]的老先生,他讨了个老婆,可是没有小孩,就住在奥格斯堡的 X 街。"

上床后,约翰把这事又琢磨了一夜,居然在天亮前重新鼓起了勇气,要使自己真正幸福起来。第二天一早,他将礼拜天穿的讲究衣服装进一只旧背囊,把精心保存下来的全套饰物捆成个小包,把身份证明以及受洗凭证一应都揣在身上,便锁上了店门,立即上路向奥格斯堡走去。一路上,他跟个老成的手艺人一般沉默寡言,毫不引人注意。

终于,奥格斯堡的钟楼和绿色城垣在望了,他于是取出身上的

---

[1] 德国城市。
[2] 据《圣经》载,亚当是人类祖先的名字。作者为此人取名亚当,不是没有用意的。

钱来点了点，发现所剩无几，必须捏紧手头，才有在事情不成功时回家去的盘缠。因此他找了很久，才找到一家最便宜的客栈住下。他走进客房，发现所有桌子的上方都挂着手艺人的标记，其中也有铁匠师傅的。作为自身幸福的锻造者，他当即坐在铁匠的标记底下，希望讨个吉利。天色尚早，他便吃了顿早饭，给身体增加点力气。然后，他回到自己小房中，穿戴打扮起来。他将自己打磨了又打磨，全部装饰都上了身，还有那个看歌剧的单眼镜，他也没忘记绕到手杖上去。老板娘见他一身华丽地走出房来，吓了一大跳。

为找到他一心想找的那条街，他走了很久很久。终于，他来到了一条很宽的胡同里，看见两边全是古老高大的邸宅，可是却一个人影儿也没有。最后总算看见一个小女孩，手提一把泡沫翻腾的锃亮的啤酒壶打他身边走过。

他拉住她，问亚当·里图姆莱老爷家住哪里。小女孩抬手一指，原来他已站在人家门口。

他好奇地仰起头来一望，只见门大楼高，窗户宽敞，墙上的装饰浮雕和飞檐凸线多不胜计，看得我们这位寻找幸福的穷光蛋目不暇接，眼花缭乱，竟至害怕起来，担心自己这回干的买卖是否太大了些：须知他面前这所宅子，简直跟座宫殿似的。尽管如此，他还是轻轻推开沉重的大门，溜了进去，来到一间华丽的楼梯间。一道石楼梯分两段通向楼上，在一段与另一段的转接处留着很宽的平台，两边扶手上包铁又大又多。从楼梯底下望去，穿过一扇开着的门，可以望见阳光中的一座座花坛。约翰轻手轻脚走去，希望在那儿碰上一个用人或者园丁，结果除了一个长满奇花异草的老式大花园外，却谁也没瞧见。在花园中，还有一座石砌喷泉，以及围着喷泉的各式各样雕像。

园中一片死寂，他又退回来，顺着楼梯上去。楼上的四壁，挂着已经泛了黄的大地图和古代帝国城市的平面图，图中间是林立的城堡，图角上还饰以很精美的寓意画。在许多扇房门中，有一扇橡木门仅仅虚掩着，不速之客便把它推开一半。但见房里的睡榻上，舒展地躺着个相当俏丽的女子，看来睡得十分香甜，正在编结的毛衣已从手里掉到地上，虽然眼下才早上十点钟。由于房间很深，约翰便把贝壳形手杖举到眼前，透过望远镜仔仔细细观察那位睡美人，心头扑通扑通直跳。睡美人穿着绸衣，身上的曲线一一呈现出来，使这间屋子在约翰眼中变成了一座神奇的宫殿。他神经紧张地抽回身来，继续小心翼翼，一步一步往上走去。

最顶上一层的楼梯间简直就是兵器室：墙上挂满历代武士所用之物，生锈的铠甲、铁盔，辫子时代[1]的宫中卫士服、长剑，以及包金的大炮点火棍，全都纵杂陈在一起。此外在角落里，还蹲着几尊小而精致的铜炮，古老得已经变成绿色的了。一句话，这是位大贵族的府第，约翰心里顿生敬意。

这时，蓦地传来一阵怪叫声，近在他的身旁，跟个大娃娃在那儿哭差不多。那叫声一直不断，约翰便循声走去，想借此机会找到住在屋子里的人。他推开旁边一扇门，发现里面是一间骑士厅，从屋顶至墙根挂满了画像。地面由六角形彩色瓷砖砌成，天花板上用石膏塑

---

[1] 昔时德国男子也在脑后留着一条小辫，19世纪初始废去。

成人物走兽、果实累累的花环和贵族世家的纹章，全跟实物一般大小，几乎悬挂在空中。在壁炉上一面五六尺高的镜子跟前，站着个干巴老头儿，一张铁青色的脸，体重充其量超不过一只小山羊，穿着件猩红色天鹅绒睡衣，面孔上全是肥皂泡泡。只见他急得嗵嗵跺脚，哭声哭气地直叫唤：

"我刮不动！我刮不动！刀钝了！刀钝了！可谁都不来帮助我哟，上帝！上帝！"

当他在镜子里看见一个陌生人时，立刻不响了，转过身来，手里握着剃刀，怔怔地望着约翰，现出害怕的神气。这一位呢，便从头上摘下帽子，一边鞠躬，一边向前走，随后索性把帽子放下，笑嘻嘻地从老头儿手里接过剃刀，用指头试了试刀刃，试完便把刀口先在自己的皮靴上蹭了几蹭，在手心中荡了两荡，接着便抓过小毛刷，在肥皂盒里打出一层厚厚的泡沫。总而言之，不消两三分钟，他便将那小老头儿的面孔刮了个清清爽爽、干干净净。

"请原谅，阁下！"一切停当了，约翰才开口道，"请恕鄙人如此冒昧！不过，目睹着您的尴尬处境，我忍不住上前助一臂之力，借此也把自己引荐给您。敢问尊驾莫不就是亚当·里图姆莱先生？"

老家伙仍然愣愣地瞪着陌生人，随后转过身去照照镜子，发现自己的脸从来不曾刮得如此干净，才又回过头来，脸上现出惊喜参半的表情，再一次打量这位艺术家，满意地发现他乃是一位正人君子。不过即使这样，他在问约翰是什么人和因何到此时，语调仍不客气。

约翰清了清喉咙，回答说，他是塞尔特维拉城的卡比斯，眼下旅行路过此地，不放过机会来拜望一位太姑婆的后裔，向他表示自己的敬意。

他装得活灵活现，好像从小尽在听人给他讲这些姓里图姆莱的亲戚似的。这一来，老头儿真是喜出望外，马上和颜悦色、兴致勃勃地喊道：

"哈！如此说，卡比斯家族还兴旺着呢！人丁多不多？家事可体面？"

说话间，约翰已像个在外漫游的手艺人面对着城门口的稽查老爷，从身上掏出证明文书递了过去。他一面指着文书，一面脸色阴郁地说：

"人早已不多，就说我吧，已经是全族的最后一名苗裔了啊！不过，体面始终都是体面的！"

这一番话叫老头儿既惊讶，又感动，不禁伸出手来，连声对他表示欢迎。两位先生迅速弄清了各自的辈分，里图姆莱又一次发出欢呼：

"啊，咱俩原来还是近亲！请过来，亲爱的侄儿，过来瞧瞧您这位尊贵而杰出的太姑婆，我亲爱的祖母大人吧！"

说完便领着约翰在大厅中转来转去，最后站在了一位身穿十八世纪服装的美丽夫人像前。在相框的角上，有一张卡片，注出了像上人物的姓名、身份；其他所有的画像，也都钉着这样一张标签。无疑，像上原本也有拉丁文标签，而且，这些标签和卡片上的说明，实际上却是牛头不对马嘴。约翰·卡比斯停立像前，心中暗自想道："这一锒头可让你砸准了啊！你看像上这位和蔼可亲地瞅着你的贵夫人，可正是将带给你幸福的女先人啊!"

他心中自言自语着,耳畔又想起了里图姆莱的声音。在约翰听来,这声音真如同音乐一般悦耳。里图姆莱说,千万别提继续旅行这些话,为了加深他们之间的亲近,亲爱的侄儿说什么也得留下做客,能待多久尽量待多久。要知道这位侄儿先生的珠宝首饰已经看在他眼里,使他心中充满了对约翰的信任。

他当下便猛力拉起铃来,应着铃声陆续跑来几个仆人,一一向侄少爷请了安。最后,约翰在楼下见过的那个睡美人也露了面,脸蛋儿睡得绯红,眼睛尚未完全睁开。在老头儿向她介绍新来的客人时,她才一下张大了两眼,对这不速之客的出现显得既好奇,又兴奋。接下去,约翰被领着在其余的房间里走了一遭,还被硬劝着美美地吃喝了一顿。席间,夫妇俩不停地给他拣好菜,同时自己也吃得跟两个什么时候都食欲旺盛的娃娃一般高兴。这使客人乐不可支,他由此看出,这是两位生活阔绰、乐于享受的人。他这方面呢,自然也不失时机地给了主人一个高雅的印象。在紧接着的午餐桌上,这印象得到了彻底的巩固,因为每端上夫妇俩中任何一个人最心爱的一道菜来,约翰·卡比斯都大吃特吃,赞不绝口。他多年来养成的雍容大方的气派,更增加了他这赞语的价值。主客三人豪兴大发,又吃又喝,古往今来,恐怕还没有三位有身份的人,像他们这般尽情地、问心无愧地享受过生活吧。对于约翰来说,这犹如一步登天,而在这个天堂里,似乎不可能有因犯罪而被罚往下界这种事情。

总之,一切满意,万事顺心。他在这贵族之家一晃便住了八天,对它的每一个角落都已经熟悉。他想方设法为老头子消磨光阴,陪他散步，替他刮胡子，而刮胡子这一点又最得老头子欢心。须知他刀法轻盈，刮在老头子脸上唯有一种春风拂面之感而已。约翰发现，里图姆莱先生已开始认真考虑什么问题了，而且只要他一提走的事，哪怕仅仅是暗示暗示吧，老头子都十分骇异。他于是断定，时机成熟了，现在又该他来漂漂亮亮地打一锒头啦。因此，在第八天末，他就向主人明明白白地谈出了自己马上要走的打算，理由是：倘若再住下去，势必使离别更加困难，而且他要重新适应普通人的生活，也会感到更加困难；身为男子汉，他决心承担起自己的命运，承担起他作为全族最后一名男嗣的命运；他必须兢兢业业，深居简出，以保持自己家庭的荣誉，直到油尽灯灭的那一天。

"随我来吧，贤侄，随我到上面骑士厅去！"亚当·里图姆莱先生喊道。到了骑士厅中，他神色庄严地走过来，走过去，最后终于开了口，"请听我的决定和建议吧，亲爱的侄儿！您是你们族中的最后一人，这命运是够惨了！可我呢，我要承担的命运，也并不比您轻松些！您瞧瞧我，好好地瞧瞧我！我可是咱家族的头一个人呢！"

老头儿说着便自豪地挺起胸部，约翰也果真瞧着他，可瞧来瞧去，也瞧不出什么奥妙。此时对方又讲起来：

"我是咱家族的头一个人，这就意味着，我下了决心，要创立一个伟大而光荣的家族，一个与您在这大厅墙上所看见的家族一样的家族！也就是说，这些画像上的人，并非我的祖先，而是本城一个现已死绝了的贵族世家的成员。三十年前，我初到此地，正赶上这所房子连同家具遗物一起出典，我当即一股脑儿买了下来，作为实现自己毕生梦想的根基。为只为，我虽广有家财，却没名没姓。连祖先是谁也不清楚。我甚至不晓得,我那讨了一位卡比斯小姐的祖父,叫个什么名讳。一开始,我采取了个补救办法,宣布这些画上的老爷夫人通通是自己的祖先,把他们一些称作里图姆莱,一些称作卡比斯,跟您在这些标签上所见一样。但可惜的是,我只回忆得起家里的六七个人,剩下一大堆画,这四百年历史的结晶,我便怎么也奈何不了。唯其如此,我对未来便抱着更加殷切的希望,深感有必要创立一个源远流长的家族,我本人则要做这个家族受人尊崇景仰的老祖宗。我自己的像也早已请人画好啦。同时,我还制作了一张家谱,在这家谱的最底下,已写上了我的名字。可谁能想到,我这人竟命途多舛!我先后讨了三位太太,却谁也不曾为我养一个闺女,更甭提传宗接代的儿子了!前两位太太我已和她们离了婚,她们一出门跟别的男人一块儿便又养儿,又养女,好不可恶!眼下这位呢,我讨到家已经七年,要是放出去,结果也准保一样。"

"您这一来,亲爱的侄儿,倒使我有了个办法。这样的办法,在历史上大小王朝,都是屡屡使用过的。您有什么意见:我想把您当亲生儿子一般看待,立你为合法继承人!为此,您需要做的是,在表面上把您对自己家庭的承袭责任放弃,您反正是族中的最后一名嘛,而在我死后,即继承遗产之际,也继承我的姓氏!在这之前,我要暗中放出风去,说您是我的私生子,是我年轻时一时莽撞所结下的果实。喏,接受这个建议吧,千万不要反对!在以后我们也许可以再作过书面宣布,譬如写篇回忆录,写一本不长的小说,或写一篇耐人寻味的爱情故事什么的。在故事中,我可以充当一位热情而冒失的小伙子,年轻时种下了不幸,到了老年才加以挽回。最后您必须保证,将来以我亲自从本城名门闺秀中挑选的女子为妻,把我所开创的事业继续下去。这些,就是我的全部建议!"

约翰聆听着老头子的话,脸一会儿红,一会儿白。他这倒并非害臊或者恐惧,而是又惊又喜。他惊喜的是,幸福终于到来,他终于凭着自己的智慧促使了它的到来。然而,他并不因此便昏昏然,而是做出一副十分为难的模样,似乎对牺牲自己光荣姓氏与合法出身这一点,思想斗争激烈。他以礼貌得体的措辞,请求给他二十四小时考虑时间,说罢就跑到美丽的花园中,冥思苦索,走来走去。园里百花盛开,紫罗兰、丁香、玫瑰、皇冠、百合,以及花坛中的犄牛儿草和枝头上的迎春花叶,还有一株株小小的桃金娘和夹竹桃,都一齐在向他眨着可爱的眼睛,向它们这位新主子致意。他享受着灿烂的阳光和馥郁的花香,在浓绿的树荫下和清凉的泉水边徜徉了半个钟头,然后便板起面孔,走出门去。转过一个街角,走进一家烤饼店,约翰吃了三个热乎乎的肉饼,外加喝了两高脚杯美味的葡萄酒。随后,又回到花园,再走那么半小时,不同的只是这次嘴上衔着一根雪茄。他发现一个苗圃里长着又小又嫩的萝卜,便伸手拔出一丛,拿到喷泉边上冲洗。喷泉边上那些下半身为海豚的海神石像,一个个也谦卑地注视着他。他带着冲洗干净了的萝卜,去到一家凉爽的酒店中,就着萝卜喝了一大盅泡沫翻腾的鲜啤酒,一边还和酒客们拉家常。他努力把自己的家乡土话,改成柔和的斯瓦本话,以便日后在本地人中抛头露面,有所发迹。

到了中午,他故意迟迟不回家吃午饭。为了回家后能装出食欲不振,他又提前吃了三根慕尼黑灌肠,喝了一大盅啤酒,并觉得这盅啤酒比上一盅味道更好些。然后，他才蹙起额头，回到家中，坐上饭桌，瞪着汤盆，两眼发痴。

看着这光景，老头儿又气又怕，他怕自己创立家族的最后一线希望又会落空。说起里图姆莱这老头儿，他有个事情不顺心时格外固执的脾性，简直完全不容别人分说。这时，他以怀疑的目光，打量着自己这个不识抬举的客人，心里在想，他到底还能不能成为家族的创始人呢?！事情不明不白，他再也受不了啦，便要求约翰缩短二十四小时这个考虑时间，马上作出决定。他担心，时间拖得越长，他侄儿的思想越古板。他亲自下酒窖取来一瓶陈年莱茵葡萄酒，这是约翰做梦也不曾喝过的。瓶塞一开，满室芳醇，加之那水晶杯还叮当悦耳地响着，人一下子便飘飘然如到了神仙境界。这样的琼浆玉液，谁舌头哪怕只沾上一滴，鼻子底下马上就会变出一个开满鲜花的小小园子。两杯下肚，约翰·卡比斯终于软了口，说出了"同意"二字。公证人立刻被请来，一边饮着咖啡，一边立了一张具有法律效力的遗书。末了儿，假私生子和创立家族的老祖宗相互拥抱，可这拥抱并不如骨肉之间那么温暖、热烈，而是庄重得多，做作得多，就像两个各怀鬼胎的大人物，不期然碰到了一起。

自此，约翰便真的享起福来。他现在要做的，仅仅是不忘记自己的远大抱负，在"父亲"面前检点言行，以及按自己喜爱的方式花掉那一大堆零用钱。这一切，他全做得稳稳妥妥，自自然然。此外，他还穿得跟个男爵似的讲究。贵重的饰物他一样也无须再添置，他的天才正好表现在，他多年前买下的那些东西，目前不只够用，而且刚好成了他眼下幸福的写照，就像做过精心设计。那胸脯中激烈展开的滑铁卢大战,反映出他志得意满;那肚皮上晃来晃去的表链流苏,表明他吃喝充足;他透过金边眼镜,傲睨人世;他拄着藤条手杖,显得聪明文雅,根基稳固;他用海泡石烟斗抽起上等雪茄来,更俨然是一位富于智慧的人士。说起这烟斗,它上面雕的那骏马已变成亮褐色,骑在马背上的玛泽巴却仍粉红粉红的,如人的肤色一般,行家见了无不赞叹这是件艺术杰作,并对它的两位创造者——雕刻家和抽这烟斗的人——肃然起敬。里图姆莱老爸爸也因此大受鼓舞,跟他的螟蛉之子学起抽海泡石烟斗来。他买了一大批同类烟斗,但可惜老头儿心太急,性太躁,怎么也学不好这门高尚的艺术,做儿子的不得不时时指点他,纠正他,这就更增加了他对约翰的器重和信赖。

然而,两位男子很快又有了一桩更重要的事要做。做爸爸的那位催促再三,让儿子和他一道构思并写出那部小说,以便把约翰提高到一个私生子的地位。它应该是一份以回忆录片段形式写成的家庭秘密文书。为了避免引起里图姆莱太太的嫉妒与不安,他们在写作中必须严加保密,写完后稿子得悄悄锁进正待建立的家庭档案库里,直等到有朝一日家族兴旺发达了,方可以公之于世,以作为里图姆莱血统世系的历史佐证。

约翰却自有主意:等老头子一死,他便不再只姓里图姆莱,而要自称为卡比斯·德·里图姆莱[1]了。他对自己原来这个精雕细刻的姓氏,有着可以原谅的特殊感情啊。此外,他还决定毫不迟疑地把计划写的那本书付之一炬。因为它否定了他的光荣出身,使他认一个淫娃

---

[1] "德"字在法国人的姓中表示贵族身份。瑞士有一部分居民讲法语。

荡妇做自己的母亲。不过，话虽如此，他眼下仍得跟着干。唯有这件事，给他幸福的生活投下了一层淡淡的阴影。但他不露声色，在一天早上把自己和老头儿一道关进花园中一间小房里，动手写起书来。到这时，他俩面对面坐在桌子旁边，才发现计划施行起来比想象中困难得多；要知道，在这以前，他俩谁都从未写过一篇哪怕才百来行的东西啊。他们根本不知道该如何开头，两人越是把脑袋凑拢一起，脑袋便越不顶用。末了儿，还是儿子想到，为了写一本长期保存的书，必须先有一捆结实漂亮的纸才行呢。这是理所当然，于是两人便上街去，在城里溜溜达达起来。要找的纸已经打到了，可他们又觉得天气这么暖和，便你劝我我劝你地进了一家酒店，在那儿开怀畅饮。一连饮了好多壶，还吃了坚果、面包和香肠。吃着吃着，约翰突然大叫一声，说是故事的开头有了，要马上跑回家去写下来，不然就会忘记了。

"那就赶紧跑吧！"老头子说，"我准备在此地构思后一部分。我觉着，这会儿也快成啦！"

约翰果真拿着那卷纸奔回小房子里，动笔写道：

"故事发生在17××年，这一年年景非常好。那年头儿，一桶葡萄酒卖七古盾，一桶苹果酒卖半古盾[1]，一升樱桃酒卖四巴岑[2]。此外，两磅重的白面包卖一巴岑，同样重的黑面包卖半巴岑，一口袋苹果八巴岑。牧草收成好，一只重达百斤的公山羊才卖两古盾呢。还有碗豆大豆收成也蛮好，可亚麻黄麻却不成，反过来油果脂肪又很好，总

---

[1] 德国古金币名。
[2] 德国南部和瑞士古银币名。

而言之,老百姓都吃饱喝足啦,穿得孬是孬一点,灯可点得蛮亮堂。这一年好歹要完了,可新的一年又会咋样呢?大伙儿当然好奇得要命。那年冬天倒正常,又冷又晴朗,地头盖上了一床暖和的雪被,幼苗儿受到了很好的保护。可到后来,到底出了怪事啦。整个2月份,一忽儿下雪,一忽儿化雪,一忽儿霜冻,不单闹得许多人生了病,而且到处都是冰凌儿,好像世界变成了大玻璃铺,谁出门头上都得扛块木板,要不脑袋瓜儿准会给掉下来的冰块戳破的。这时节,食物价格倒还跟上边讲的差不离,可到后来快开春,就稳不住了……"

这时,老头子兴冲冲地奔了进来,一把抓过纸去,也不念一念上边已写成的,二话不说就往下写起来:

"这时来了一人,名唤亚当·里图姆莱。此人性子耿介,出生于17××年,此人来如春风,说到就到。他便是大伙儿知道的那种人。只见他身着红绒衫,头戴羽毛帽,腰佩一把宝剑。他还穿了一件金色坎肩,上绣一句格言:青年无德便是德!此人脚蹬金马刺,高高坐在一匹白马驹上。他勒马冲进路边上的头一家客店,大喝道,俺天不怕,地不怕,既然是春天,俺年轻人就该玩儿个痛痛快快!此人样样都付现钱,大伙儿无不吃惊。他又喝烧酒又吃烤肉,吃完却讲,这些玩意儿俺通通不喜欢!此人后来又说,来呀,我的小美人儿,俺爱你胜过烧酒和烤肉,胜过白银和黄金!俺可天不怕地不怕哩,你愿也罢,不愿也罢,俺要干你就得干!"

写到这儿,老头子突然顿住了,怎么也写不下去了。父子俩便一块儿读已写成的部分,觉得还挺不错。此后八天,两人都待在一起,日子过得更轻松。他们常常去酒店,以获得新的启发,但运气并非天天都有。终于有一天，约翰又抓到了点线索，马上跑回家去，继续写道：

"里图姆莱老爷这话原来是对一位小妞儿说的。这小妞儿名叫小丽丝·费德施卑儿，家住在城外靠近森林和果园那边。她是本地一位最最迷人的美女，有一双小脚儿和一对蓝眼睛。她的身材长得美，压根儿不用穿衬胸衣，省下钱来买了件紫绸衫，要晓得她穷着哩。她整日里愁眉紧锁，模样儿显得更娇媚；弱不禁风，身段儿显得更婀娜。偏巧5月里天气又反常，好像春夏秋冬全给挤到了一起。月初还雪花飘飘，落在唱歌的夜莺脑袋上，堆成了一顶白色的尖尖帽；过后一下子又暖洋洋的，小孩儿在河里洗起澡来，樱桃也都熟透啦。兹录编年史上所载的一首当年的儿歌：

下了雪，结了冰，

娃娃下河去游泳，

樱桃熟，葡萄甜，

通通都在五月天。

"这样的怪天气，使人人心里发愁，只不过表现方式不同罢了。小丽丝姑娘本是个多愁善感的人，自然也陷入了沉思。末了儿，她终于恍然大悟，她的幸福与痛苦，贞节与堕落，原来全操在自个儿手里哪。她思前想后、考虑再三，认识到这固然是一种自由，可同时也是责任，心里不觉伤感起来。正在这时，那勇敢的红衣少年跑上前来，即刻说道：'费德施卑儿，我爱你！'这一来，她也就顺应天命，改变了方才的想法，喜笑颜开啦。"

"现在由我接着写！"老头子喊道。他已气喘吁吁地跑回来，站在儿子背后念了写好的部分，"这会儿我写正合适！"说着便往下写道：

"'没啥好笑的！'他喝道，'俺可不跟谁闹着玩儿哪！'总之，事情该咋样就咋样。在一处长着小树林的山坡上，俺那小丽丝坐在绿茵茵的草地上，仍一个劲儿笑吟吟的；可骑士已一纵身上了他的白马驹，飞也似的奔向远方，恰如空中一溜青烟，一眨眼便没踪没影儿。从此以后再没有来，好个浪子！"

"哈哈，成啦！"里图姆莱欢呼着，扔下了笔，"我的任务完了，结尾归你去写。这鬼名堂，可累死我啦！凭冥河起誓！也难怪啊，不然那些大家族的祖宗怎么会备受尊敬，像被子孙们画得跟真人一般大呢！为建立我的家族吃了这份儿苦，咱算深有体会啦！再说，我这事不是干得挺勇敢吗，嗯？"

约翰又往下写起来：

"可怜的费德施卑儿小姐，她突然发现，这轻薄少年恰似那反常的5月天一般不知去向了，心中感到极为不满。不过她很快镇定下来，立刻向自己宣布刚发生的事压根儿不曾发生，像天平一般上下忐忑的心便恢复了平静。可她无忧无虑地过了没有多久。夏天到了，麦子熟了，遍地堆满了黄金，物价又降下来啦。小丽丝站在当初那个小山坡上，放眼四望，心中充满了懊恼和悔恨。到了秋天，一架架葡萄简直要流出酒来，苹果和梨子从树上纷纷掉下，打得地上咚咚响。大伙儿喝呀，唱呀买呀，卖呀，人人置办自己需要的东西，全国变成了一个大集市；既然货物丰富，价钱便宜，那就谢天谢地，干脆大买一通吧。可是唯有小丽丝从天上得到的'恩赐',遭到了众人的鄙弃,谁也不肯要他,好像仅仅多这一张小嘴他们就养不起了似的。小丽丝呢,却贞静自处,提前一个月生下个男娃娃来,模样儿活泼可爱极了,一看就晓得他注定要成为自身幸福的锻造者。

"这孩子后来也勇敢地闯过坎坷不平的童年,终于被神奇的命运送到了父亲的怀抱里。父亲认了他,立了他做继承人,他便是里图姆莱世家大名鼎鼎的老祖宗二世。"

写毕,老头子在文件下方签上了"已阅,同意,约翰·波里卡普斯[1]·亚当·里图姆莱"这几个字。接着约翰·卡比斯也签了名。最后,老头子在名字旁边盖了带有家族纹章的大印,即蓝底子上三个金色鱼钩,七只羽毛白一团黑一团的鹬鸰,站在一根斜伸着的绿色栖木上。这时,父子俩都感到诧异,怎么这份文件不长一些,须知他们买的一大捆纸,仅仅才用了一张啊。尽管如此,他们仍把它放进了一口权当档案库的古老铁箱里,随后便心满意足,欢天喜地啦。

干着类似这样的勾当,日子过得自然是很惬意的。可谁知日子久了,这既无所追求、又无所操心、更不用再投机冒险的生活,反倒让幸福的约翰觉得不自在起来。他急欲找点新的事儿干,便无端在认为家里的女主人似乎对他怀有不满和戒心。这只是他的感觉,他也无法说得十分肯定。那女人几乎整天在睡大觉,要不醒来就吃好东西。约翰一向忙着别的事,所以没注意到,其实她对任何事全不闻不问,只要没人妨碍她休息,便一切满意,万事大吉。现在,约翰突

---

[1] 希腊语:能生殖者。

然担心她会坏他的事,或让她的丈夫改变主意。

他举起食指来靠在鼻尖上,嘀咕道:

"嗯,慢来!少不了再最后补一把火!这么重要的一点,我怎么竟长期疏忽了!如今好是好,可谨慎一些更妙!"

刚巧老头儿不在家,他悄悄为自己的继承人物色适当的配偶去了,把约翰本人也蒙在鼓里。约翰决定马上去太太跟前,想个什么法儿对她表示一下殷勤,博取她的欢心,把疏忽了的一课补上。他蹑手蹑脚地下了楼,带着毕恭毕敬的神气,朝她惯常待的房间走去。到了门边,发现门仍是半开半掩着,这是因为她懒归懒,却很好奇,门外发生什么事,总想马上就听见。

约翰小心翼翼地溜进房去,看见她又躺在那儿睡着了,手里还捏着一块啃了一半的莓子酱蛋糕。约翰站着看着,自己也不清楚怎么就踮起脚尖走了过去,抓起她那胖得溜圆的手恭恭敬敬地吻起来。女人躺着一动不动,也不吭声,只是眯起眼睛死盯着他,直到他丧魂落魄地退出房门,逃回自己卧室里去。他躲在屋角里,却怎么也避不开那双半睁半闭的媚眼儿的盯视。他又急急溜下楼来,女人还像刚才似的静静躺在那里,他走过去,那眼睛又眯开了。他再一次逃出来,再一次躲在屋角里。终于,他第三次跳起来,跑下楼梯,冲进女人的房间,这次却待了下来,直到那位老祖宗回到家中。

打这时起,两人便没有一天不搞在一块儿,而且居然瞒过了老家伙,没有引起他的疑心。过去成天睡眼迷离的太太,如今一下子精神抖擞了。约翰之所以沉湎于干那忘恩负义的勾当,始终都为着一个目的,即巩固自己的地位,用钉子把他的幸福在墙上钉得牢牢的。

在这期间,两个罪人对受欺骗的里图姆莱老头更和气,更恭顺,他因此也乐滋滋的,还自以为治家有方呢。所以,仆人们很难判断,两位主子中哪个过得更满意些。

一天早上,在和自己太太做了倾心长谈以后,老头子似乎占了上风。你看他踱来踱去,喜形于色,片刻也静不下来,还一直吹口哨——虽说嘴里牙齿缺了,吹得不成调子。他一夜之间像长高了好几寸,一句话,他完全陶醉了。可就在当天,优势似乎又被少主人夺了过去。老头子问他,他乐不乐意出去作一次长途旅行,见见世面,一边自我提高,一边考察考察各国教育情况,了解现行道德准则,尤其是上流社会的时尚。

对约翰来说,不可能有比这更美的差事了,他高高兴兴接受了下来。接着便打点行装,带了旅行支票,气气派派地上了路。首先到的是维也纳、德累斯顿、柏林和汉堡,然后又大起胆子去了巴黎。每到一处,他都过着豪华而无节制的生活。所有游览胜地、露天剧场、娱乐场所,他都到过;所有皇宫中的珍宝室,他都曾前往观光。每天中午,他顶着烈日,站在阅兵场上,听乐队奏军乐,看军官们操练,一直到吃中饭。他混在成千上万瞧热闹的人中,目睹着种种盛况,心里充满了自豪,好像这辉煌的场面,雄壮的音乐,全都是因为他才有的。在他眼中,那些未能躬逢其盛的人,一个个都只能是无知的乡巴佬。然而,他一方面尽情恣意享乐,另一方面却保持了高度的理智,以向自己的恩人表明,他派出来的是一个稳重的人。所以,对任何一个叫花子,他都从不打发一个铜子儿,也从未在哪个穷孩子手上买点纪念品什么的。就连旅馆的茶房,他也有本事既不给小费,又不受他们怠慢。凡要雇人做什么事，也总是先要讨价还价老半天。他常和仨俩同好，在公开的舞会上和某些女人周旋，并以吊她们的胃口、愚弄她们作为最大的乐事。一句话，他生活得既稳妥又快活，就像那种老跑江湖的酒贩子似的。

最后，他也不放过机会，绕道到故乡塞尔特维拉兜了一圈。他下榻在城里最豪华的一家旅馆里，神秘莫测地、沉默寡言地出现在午餐桌边，叫他的乡亲们想破了脑袋也想不出他如今成了什么样的人。他们确信，他并不怎么样，可又发现，他确确实实过得很阔绰，便不得不暂时收敛了对他的嘲笑，在他故意亮出来给人看的金子面前皱起鼻头，眯起眼睛。可他呢，却连一瓶烧酒也不招待众人，而是当着他们的面，自斟自饮上等美酒，同时考虑用什么法子进一步捉弄他的乡亲们。

这时，他旅行即将结束，才突然想起在沿途各国考察教育的使命。通过这一考察，将确定那个由里图姆莱创立，由卡比斯继承下去的家族教育子孙后代的原则。在塞尔特维拉来完成这项任务，在他看来是再恰当不过了。因为他可以装出负有上峰差遣的样子，以一位督学的身份出现，再好好地愚弄一下塞尔特维拉人。他这一着也玩得正是地方。原因是相当一段时间以来，所有塞尔特维拉人都要么使自己的女儿当了教员，要么给她们请教员教，使教育成了一种兴旺发达的行业。聪明的孩子和蠢孩子，健康孩子和病孩子，全都在各自的学校里得到"加工"，以满足形形色色的需要。就像鳟鱼有不同的烹调法，既可烧，又可炸，也可熏，等等。姑娘们也被"加工"得有的虔诚一些，有的不那么虔诚；有的更擅长语言，有的更擅长音乐；有的适合于贵族巨室，有的适合于平民之家。总之，她们所受的教育，都随各自将去的地域而异，随主顾的喜好而异。稀罕的是，塞尔特维拉人对所有这些不同的教育目的都满不在乎，对有关地区的生活情况也不甚了了；可尽管如此，"商品"销路却很好，原因恐怕就只会是这种"出口货"的买主们也同样心不在焉，懵懂无知吧。一位塞尔特维拉市民，本人尽管充当反教会的先锋，照样可以决定让自己去英国的女儿学习祈祷和赶弥撒；另一位塞尔特维拉市民，在公开言论中对自由瑞士之家的骄傲——高贵的史陶法赫夫人[1]尽可以崇拜得五体投地，却仍不妨把自己的五六个女儿发配到俄国大草原或其他不毛之地，让她们在遥远的异乡郁郁寡欢，憔悴而死。

对精明的塞尔特维拉市民来说，主要问题是如何尽快给这些可怜的女孩子一张护照，一把雨伞，赶她们出家门，然后再用她们寄回来的钱，把日子过得舒舒服服。

这种处置女孩子的办法，很快形成了一种传统和技巧。约翰·卡比斯花了很大力气，搜集并记录了这些在塞尔特维拉大行其道的教育方针，对它们表现出了非凡的理解力。他跑遍了一家家"加工"女孩子的小作坊，向女学监和教师提出种种询问，努力做到胸有成竹，知道如何一开始便对一个大户人家的孩子进行适合身份的教育，并把这种事儿交给拿工钱的人去做，而无须父母亲劳神费心。

关于这个问题，他决定草拟一份备忘录。亏了他勤做笔记，这

---

[1] 史陶法赫据传是14世纪初反奥地利异族统治起义的参加者。在席勒的名剧《威廉·退尔》中，史陶法赫之妻被塑造成了一位谨慎能干的女性，被人视为瑞士妇女的表率。

份备忘录不几天便膨胀成了一厚本,他在写的时候还故意让人家看见。写完,他把稿子卷起来,塞进一个白铁皮圆筒中,一直挂在腰带上。塞尔特维拉人见了,以为他是派来刺探他们工业秘密的外国间谍,大为恼怒,便又吓又骂地要驱逐他出城。

约翰惹恼了他的乡亲们,觉得很开心,便动身离开塞尔特维拉。他像条年轻的梭子鱼似的,健康快活地回到了奥格斯堡。他得意扬扬地跨进家门,发现屋里一派欢乐气氛。他首先碰见的,是一个乐呵呵的乡下女人,乳房耸得老高,模样也还喜人,端着一盆热水走过,被他当成了新来的女厨子,因此不无兴趣地打量了一番。本来他急于要去向太太请安,可太太眼下却起不来床,无法见他。另一方面,房子里又不断发出奇怪的声响,那是里图姆莱老头儿在奔来奔去,又叫又嚷,又笑又唱。终于,老头儿气喘吁吁地跑了出来,眼珠子骨碌碌转,面孔通红,喜气洋洋,真是要多骄傲有多骄傲,要多得意有多得意。他大模大样地、神气十足地对约翰表示了一下欢迎,马上又跑去忙别的事了,瞧那模样,真像忙得不可开交呢。

这期间,从啥地方不断隐隐约约传来"呱——呱"的声音,听上去活像有谁在那儿吹小喇叭儿。乳峰高耸的乡下女人这时又走了过来,手拿一大卷白布,尖声尖气地叫着:

"来啦,我的宝贝!来啦,我的少爷!"

"喂!"约翰唤住她,"我说,你那是搞的啥名堂?"

可他又听见那呱呱的叫声,一个劲儿地传过来。

"怎么样?"蹦蹦跳跳地跑回来的里图姆莱老头儿大声问,"鸟儿唱得好听吗?你有什么话讲,小伙子?"

"什么鸟儿?!"约翰反问道。

"嗨,上帝!你压根儿还蒙在鼓里吗?"老头子叫道,"生啦!咱们到底生了一个小子,一个继承人,活泼泼的就像个小猪崽,已躺在咱们的摇篮里啦!我的全部理想,我的全部计划,这一来全实现了啊!"

我们那位自身幸福的锻造者目瞪口呆,可还没看出这事的全部后果,虽说这本来是一目了然的。他只感觉心头不是滋味儿,眼睛便鼓得圆圆的,嘴唇也撅了起来,活像谁强迫他去跟刺猬亲嘴似的。

"生喽,"快乐的小老头儿继续说,"别不高兴啦!咱们的情况是有点儿变化,我已推翻了遗嘱,烧掉了那篇可笑的故事,这玩意儿咱们再用不着啰!不过你嘛,仍可以留在家里,负责指导我儿子的培养教育工作,我让你当我所有事务的助理兼顾问,只要我活着,便什么也缺不了你的!眼下歇着去吧,我还得给咱那小淘气儿取个合适的名字哪!我已翻来翻去翻了三遍历书,这会儿想再查查旧编年史,那里边有非常非常古老的家谱和许多响亮的名字!"

约翰终于回到了自己房中,在一个角落里坐下来。那装着教育备忘录的铁筒子仍挂在腰间,他下意识地取下来放在两膝当中。而今他悟出是怎么回事了。他首先咒骂那可恶的妇人,骂她竟来这么一手,无端弄出个继承人来;继而咒骂老头子,这浑蛋竟真以为自己有了亲生儿子呢。他骂来骂去,就是不骂他自己,虽则这弄出个小东西来使他失去继承权的罪魁祸首,恰恰是他自己啊。他好似在一个扯不破的网里挣扎着,后来又跑到老头儿那里去,愚蠢地想让他看清真相。

"您果真以为,"他压低嗓门对老头子说,"那孩子是您的吗?"

"什么话,嗯?"里图姆莱先生从编年史上抬起头来,问。

约翰进一步用各种说法暗示他,让他明白,他自己是永远没有当老子的能力的,他老婆肯定是有了外遇啦,等等。

等老头子完全听懂他的话,便中了魔似的一跃而起,脚在地板上跺得嗵嗵嗵地响,嘴里直喘粗气,老半天才喊了出来:

"给我滚,你这忘恩负义的坏蛋!你这血口喷人的流氓!我为什么就不能有儿子!你讲,你这该死的东西!你用自己下流的舌头,糟蹋我妻子,也糟蹋我,难道你就这样来报答我对你的好意吗?幸亏我及时识破了你,识破了你这条我养在胸口上的毒蛇!谁想到啊,我们这种大家族的孩子还在摇篮里,便已遭到自私自利之徒的嫉妒和攻击!滚!马上滚出我的家!"

老头儿气得浑身哆嗦,跑到写字台前抓起一把金币,用纸裹起来扔到不幸的约翰脚下。

"这儿还有点儿盘缠,拿去永远给我滚开!"说完咬牙切齿地走了。

约翰拾起纸包,不过并没有马上滚开,而是回到了自己房里,一副半死不活的模样,天不黑就脱了衣服钻到床上,身上颤抖着,嘴里不住唉声叹气。他睡不着,心里难受得要命,可尽管如此,还是数了数刚才得到的钱,以及在旅途中用上面说过的种种办法省下来的旅费。

"顶个屁用啊!"他数完后说,"我才不想走呢!我要留在这儿,必须留在这儿!"

正在这时，有谁敲起门来。两名警察走进房中，命令他起来穿衣服。他胆战心惊地一一照办。他们又命令他收拾自己的东西，这就太容易了，因为他到家后还未顾上打开手提箱呢。接着，警察便带他走出宅子，一个仆人跟着提来了他的行李，往路上一搁，便砰的一声关上了大门。到这时，警察才向他宣读了一纸禁令，禁止他再跨进这家人的门槛，否则严惩不贷。读罢，警察扬长而去。他抬起头来，仰望着那所使他把幸福得而复失的宅子。这时，楼上一扇窗户开了，那个好看的乡下保姆正探出身来，收取晾在窗外的尿布，与此同时，又传来了婴儿的呱呱哭声。

终于，他提着行李溜进一家客栈，重新脱衣上床，这一次便再没有谁来打搅他了。

第二天，他在绝望中去找一位律师，请教是否还有挽回的办法。他把话刚讲完一半，律师便怒斥他道：

"您给我滚，您这头蠢驴！像您这副蠢相，还想骗取遗产呢！要不我就叫人把您抓起来！"

临了儿，没奈何，约翰只好回到家乡塞尔特维拉，回到了他几天前才离开的这座小城。他住在一家客栈里，沉思默想着，花他节省下来的那点钱。随着钱越来越少，他也越来越垂头丧气。塞尔特维拉人成群结队来寻他开心。如今他倒变得平易近人了。这样，人们便对他的遭遇有了相当了解，发现他还有一笔数目日渐减小的款子，就成全他买下城门口那间正待盘出的小小铁匠铺——拿他们的话来说，帮他找了个饭碗。为凑足买铁匠铺的钱，他不得不变卖了自己所有的宝物儿，对它们他现在已不存什么奢望了，所以也并不特别难过。

这些东西一次又一次欺骗了他,他再不愿为它们伤脑筋喽。

古老的铁匠铺专打两三种普通的钉子,跟铺子一块儿过户来的还有一个老年伙计,从他手中新主人没费多少力气便学会了技术,成了一位打钉子的好把式。他成天用锤头敲敲打打,起初仅仅是勉强混日子,后来,认识到这平凡的不懈劳动是一种幸福,免去了他的一切忧虑,清除了他的种种邪念,也就心满意足了。

他怀着感激的心情,让美丽的南瓜藤和牵牛花爬满了他黑色的小屋;小屋在一株高大接骨木树的荫蔽之下,屋里的熔铁炉常年吐着愉快的火苗。

只有在静静的夜里,他才偶尔回顾回顾往事;而每当想到他看见里图姆莱太太手里捏着莓子酱蛋糕那天的情景,我们这位自身幸福的锻造者便低下头来,悔恨自己当初不该去补那一课,弄巧成拙,丢了幸福。

如今,随着他打钉子的手段越来越高,那些往事也就渐渐地淡漠了。

第四章 《浮士德》片段

《浮士德》片段

> **导读**

　　歌德的代表作诗剧《浮士德》是一部长达 12,111 行的巨著,这儿的第一部《书斋》只是一个小小的片段,却异常重要。老博士翻译《圣经》时的字斟句酌,不只活画出我等译家劳作的繁难艰辛,也画龙点睛般地道出了诗人歌德的唯物主义世界观。

书斋

浮士德带着狮子狗上。

浮士德

我离开了城郊和旷野,
沉沉暮色已笼罩着那里,
它用神圣的预感和恐惧,
把我们向善的心灵唤起。
经过一次次莽撞冒失,
狂暴的欲求已经安息;
胸中萌发出仁爱之念,
还有对主耶稣的爱意。

安静点,狮子狗! 别乱窜!
你在那门槛上嗅些什么?
去乖乖躺在那火炉后面,
我将给你我最好的靠垫。
你为让我们开心、高兴,

曾经在山道上跑跑跳跳，
我也要给你很好的款待，
只要你这客人不吵不闹。

啊，每当这斗室里边
重新点燃柔和的灯盏，
我的心里便豁然开朗，
整个胸中也光明一片。
希望的蓓蕾重新绽开，
理性的金口重新发言，
于是啊我们又开始渴望，
渴望生命的溪流、源泉！

别叫，黑犬！神圣的乐音
正缭绕回荡在我心灵，
不容掺杂进狗的吠声。
我们习以为常：人们
对不懂的真理大加讥嘲，
对难于把握的善和美
嘀嘀咕咕，心怀怨恨；
未必狗儿你也愤愤不平？

可是，唉，尽管我十分希望，

却再无满足的快感涌出胸膛!
为什么巨流会迅速干涸,
害得我们重又忍受焦渴?
这情况我已是多次经历。
不过缺陷还可弥补代替:
我们学习珍惜超凡的事物,
我们渴望获得上天的启示,
从《圣经·新约》里面,
它的光辉最高贵、美丽。
我急着翻开这古老的
宝典,怀着一片至诚,
要把它神圣的原文
翻译成我亲爱的德语。

(翻开一部大书,着手翻译。)

我写上了:"太初有言!"
笔已停住! 没法继续向前。
对"言"字不可估计过高,
我得将别的翻译方式寻找,
如果我真得到神灵的启示。
我又写上:"太初有意!"
仔细考虑好这第一行,

下笔绝不能过分匆忙!
难道万物能创化于"意"?
看来该译作:"太初有力!"
然而正当我写下"力"字,
已有什么提醒我欠合适。
神助我也! 心中豁然开朗,
"太初有为!"我欣然写上。

第五章

《魔山》片段

《魔山》片段

导读

托马斯·曼的伟大杰作《魔山》,是德语长篇小说屈指可数的成功典范。从它70多万字的大部头中挑出第六章的《雪》这个片段,不仅因为阿尔卑斯山中的大风雪描写得震撼读者心灵,还有主人公于生死关头堕入的梦境,更是十分耐人寻味。

雪

一日五次,对于今年冬天的气候不佳,在那七张餐桌上都异口同声地发着抱怨。大家断定,这高原之冬太不负责,绝对没有充分提供本地区赖以远近驰名的、广告上明白写着使长年客人已经习惯、新来者也已幻想过的宜于疗养的气候条件。出太阳的日子太少,日照太少;而日照是一个重要治疗因素,缺少了它的帮助,痊愈就会推迟,毫无疑问……不管塞特姆布里尼先生对他们,对这些或者继续坚持疗养,或者离开"故乡"下山去的人们的真诚有何想法,他们反正要求获得自己的权利,反正希望享受他们的父母或者丈夫为他们花的钱理应带来的利益,因此在餐桌上,在电梯里,在游艺室中,大家都嘀嘀咕咕,抱怨连声。院方也充分认识到自己进行弥补和减少损失的责任。一台新的"高山人造太阳仪"买来了,因为原有的两台,已满足不了那些渴望通过电气化的途径变得黝黑起来的人们的需要。须知,黝黑的肤色可以使年轻的小姐和女士更迷人,可以使男士们更健美,即使是静卧时平躺着,模样也像一位征服者。是的,这模样事实上已结出硕果:女士们尽管对他们男性魅力的技术和美容根源一清二楚,却够愚蠢或者说够狡猾的,竟然心甘情愿地一而再、再而三地受蒙骗,以便陶醉在幻觉中,同时也作出自己女性的回报。

"我的上帝啊!"薛菲尔德太太,一位从柏林来的红头发、红眼睛的女病人，傍晚在游艺厅中对一位长腿、凹胸的男伴叹道；这位殷勤"骑士"的名片上自称为"获有文凭的飞行员和德军少尉"，带着气胸，午餐时总穿常礼服，到晚上反而脱了，说什么海军里有这条规定。"我的上帝啊，"她两眼贪婪地盯住那位少尉叹道，"瞧，他让高山的阳光晒得多黑，多漂亮！样子像个猎鹰者，这鬼！"——"等着瞧！妖精！"在电梯里，他凑着她耳朵嘀咕了一句，叫她浑身起鸡皮疙瘩，"您对我挤眉弄眼，我一定叫您赔偿损失！"可不，绕过阳台上的玻璃隔墙，那鬼和猎鹰者摸到了去妖精房间的路……

然而，人造太阳毕竟还是远远补偿不了今年损失的真正日光。一个月里头，纯粹出太阳的日子只有两三天——在这样的日子里，白皑皑的山峰背后，天鹅绒一般的天幕湛蓝湛蓝，日光金刚石一般地熠熠闪烁，从厚厚的游动的灰色云雾中投射下来，热辣辣地直射在人们的脖子上和脸上，真叫舒服极啦。可好几个礼拜才有两三天这样的日子，这对于命运坎坷、特别需要抚慰的心灵来说真是太少太少；加之他们离开了平原，放弃了那儿的人们的乐和苦，就是指望着能过上契约上许诺给他们的虽然缺少生气、但却轻松愉快的生活：无忧无虑，连时间也被取消了，绝对的舒适安逸。因此，尽管贝伦斯顾问提醒大家，就算天气不行，住在"山庄"究竟还不等于蹲西伯利亚矿坑或者别的某座监狱，山上的空气稀薄、质轻，差不多跟太空里的以太一般纯净，极少地球上的杂质，不管是好是坏，就算没太阳，仍可免遭平原的烟尘、蒸气的侵害，优点真是太多——顾问怎么讲仍然没有用。恶劣的情绪和抱怨迅速蔓延，每天都有人威胁说要提前出院，而且有的真个付诸实施，对萨洛蒙太太给人的教训在所不顾。萨洛蒙太太新近很凄惨地回来了；她原本病得不重，只是因为耐不住寂寞，硬犟着回到潮湿而多风的阿姆斯特丹去住了一阵子，结果弄出了生命危险……

没有太阳却有的是雪，成堆成片的雪，无边无涯的雪，这么多的雪，汉斯·卡斯托普一辈子还未曾见过。去年冬天确实也下过大雪，但与今年相比，又有些差劲儿了。今年，它们是那样地无穷无尽，铺天盖地，让人心里一下子充满此地原来就这么古怪反常的意识。雪一天一天地下着，整夜整夜地下着，时而稀稀疏疏，时而风雪交加，但总是在下着、下着。少数仍保持可以行走的道路坑坑洼洼，路两边立着比人还高的雪墙，一些被抹平压实了的小方块闪着水晶般的悦目光泽，供游山的客人写写画画，或传递这样那样的信息，或开几句玩笑，或说说讽刺话。在两面雪墙之间，也可碰见高高凸起的地方，那底下刚好挖空了，这可以从一些疏松处和空洞看出来，不小心一踩脚就会陷下去，一直陷到膝盖，可得好好留神，不然很容易折断腿。路旁休息用的长凳消失了，沉没了；偶尔还有一截靠背从白色的墓穴中突露出来。山下"村"里，街面也有奇异的变动，底楼的一家家商店全变成了"地下室"，顾客只能从人行道走下雪踩成的台阶，才能进得去。

雪继续没日没夜地下个不停，在无垠的雪原上再添加新雪，悄没声儿地，在天气并不太冷，也就是零下十至十五度，人还不感到寒彻骨髓的时候——人们甚至可能感觉才零下五度乃至两度，因为没有一丝风，空气又干燥，寒冷失去了锋芒。早上很黑，只好打开从嵌线呆板可笑的穹顶上垂下来的枝形吊灯，让客人们在非自然光线下进餐。厅外一片混沌迷茫,世界一直到窗前全裹在灰白色的棉絮里,裹在纷飞的大雪和厚重的雾霭中。群山隐去了,近旁的针叶林也只偶尔微露端倪:负荷是那么多,它们很快就失去了本来面目,不时地有一棵松树实在受不了啦,才抖落身上的白沫,使其掉进灰色的空漠中。上午十点,太阳终于爬上山顶,但不过是一团惨白的光晕,一个缺少生气的幽灵,能带给苍茫大地的只是虚幻的感觉。万物仍融在幽暝柔曼的苍白中,没有任何可以让眼睛大胆地追寻的线条。山峰的轮廓模糊了,雾化了,消失了。白皑皑的雪野层层叠叠,将人的目光引向空蒙。最后,也许才飘来一片亮云,炊烟似的,久久地挂在岩壁前,不改原来的形态。

正午,太阳勉强冲破云层,努力将雾障消解到蓝空中。然而它的企图远远未能实现;只不过在很短的时间里,蓝色的天光毕竟闪现出来,足以使雪盖冰封下变了形的大地又像金刚石一般熠熠生辉。这时候,通常雪也停了,仿佛是要对已取得的成绩做个总结;是的,那穿插着的少数几个出太阳的日子好像也有同样的作用。风雪停了,直射下来的日光则努力将新铺上的积雪洁白无瑕的表面融化掉。世界的模样像在童话里一般,天真纯朴而又滑稽可笑。树枝上叠着厚厚的、松松的垫子,地面长出驼背,驼背下匍匐着灌木和岩石,蹲着的、蜷伏着的、像小丑一般打扮起来的,周遭全是奇形怪状,恰如童话中的精灵世界,看着令人忍俊不禁。可是,如果说人们艰难地活动于其中的近景令您觉得奇幻怪诞的话,那么,它那远远地逼视着你的背景,那高耸入云的阿尔卑斯山的雪峰,却将唤起你庄严和神圣的感情。

第五章 《魔山》片段

　　午后两点至四点之间，汉斯·卡斯托普躺在阳台上，头枕着他那呱呱叫的躺椅上调得既不过陡也不过平的靠板，目光越过装上了软垫的栏杆，眺望丛林和远山。托付着沉甸甸雪被的墨绿色枞林一直逶迤到山梁上，树与树之间的空地全铺上了松软的雪枕。枞林之上，群峰直插灰白色的天空，无边的雪被间或被这个那个突兀的峭岩刺破，锯齿状的峰脊则化作一条柔曼的迷蒙曲线。雪无声地下着。万物的轮廓渐趋模糊。目光进入空茫一片，很容易打起盹儿来的。伴随着似醒非睡的一刹那会产生寒冷之感，但接下来，在这儿的严寒中，睡眠却清纯得再清纯不过，没有梦，也不受有机生命的任何潜意识的干扰；因为呼吸着眼前这没有任何杂质的明净的空气，肌体的感觉轻松得就跟死者不呼吸差不多。汉斯·卡斯托普醒来时，群山已完全消失在雪雾里，只有一些局部，时而一个山头，时而一道凸岩，转换着呈现出来几分钟，随后又被遮裹住。这神出鬼没的静静的变化很有意思，可必须全神贯注，方可窥探出那变幻莫测的雪雾纱幕的启闭规律。一群山峰，在雪雾开处，既无峰尖也无山脚，突兀地横亘在前方，但等他一分钟后转过眼来一看，却已踪影杳然。

　　接着来的是暴风雪，阳台上根本无法呆了，雪花让风卷进来，在地上和家具上盖了厚厚的一层。是的，在宁静的深谷中也起了风暴，眼前只有纷纷扬扬的雪片在飞舞，一步开外便什么也看不见，死寂的氛围一下子充满不安和躁动。阵阵狂风吹得人连气都喘不过来，雪暴变得更加野性、倔强，更加咄咄逼人，从下往上回旋着，把谷底的积雪卷到空中，让它跳起疯狂的死之舞——这已不再是下雪。这是一场白色的混沌，一个非常地域里的大自然的狂暴肆虐，只有此时突然成群出现的雪雀才自由自在，如鱼得水。

然而，汉斯·卡斯托普却喜爱冰天雪地里的生活。他觉得在许多方面，它都跟海边上的生活挺相似：自然景象的单调是两者共同的；雪，这种深深的、松软的、毫无瑕疵的白色粉末，在此地就扮演着海滩上那些黄沙一样的角色；两者让你摸着都一样干净，你将干雪粉从鞋中和衣服里抖落，就像在海边抖掉那没有灰尘的石头和贝壳碎末一样，不会留下丝毫痕迹；人在雪地里行进和在沙丘上走同样困难，除非它表面让太阳烤化了又在夜里被冻硬，要这样走起来便轻松舒适，宛如踩在光滑的镶拼地板上——确切地讲，轻松舒适得跟走在海滨被水冲刷着的平整、坚实而又富有弹性的沙滩上一样。

只是今年的雪暴和积雪使得大伙儿很少可能在户外活动，唯有那些滑雪运动员例外。铲雪车在工作，但要勉强保持疗养地最常走人的几条大小路径的通畅，已感困难。这几条仍然通行的路也走不多远就封住了，因此，能走的一段上行人格外多，健康人和病人，本地居民和来自世界各国的疗养客，全挤在一起；可这一来，玩橇车的人就常撞着步行者的腿。橇车上的先生女士们脚冲前，头仰后，大声吆喝着发出警告，那声调表明他们自信其活动真是最重要不过。其实呢，他们只是那么躺在本是孩子们玩儿的小冰橇上，曲曲折折、歪歪倒倒地顺着山坡向谷底冲去，到了目的地又用绳子拴着将那时髦玩具重新拽上山。

这样的漫步溜达已令汉斯·卡斯托普厌烦。他现在只有两个愿望：最强烈的愿望是单独一个人静静地思考和"执政"，他的阳台满足了这个愿望，虽然还是表面地满足；另一个愿望与这一个有联系，就是渴望与他关心的让大雪封闭着的群山有更亲密而自由的接触。这个愿望对一位怀抱着它的未经训练的步行者来说，是无法实现的，除非他长上翅膀；因为只要企图在任何一条铲出来的道路的尽头再往前闯，立刻便会陷进雪里，一直陷到胸部。

于是有一天，汉斯·卡斯托普下决心去买了一双滑雪板，并学着使用，以应实际的需要。他不是运动家，由于缺少必要的身体素质，他从来都不是，也不装着是的样子，不像某些"山庄"的疗养客为适应本地风气和赶时髦，硬将自己打扮成那个模样——特别是女士们，例如那位赫尔米娜·克勒费特小姐，她虽然已是上气不接下气，以致鼻尖、嘴唇总是青的，却喜欢在午餐时穿羊毛健美裤，饭后叉开双腿往静卧厅中的藤椅里一倒，懒洋洋地够风骚的。汉斯·卡斯托普没去征求贝伦斯顾问同意，去了必定也是碰一鼻子灰。对于这儿山上的人们来说，"山庄"也罢，其他疗养院也罢，体育活动都绝对禁止。因为这儿的气氛看上去轻松愉快，对心肌却提出了极严厉的要求；至于汉斯·卡斯托普本人，他那句很明智的话"习惯你尚未习惯这个事实吧"，仍然是完全没错的。贝伦斯顾问归因于一处浸润点的低烧，在他身上仍顽固地持续着。否则，他还待在这山上做什么？所以，他的愿望和打算也就充满矛盾和不现实。只是我们必须充分理解他，他并非受虚荣心的刺激，要学学那些公子哥儿和滑雪家的样子，去户外的新鲜空气中活动一番。其实，这些人一经提议，在空气憋闷的房间里玩起牌来同样也认真积极。汉斯·卡斯托普感到对自己更具吸引力的是另一个集体，不是这一小群游客。从一个更广、更新的角度看，基于一种令他惊异的尊严感、一种使他压抑的责任感，他觉得不问青红皂白地跟那些人一样去雪地上狂欢、打滚，活像小丑一样，这不是他该做的事。他绝无放荡的意思，愿意有所节制；他计划干的事贝伦斯顾问本来完全可以同意。但囿于院规，他还是会禁止，汉斯·卡斯托普只好决定背着他行事。

他偶然地对塞特姆布里尼先生谈到了自己的打算。塞特姆布里尼先生高兴得差点儿拥抱他。"可不是，可不是，工程师，看在上帝分上，您就干吧！别去问任何人，您自己只管干好啦——这是您的守护天使给您的暗示！马上就去干，别等到这好兴致重新离开您！我跟您一块儿去，我陪您去商店，一会儿工夫咱们就会得到那可爱的器材！然后，我还要陪您进山，和您一道滑，脚上穿着飞行鞋，跟天上的使者麦丘利一样，可我却不允许……唉，不允许！只要不是'不允许'，我一定这么做了。可我不能啊，我这个人已经没指望。相反您……您却不会有什么问题，绝对不会，只要您保持理智，不做任何过分的事。嗨，什么，就算出点儿小问题，您的守护天使总会来的，他一定……我不用再讲什么了。一个多么出色的计划！在山上待了两年才能想出来——啊，不，您的本质是好的，没有任何理由对您绝望。妙，妙极啦！您嘲弄你们那上边的鬼王，您买一双滑雪板，让店里送到我这里或者卢卡切克处，或者底下的香料商店里。您要练习就来取，然后，您就踏着它滑去，滑去……"

完全照他说的办了。塞特姆布里尼先生对体育原本一窍不通，却硬充行家，由他亲眼瞧着，汉斯·卡斯托普在"村"里正街的一家专业商店中挑选了一副漂亮滑雪板：上等橡木制造，漆成浅绿色，皮件配得很精致，板头尖尖地向上翘着；同时他还买了两支带铁尖和轮盘的滑雪杆。汉斯·卡斯托普说什么都要亲自将器材搬回塞特姆布里尼住地去,到了那儿很快就取得香料商的同意,让汉斯·卡斯托普每天存放滑雪用具。在反复观察弄清使用方法以后,卡斯托普便自己开始尝试,不过远远避开练习场上众多的初学者,独自在"山庄"疗养院背后一处几乎没有树木的斜坡上摔摔跌跌。塞特姆布里尼先生也不时地站在旁边做指导,那么手撑着拐杖,两脚优美地交叉着,对卡斯托普在灵巧性方面的进步报以喝彩。一切进展顺利,直至有一天,汉斯·卡斯托普为了将器材送回香料店去,正顺着铲过雪的大道小心翼翼地向山下"村"里滑去的时候,不期然碰见了贝伦斯顾问。好在顾问没认出他来,虽说是大白天,而且初学者险些就撞他个正着。顾问被香烟的浓雾包裹着,脚步沉重地从年轻人身边走了过去。

汉斯·卡斯托普听说,一个人内心渴望的技巧要学会是很快的。他并不要求自己成为能手。他所需要的那点本领,果然几天之内就不慌不忙地没费太大力气就学会了。他坚持将双脚摆正,使留在雪地里的是两道整齐平行的辙印;他尝试着在下滑时用滑雪杆控制方向,学着张开双臂飞越障碍,飞越小土包,那么一起一落地就像一只波涛汹涌的海上的船儿。经过二十次尝试,他在做变向或急停旋转时一条腿伸出去,一条腿跪下,已经稳当得不再倾倒了。他逐步扩大着练习范围。一天,塞特姆布里尼先生眼看着他消失在白色的雾障中,用手做成话筒在背后大声告诫了他一下,然后就怀着对自己的教育成果的满意心情回家去了。

冬天在山里很美——但不是文静温柔的美,而且像刮强劲的西风时北海海面上那种粗犷、野性的美——尽管没有海涛的轰鸣,而是死一般沉寂，却引起完全同样的敬畏之情。汉斯·卡斯托普长而富有弹性的"大脚"托着他时东时西，或沿着左边的山梁去克拉瓦德尔峰，或向右经圣母教堂和格拉利斯村往前滑，在那儿看得见乌鸦崖在雾中若隐若现，影影绰绰；还去过迪施马谷，或者在"山庄"疗养院背后一直往上走，登上密林覆盖的海角峰，它只有一点点披着白雪的峰顶突出在林梢之上；还去德鲁萨查密林，在林后可以看见白雪皑皑的雷迪空山脉淡淡的剪影。他还跟着伐木人乘索道车登上阿尔卑斯宝藏峰，在海拔两千米的高山雪原闪闪发亮的斜坡上徐徐滑行，赶上天气晴朗的日子，还可从上边远眺瑰奇壮丽的山区风景。

他满意自己的学习成绩；现在，条条道路对他都已敞开，重重障碍也几乎化为乌有。他经常处于所渴望的岑寂包围中，而且是一种可以想象出来的最深沉的岑寂，足以令人感到陌生和疑惧的岑寂。在他的一边，可能是一片倾斜向下直至化作一团团雪雾的枞林；在另一边，可能是一道拔地而起的陡壁，壁上积雪多、厚而又形状怪异，有穹庐般的窟窿，有驼峰般的凸包。如果他自己站住不动，自己不出一点声音，那就绝对、完全地安静，好像什么都裹上了棉胎似的声息全无。这样的寂静真是闻所未闻，在其他任何地方都不会有的。听不见哪怕一丝丝儿风拂过林梢的沙沙响声，听不见溪水潺潺，也不闻一声鸟语。当汉斯·卡斯托普停止滑行，身子倚靠着滑雪杆，仰起脑袋，张着嘴巴在那儿倾听时，他所听到的乃是原初那纯而又纯的寂静。在这寂静之中，雪仍不停地下着，悄悄地下着，不出一点儿声息。

不，这个以它无底深渊般的沉寂对着年轻人的世界，一点也不殷勤好客，它接待他的条件是他自己对自己负责，自己承担风险。它根本谈不上接纳他、招待他，只是以一种令人不快的没来由的恶劣方式，容忍他的侵入和存在而已。它让人感到的只是一种静得可怕的原初情绪，连敌意都说不上，而仅只是一种死气沉沉的冷漠。然而，汉斯·卡斯托普，这个从小就对大自然感到疏远、陌生的文明之子，却比自幼便不得不在山野里与这个世界亲密相处的自然之子，更能发现它的伟大。后者几乎不感到前者在扬起眉毛走近它时怀有的那种敬畏；就是这种敬畏，决定着汉斯·卡斯托普内心深处对这个世界的感情基调，使他灵魂中经常保持某种虔诚的震慑，某种畏葸的激动。汉斯·卡斯托普身穿驼毛长袖短外套，缠着绑腿，脚踏着豪华的滑雪板。他在倾听这冬天荒野里死一般的沉寂的时候，骨子里感觉到自己是够勇敢的啦。而随后，在往回走的路上，当第一批住房重新在雾障中显现出来，一种油然产生的轻松释然之感，更增强了他对自己刚才的境况的意识，提醒他，有好几个钟头之久，他的心灵曾被一种既神秘又神圣的恐惧所控制。在西尔特岛，自然是穿着白色的裤子，他曾漂亮而又威严地站在海潮汹涌的海岸边，像面对着一个狮子笼；在笼子的铁栏后面，就是一头张开血盆大口、露出可怕的獠牙的巨兽。随后他跳下海去游泳，海滩看守人却吹起自己的小号角，警告这放肆地企图冲击第一个潮头的人别与大海过于亲近，谨防海潮的下一次冲击会像折断粗大的防浪木似的扭断他的脖子。从那以后，年轻人体会到了与狂暴的自然力亲近带来的振奋和欣喜，但是完全与它拥抱在一起却会要人的命。不过他并不了解，人身上有一种总想不断增强与致人死命的自然力亲近程度的倾向，致使完全的拥抱变成迫在眉睫的危险——他,一个尽管由文明差强人意地装备和武装起来但却仍然孱弱的人,就这么冒冒失失往前闯,久久不知道逃遁,一直到擦着危险的衣裤,再也划不清彼此的界线,一直到再不是玩玩潮头的泡沫,让潮水轻轻拍打拍打身体,而是已面对着巨浪,面对着张开血盆大口的大海。

一句话,在这山上,汉斯·卡斯托普是一个有勇气的人,如果在自然力面前表现的勇气不意味着对它们冷漠,而意味着有意识的倾心,意味着由于同情而克制住了对死亡的恐惧的话。——同情?——不错,汉斯·卡斯托普在他细瘦文明的胸中,是怀着对自然力的同情。而且,这种同情与他在滑雪场上看见那一群摔摔跌跌的人时所意识到的尊严感,也是联系在一起的。这种尊严感,使他渴望享受比他在阳台上所能得到的更深、更大、更少世俗气的孤寂。从阳台上他能眺望云雾缭绕的群山,观察暴风雪的舞蹈,但却为自己只能在安全舒适的防御工事内看着外面发疯而内心感觉羞耻。正因为如此,他既不着迷于体育,也不生来好动,却学会了滑雪。如果说,在山顶的大自然中,在大雪纷飞的死一般的沉寂里,他曾觉得阴森可怖的话——实际上我们的文明之子完全不是这样——那么他在这儿的疗养院中,早已用精神和感官尝够了阴森可怖的滋味。就说与纳夫塔和塞特姆布里尼的讨论吧,它离阴森可怕也并非很遥远;它同样引人进入无路可通的极其危险的绝境。就汉斯·卡斯托普方面而言,他之所以对冬天的高山雪野产生好感,是因为他尽管心怀敬畏,却仍觉得那儿是个适合他沉思默想的所在,是个很好的避难所,可以让他这个自己也不知怎么一来就担负了"执政"的重担、这个必须想清楚主的人的地位和尊严的人去静静呆一呆。

这儿没谁来对冒险者吹小号角发出警告,除非把塞特姆布里尼先生当成这个人。在汉斯·卡斯托普滑出他视野时,他不是把手握成话筒冲着年轻人喊叫过吗?可卡斯托普有的是勇气和同情,不再在乎背后的喊叫声,虽然当这同样的声音在狂欢节之夜从他身后传来时,他曾经是注意过的。"喂,工程师,请理智一点!"嗨,你张口闭口理智和反叛,你这热衷于教育的撒旦,年轻人想。除此而外,我是喜欢你的。你尽管是个吹牛大王,一副街头摇风琴的艺人似的穷酸相,但你心眼儿不坏,心眼儿好得多,因此我也更喜欢你,而不喜欢那个尖刻而矮小的耶稣会修士和恐怖主义者,那个眼镜闪闪发光的西班牙酷吏和施刑人,虽然你们俩每次争论他几乎总是在理……就像中世纪上帝与魔鬼争夺人一样,你们俩争着教育我的心灵……

他腿上扑打着雪粉,拄着滑雪杆一步步登上像梯田似的一级级升上去的雪坡,越来越高,越来越高,却不知最终去向何处。看来,这雪坡不通向任何地方,它上端与同样是乳白色的天空融为一体,已看不清天边在何处,也看不见峰巅,看不见山脊,突兀在汉斯·卡斯托普眼前的是雾蒙蒙的一片虚无;还有他背后的那个世界,那居住着人的山谷,很快也关闭了,从他视野里消失了,连一点儿声音也不再从那儿传来他耳畔。于是,不等他意识到,已经出现了他的岑寂,是的,一无所有的空虚,那么深沉,正合他的心意,深沉得令人感到恐怖,而恐怖是勇敢的前提。"Praeterit figura hujus mundi[1]."他自顾

---

[1] 原文为拉丁语。

自地念叨着，可这不是一句富于人文主义精神的拉丁文成语——他是从纳夫塔口中听来的。他停下来，环顾四周。哪儿都看不见任何东西，都一无所见；只有零零落落的小小的雪花从白茫茫的空中降下来，落在同样是白茫茫的大地上。四周的寂静不发出任何一点儿声音，却包孕着巨大的力量。白茫茫的雪地迷了他的眼，他暂时收回目光，只觉得心由于爬坡而跳得很厉害——整个心肌器官的动物构造和跳动情况，他曾在透视室里咔嗒咔嗒的闪光下，也许是罪恶地偷看过。他不禁动了感情，对他自己的心脏，对人的跳动着的心脏，油然生出一种单纯而又虔诚的同情来，而且偏偏是在这山顶上，在这似谜一般令人疑惑不解的冷冰冰的虚无境界。

他用滑雪杆推着自己继续向上走，向着天空逼近。有时候，他几乎将滑雪杆整个儿戳进了雪中，并发现在抽出来时有一道蓝光从洞底随着滑雪杆往外冒。他觉得很有意思，常常停下来观察这小小的光学现象，久久地，反复地。这是一种特殊的高山和深谷之光，绿中泛蓝，冰一般莹洁，却又影影绰绰，那么柔和，那么富于神秘的吸引力。它使汉斯·卡斯托普想起某些眼睛的目光和颜色，一些与他命运紧密相关的斜斜的眼睛，塞特姆布里尼先生从人道主义的立场出发轻蔑地称之为"鞑靼人的眯眯眼"和"荒原狼之光"——使他想起早年见过，后来又未能避免再见的眼睛，希培的眼睛和舒舍夫人的眼睛。"很高兴，"他无声地自言自语，"可是别把它弄折了，得把它拧好了，你知道。"同时，他的心灵听见了从身后传来理性的告诫之声。

在右边不远处隐隐约约看得见一片森林。他转向那儿，以便眼前有一个尘世的目标，而不是一片超验的白色。他突然开始下行，虽然一点也没看出地势在降低。雪光耀眼，使他完全辨不清地形。他什么都看不清；眼前模糊一片。脚下的障碍一次又一次完全出乎意料地使他腾起来。他任凭自己顺势而下，连用眼睛估量一下坡度都来不及。

他不经意地朝深涧中滑去，而适才见到的森林则在深涧的另一边。他在滑了一段之后才发现，脚下由疏松的雪铺盖着的地面向着群山的一侧斜了下去。他继续下滑，两侧的坡度越来越大。他像是顺着一条狭路，向山腹中滑去。终于，他滑雪板的尖头又朝上了；地势在慢慢升高，很快旁边就没有了可以攀登的陡壁。汉斯·卡斯托普又滑到了无路可循的开阔的坡顶上，头顶着蓝天。

他看见旁边和脚下全是针叶林，便向下滑去，很快就到了一些披着雪的枞树跟前。这些树排列得像一个个尖尖的楔子，从森林里凸出来，插进空旷的雪地中。他在树下边休息边抽雪茄，心上老觉得有点紧张、压抑、憋闷：真是太静了，太孤单了，简直叫人害怕。然而，他又为征服了它们而感到骄傲，并且因为觉得自己配享受这个环境而充满勇气。

时间是下午三点。午饭后他立刻上了路，以便在外边消磨下午静卧的一部分以及喝下午茶的全部时间，然后赶在天黑之前返回"山庄"。当时一想到马上可以到野外，可以到大自然中去自由自在游游荡荡几个小时，心中就充满了快意。他在马裤口袋里装了一点巧克力，在马甲口袋里装了一小瓶波尔多葡萄酒。

看不出太阳现在何处，周围的雾太重了。在背后的山谷出口处，在山坳里，云变得越来越黑，雾气变得越来越重，像是要压过来似的。看样子要下雪了，要下比满足急需更多的雪，要来一场真正的雪暴。果然，山坡上纷纷扬扬的小雪花已经下得密了。

汉斯·卡斯托普伸出手臂，用衣袖接住雪花，以便拿一个业余科学家的内行眼光对它们进行观察。雪花像是些无定形的小碎片，不过，他曾不止一次地把它们放在自己挺不错的放大镜下观察过，清楚地知道它们是由一些多么小巧、精致、规则的图形所组成，像宝石，像星星一样的勋章，像金刚钻，哪怕就连最忠心耿耿的首饰匠也休想制造得更多姿多彩，更精确细致。——是的，这些积压着森林、铺盖着原野、托付着他在上面滑行的又轻又松软的白色粉末，它们同汉斯·卡斯托普家乡海滩上的沙相比，却有着一种不同的品质：众所周知，构成它们的不是石头的小颗粒，而是无数的、同时形态也千变万化的小小水滴的结晶——也正是这种无基体的微粒，使得生命的原浆，使得植物的以及人的躯体得以膨胀成形。——这无数的神奇结晶星星般美妙极了，小得肉眼分辨不出来它们之间的差异，可事实上它们又没有一粒雷同于另一粒。它们以相同数量的面、相同数量的角的六角形为基本模式，显示着无穷无尽的变化乐趣和创造才能，但每一粒本身又绝对规则和严整。是的，这正是它们的非有机性，它们与生命格格不入的可怕表现。它们太规则了，规则到了任何有生命之物怎么也达不到的程度。在它们的一丝不苟面前，生命不寒而栗，因为感到它们就是死亡本身的秘密，也会致人死命。现在，汉斯·卡斯托普相信自己终于懂了，为什么古代神庙的建筑师们在对称地排列庙中的圆柱时，总要有意识地暗中留下一些小小的偏差。

他撑着滑雪杆继续向前滑行，顺着林边雪积得厚厚的斜坡向雾蒙蒙的低处滑去。他一会儿上坡，一会儿下滑，无目的地、悠闲地继续游荡在死寂无声的原野上，周围是空空的、像波浪一般起伏的雪坡，只是间或有一丛丛干枯的矮松。极目望去，平缓起伏的地貌与沙丘连绵的大漠异常相像。汉斯·卡斯托普站在那儿欣赏着自己的这个发现，满意地点了点头。就连他面部的燥热，他动不动就手脚颤抖，他那混合着激动与紧张的特殊的陶醉感觉，他也好意地容忍了。因为所有这一切，都使他亲切地回忆起既振奋人又饱含着某种令人昏昏欲睡的物质的海风，回忆起它极其相似的影响。现在他感到自己独立不倚，自由自在，心里非常满足。他面前没有必须走的路，背后也没有路让他严格地循着返回原处。一开始，他还插了些棍子，在雪地上划了些记号，作为路标。但很快他便故意不理睬它们的管束，因为他想起了那个吹小号角的海滩管理员。他觉得它们都跟他的内心，跟他与这冬天的茫茫原野的亲密关系格格不入。

他一会儿左一会儿右地迂回着，从一些个雪蒙住的山丘之间穿过。山丘背后是一面斜坡，然后是一片平野，再往后是一群大山；大山之间铺着厚厚雪垫的峡谷和隘口似乎在引诱他，让他去走。是的，那远方和高处，那不断展开在面前的新的岑寂，对汉斯·卡斯托普的心灵有着巨大的吸引力；他甘冒回去可能太晚的危险，仍奋力深入那旷野的沉默，深入那阴郁可怖、岌岌可危的境界。——他也不顾内心的紧张和压抑，由于灰色的雾幕降临使天空提前暗下来，已经变成了真正的恐怖。这恐怖使他意识到，他在此之前恰好是在努力使自己不辨方向，使自己忘记疗养院所在山谷的位置，眼下他完全如愿以偿，完全做到了。他还可以告诉自己，只要马上转过身一个劲儿往下滑,他很快就可以回到那道山谷,尽管现在可能离得已经很远——岂止很快,也许太快啦;他会回去得太早,不能充分利用他的时间。当然了,要是暴风雪突然袭来,他也可能一时间根本找不到归途。可是因此就提前逃跑?不,他不愿这样做。——恐惧,他对大自然的真挚的恐惧,尽可以来压抑他的心。这差不多完全不是运动员的作为;因为运动员与自然力打交道的前提是他有把握成为它们的主宰,同时又细心和更加明智,知道迁就与让步。汉斯·卡斯托普的心理却只需用一个词说明:挑衅。尽管这个词包含着责难的意思,尽管——要说特别是尽管——他心中由此而生的内疚还混合着那么多真挚的恐惧,但只要我们稍稍考虑一下便大致可以理解,在他这么一个长年过惯了优裕生活的年轻人和男子汉的内心深处,是会有某些积郁的,或者拿作为工程师的汉斯·卡斯托普本人的话来说,是"蓄满了能量",有朝一日便不得不施放出来,化作一句极不耐烦的"嗨,什么!"或者"爱怎么着怎么着吧!"简言之,化作挑衅和对谨慎明智的厌弃。正因为如此,汉斯·卡斯托普仍踩着长长的雪板一个劲儿往前滑,滑下斜坡,滑过新的山丘。在丘顶上,他看见不远处立着一所木头房子和一个草垛,或者只是一间顶上压着石板的供牧人在高山上歇息的小草屋。房子面向着另一座山,山梁上长着猪鬃毛一般的枞树,山背后耸峙着座座高峰,在云雾缭绕之中时隐时现。他面前稀稀拉拉长着一些树木的雪坡太陡峻,往右斜插过去却有一道缓坡可以绕到它后面,看清那儿的究竟。汉斯·卡斯托普先在那小屋的平地前再下了一道相当深的从右向左倾斜的山涧,然后便着手去完成那个考察。

当他正要重新开始往上爬时,一场早已预料到的暴风雪就袭来了,而且是——一场真正的雪暴。它早就威胁着要来,如果对盲目无知觉的自然力也可以说"威胁"这个词的话。虽然它像是那个样子,却无意毁灭我们;它对随带着会发生什么事倒是漠不关心到了阴森可怖的程度。当第一股劲风窜进雪中,径直向汉斯·卡斯托普扑来时,他不禁停住脚,暗自叫了一声:"嘿!"真叫不赖,直刮进骨髓里去啦,他想。这样的风的确够凶险的:事实上山顶经常都保持着近乎零下二十度的严寒,只是通常空气干燥而凝定,才未让人感到可怕,才显得温和。可每当起了风,它就叫你冷得像刀子割一样,尤其是现在这个样子——须知刚才那第一股劲风还只是个预告——你即使穿上七件皮袄,也难保不寒气彻骨,冻个半死。汉斯·卡斯托普没穿七件皮袄,只穿着一件羊毛短袄,这在平时也完全够了,而且一出太阳反成累赘。现在,风差不多是从后侧吹来,要转过脸去直接顶着风,看来不合式。这个考虑与他的执拗以及发自内心的那一声"嗨,什么!"掺和在一起,使得狂暴的年轻人仍一个劲儿奋力前行,穿过一株株立着的枞树,要到他已打算去的山背后去。

然而,这完全不是件开心事儿;眼前只有漫天飞舞的雪花,好像在那儿飘卷回旋,密密麻麻地挤满了所有空间,压根儿不落下地似的。照直吹来的寒风刮得他耳朵火辣辣的生痛,冻僵了他的胳臂和腿,冻木了他的双手,使他不再知道滑雪杆是否还握着。雪花从背后灌进他的衣领,融化后流进他的背心,厚厚地积压在他肩上,盖满他右侧身子。他仿佛要在这儿被冻成雪人,手中僵直地握着根棍子。而这一切一切的讨厌难受,还是在相对有利的情况下才有的;他要是转过身,情况更糟糕。但是,往回走是非做不可的工作,他该毫不犹豫地踏上归途才是。

想到此,他停住脚,耸耸肩,掉转了滑雪板。迎面吹刮的劲风立刻叫他喘不过气来,他只好再做一次讨厌的转身动作,以便吸足气,用更大的决心去面对面接受那冷漠的敌人的挑战。他低着头,小心地屏住气,到底还是成功地开始了向反方向运动。——尽管做了极坏的估计,他仍然对前进的困难,特别是由视线模糊和呼吸急促引起的困难,大感惊异。他每时每刻都可能被迫停下来,首先为了在阵风之后吸吸气,其次由于他低着头向上睨视,在那白色的昏暗中什么也看不见,必须时时留神别撞在树干上或者让脚下的障碍绊翻。雪片大量飞到他脸上,在那儿融化后结成冰。它们还飞进他嘴里,化作一点淡淡的水味儿,又扑打着他的眼睑,令它们赶紧闭上,而且淹没他的两眼,妨碍他观看——不过,观看反正也没用,视野之内只有茫茫雪幕,加之四处白皑皑的雪光迷眼,汉斯·卡斯托普本来已差不多完全丧失了视觉。即使他勉强着看,也只看见一片虚无,一片白色的、飞卷回旋着的虚无。只是偶尔才在这虚无之中浮现出一点幢幢鬼影似的什么:一丛矮松,几棵云杉,还有他刚才经过的那个草垛依稀模糊的影子。

他顾不上看那草垛,企图翻过山坡,在立着一间仓房的地方寻找回去的路。然而,压根儿就不存在什么路。要想确定回家去的方向,大致的方向,没有什么理智的办法,多半靠碰运气,因为他虽然还能看见举在面前的手,却连脚下滑雪板的尖头都已看不清了。就算能见度好一点吧,老天还采取了足够的措施,使往前走变得极端艰难：脸上扑满了雪，狂风顶着他猛吹，妨碍着呼吸，使他吐气跟吸气一样地困难，不得不时时地转过身去喘息——在这种情况下还得前进，汉斯·卡斯托普或者另一位更强壮的人——他不时地停下来，喘喘气，眨眨眼睛挤掉睫毛上的雾水，拍打掉身上雪结成的铠甲，终于感觉到在这种条件还要前进，简直是失去理性的妄想。

尽管如此，汉斯·卡斯托普仍然前进了。这就是说，他离开了原来的位置。至于这是不是有意义的前进，是不是在正确方向上的前进，或者干脆站在原地不动还正确一点儿——当然这也是不行的——只有鬼知道。甚至从理论上推断，汉斯·卡斯托普看来多半是走错了，而事实是他马上便发觉，他站的地方不完全对劲儿，不是他打算找的那座平缓的山坡；他适才费老大的劲儿从涧中爬了上来，现在看来最好再走下去。平地太少，他又得往上爬。从山谷出口处的东南方刮来的暴风，显然以其强劲的顶推力迫使他偏离了方向。已经有好长一段时间，他是在错误的方向上前进，而且为此弄得精疲力竭。在翻卷回旋着的白夜的包围中，他只是盲目地使自己陷进冷漠可怖的自然力手里，越来越深，越来越深。

"嗨，什么呀！"他从牙齿缝中挤出这么一句，停住了脚。他没有表现得更加激昂慷慨，虽然有一刹那，他觉得仿佛有只冷冰冰的手攥住了他的心，令它猛地悸动一下，接着就更快地跳起来，撞在肋骨上砰砰直响。整个情形与当初贝伦斯顾问刚宣布他有一个浸润点时一样，他心情真是够激动的。因为他看出，他没权力再说大话，装样子。是他自己提出的挑战，情况再可虑、再危险都得他自己承担。"也不坏嘛，"他说，同时却感到他脸上的表情，感到他负责表情的脸部肌肉已不听心灵的使唤，不能再反映任何情绪，害怕也好，愤怒也好，轻蔑也好，因为它们完全僵住了。"怎么办？从这儿斜插下去，然后照直向前，对准那片林子一个劲儿地走。虽然说着容易做起来难，可总还得做点什么。"他气喘吁吁地、断断续续地、但确实是声音不大地往下说，同时脚下又开始移动。"我不能坐下来等，除非我愿意让那些规整的六角形将自己埋起来，当塞特姆布里尼带着他的小号角来寻找我的时候，发现我的眼珠子已成了玻璃球，脑袋上歪戴着一顶雪便帽……"他发现他在自言自语，而且声调怪异。他强使自己不要这样子，但一会儿又小声而富于表情地嘀咕开了，尽管嘴唇已冻麻木，已不听使唤，他只好不用唇辅音；这样勉强地说着，使他忆起了早年情况类似的一段生活。"闭上嘴，瞧你又前进了。"他说，接着又补充道，"看起来你是在胡言乱语，脑袋瓜儿已有些不清醒。从一定的意义上讲，这挺糟糕。"

然而，"这挺糟糕"，从他想脱离困境的角度看，却纯粹是那有控制力的理性的判断，在一定意义上讲可以说是一个陌生的、置身事外的、虽然也并非漠不关心的人的判断。就其本性而言，他倒宁肯让自己不清醒，要知道随着身体越来越疲倦，他的脑子也慢慢糊涂了。不过，他仍注意到了自己的偏颇，对它进行了思考。"对于一个在深山里的暴风雪中迷失归途的人来讲，这是一种有意识的体验方式。"他边走边想，嘴里喘息着，说出片言只语，但避免使用那种慎重而更准确的词汇。"谁事后听见了，定然想象得很可怕，却忘了疾病——要说嘛，我现在的处境也是一种疾病——已经造就了生病的人，使他与它相安无事。自然也有减轻患者痛苦的措施，也有削弱感应神经的办法，也有麻醉术，不错……但是，人必须反抗它们，因为它们有两面性，好坏难分：如何评价它们，全看人的出发点。可以说它们心怀好意，是所谓善举，倘若人自己不打算回去的话；也可以讲它们居心险恶，必须坚决加以反对，要是人还考虑回去，比如像我这样的话。我可不想，我这颗怦然狂跳着的心可不想让这些规则得近乎愚蠢的小晶体给埋在深山老林里……"

事实上他已经很累了，在与自己的感应神经开始出现的麻痹状态做斗争时也糊里糊涂，心急火燎。当他发现自己又从山坡上下来时，已经不像在正常状态本该感到的那样惊恐：这次他显然是从另一个方向，从山坡更陡的一侧，下到了坡底。因为他现在是迎着侧面刮来的风在滑，虽然这样做暂时再舒服不过，在眼下却并非良策。"没问题，"他想，"再下去一点就可以转到原来的方向。"他于是这么做或者相信在这么做，或者自己也不完全相信，或者更糟糕，他已经开始无所谓：能转回原来的方向或是不能，都一个样。他有气无力地反抗着的好坏难分的镇痛措施已产生明显效果。那种疲乏加激动的混合状态像个已长住下来的客人，他的问题仅在习惯于不习惯。渐渐地，疲乏和激动已增强到再也谈不上以理智去对付那些镇痛措施的程度。汉斯·卡斯托普恍恍惚惚，跟跟跄跄，浑身哆嗦，跟喝醉了似的，情形和那次听完纳夫塔与塞特姆布里尼的大辩论后相似，只是严重得没法比。这样，就提供了可能，让他以对那些辩论的缅怀回顾，来为自己懒于反抗麻醉措施做解释，使他尽管讨厌被规则的六角形晶体埋住却自言自语，说出些理智的或非理智的话来。要求他抗拒麻痹的责任感纯粹是一种道德观，一种资产者贪恋生存的庸碌习气和非宗教的庸人哲学。就以这样的形态，他的意识中潜入了想躺下去永远安息的愿望和诱惑，以致他告诉自己，这就好像沙漠中的风暴，一遇上它阿拉伯人不是都匍匐在地，将斗篷扯起来盖住脑袋吗？只是因为他没披斗篷，羊毛短袄的领子又扯不起来，没法盖住头，才给了他一个借口不那样做，虽然他不是小孩，从一些传说中也清楚知道，人会怎样冻死。

在较快地下滑一段和滑完一片平地之后，现在又开始向上爬，而且坡度很陡。这未必不对，因为在返回"山庄"那道峡谷的路上，也必须再上一座山不是吗？至于风，那大概也是一时兴起变了方向，现在吹在汉斯·卡斯托普背上，在他真叫求之不得。不过，他的身子之所以往前倾，是狂风刮得他直不起腰，还是面前那罩在昏暗的雪帘中的斜坡又软又白，对他的身体有吸引力呢？只要将身子往上靠一靠就一切都结束啦，让他这样做的诱惑力很大——大得就跟书上写着并称之为典型的危险状态一个样。但这么写这么称，却也一点也不能减弱它活生生的现实的威力。它坚持自己的特权，不愿被归之于众所周知的范畴，让人一下子认出来，而要在急迫强劲方面表现得独一无二和无与伦比——自然不必否认，这种诱惑也来自某一个方面的窃窃私语，也是某一位穿着西班牙黑礼服、戴雪白打皱的大领圈的人物的灵感表现。与这个人物的观念和原则联系在一起的，是形形色色的阴暗思想，诸如耶稣会形形色色的刑讯、体罚、奴役，所有这一切令塞特姆布里尼先生恐怖、厌恶，却只能以他的手摇风琴和理性与之对抗，白白成为人家的笑柄而已……

然而，汉斯·卡斯托普是好样儿的，抗拒住了想靠一靠的诱惑。

他什么也看不见,却仍然挣扎着,前进着——不管是否真的前进,他反正在做他该做的事,反正在动弹,为此就得挣脱严寒和风暴加在他身上的越来越沉重的锁链。由于坡度对他来说太陡了,他没多加考虑便马上调整方向,顺着坡腰向旁边滑了一会儿。要睁开痉挛的眼皮朝前瞅一瞅是很困难的,加之经验表明没有用,他也就没多少心思去费这个劲儿。可尽管如此,他有时还是看见点儿什么:几棵凑在一起的云杉,一条小溪或者沟壑,那是白茫茫雪地上的一道黑线。当情况再一次发生变化,他又往下滑行而且是逆着风的时候,突然在前方不太远处,好像是被飞卷的风雪刮到了空中,飘飘摇摇的,他发现了一点人类建筑物的影子。

令人高兴、给人欣慰的发现!他到底精神抖擞地挺过来啦,尽管有那么多讨厌的情况。这会儿甚至出现了人的建筑,表明那住着人的山谷已经近了。也许这儿就有人,也许可以走进他们的房子里去歇歇脚,等暴风雪过去再上路,必要时还可以请人护送和当向导,要是到时候天晚了的话。于是,他死死盯住那在风雪中显得虚幻、常常会完全消失不见的影子,又顶着风爬上一座很要命的高坡,好不容易到达了目的地。可在那儿仔细一瞧,真叫他又气、又惊、又怕,脑袋一晕差点儿摔倒;确切无疑,这就是方才已见过的那间小屋和那个顶上压着石板的草垛。他绕了许多弯子,经过认认真真的努力,又将它们找回来啦!

真见鬼!一连串凶狠的诅咒,在省去唇辅音的情况下,从汉斯·卡斯托普冻木了的嘴唇间吐出来。为了辨明方向,他绕着小屋一戳一步地走了一圈,最后确信他是从背后再见到它的,也就是说,有整整一个小时之久——按照他的估计——他都纯粹在瞎忙活。是的是的，书上就这么写着。人完全在兜圈子，拼命地走啊走啊，心里以为是在前进，实际却愚蠢地大大转上一圈，然后又回到原地，就像那令人困恼的四季轮回一样。人就这么胡乱地东奔西跑，就这样迷失了归途。汉斯·卡斯托普认识到这个司空见惯的现象，心里感到一些安慰，虽然也不无害怕。想不到自己亲身经历的现实，竟与书上描写的一般情况毫发不差，他不禁又惊又恼，猛地拍了一下大腿。

孤零零的仓房不接待客人，门锁着，汉斯·卡斯托普哪儿也进不去。不过他仍决定暂时留下来，因为前边的屋檐引起他可能会受到一点礼遇的妄想，而小屋朝向群山的一面呢，确实也给汉斯·卡斯托普提供了一点抗拒暴风雪的保护，如果他把肩靠到用树干拼成的墙壁上的话。因为雪板太长，背心却靠不拢去。他把滑雪杆插在旁边的雪地上，竖起羊毛短袄的领子，手插在衣袋里，一条腿伸出去作为支撑，就这么斜靠着墙站在那儿。他闭上眼，让昏昏沉沉的脑袋也靠到木头墙壁上休息休息，只是时不时地眯缝着眼，顺着肩膀瞟一瞟山涧对面在漫天飞雪中偶尔可见的岩壁。

眼下，他的景况比较舒服。"必要时我就这么站一通夜。"他想，"只要我不时地换换脚，就等于躺在床上翻翻身；自然了，还得穿插一些必不可少的运动。即使外边冻僵了吧，我身体内通过运动仍然积蓄着热量。这样，尽管我倒了霉，离开小屋又回到小屋，出来转悠一趟也并非完全没意义……'倒了霉[1]'，这算个什么词儿？完全用

---

[1] 原文 umkommen 只有"丧命"一类意思，主人公用它来表示"走弯路"，显然不恰当。这表明他头脑已不清醒，潜意识中想到了死。译者权译作"倒霉"。

不着这么讲，它对我的情况不合适。我明明白白使用了它，因为我头脑不十分清醒。也不，照我看来它本身还算是恰当的……好啦，我可以挺过去的，就算这鬼天气，这暴风雨，就算它能一直闹腾到明天早上。明天早上？！只要到天黑下来就够呛，夜里跟在暴风雪中倒霉的危险一般大，跟瞎兜圈子的危险一般大……多半已经是傍晚了吧，大约六点钟——我转来转去已经浪费掉那么多时间。可到底多晚了呢？"虽然他手指麻木，掏起来很不容易，他还是从衣袋里掏出了表。他看了看这只镌有他签名的弹簧盖金表，见它在这寂静的雪野之中仍欢快地、忠于职守地滴答滴答走着，就像他的心脏，就像他温暖的胸腔中那颗令他感动的人类的心……

四点半。鬼知道怎么回事，当暴风雪起来时不已经差不多这光景了吗？难道要他相信，他兜来兜去仅仅花了一刻钟？"时间对我变长了。"他想，"老转圈子无聊，时间显得长。不过，五点或五点半一般会天黑，这是不会变的。会在这之前停下来，及时停下来，保证我别再倒霉吗？让我为此喝上一口波尔多葡萄酒，提提神儿吧。"

他之所以带上这种冒牌饮料，只是因为院里有用小而扁的瓶子装好的现成货，原本准备卖给外出郊游的患者，自然没考虑到有谁会私自跑进山里，在风雪严寒中迷失方向，被迫在野外过夜。只要他神志稍微清醒一点，考虑到还要回家去，他就会告诉自己，眼下喝这样的酒真是大错特错。事实上他在喝了几口之后，也对自己这么说了；因为马上显示出来的效果，就跟他上山第一天晚上喝库尔姆巴赫啤酒后差不多一个样。当时他大谈烧鱼的佐料之类不大成体统的事，惹恼了塞特姆布里尼——罗多维柯·塞特姆布里尼，这位教育家，他甚至单单用目光便可以使疯子理智起来；他响亮的号角声已经从空中传到汉斯·卡斯托普耳畔，宣告这位雄辩滔滔的教育家正大步向他走来，将他伤脑筋的学生，将生活中的问题儿童从眼前的困境中解救出来，领他回家里去……

　　这当然纯属想入非非，只是他误饮了劣质波尔多酒造成的妄想。首先，塞特姆布里尼先生没有什么号角，有的只是手摇风琴，他只能用一支独木腿把琴稳住在人行道上，为了显示自己已演奏得很熟练，便让一双人道主义的眼睛在居民楼的窗前瞅来瞅去。其次，他对眼下发生的事情毫无察觉，一无所知，因为他不再住在"山庄"疗养院，而住在女装裁缝卢卡切克原本当库房的阁楼里，写字几上蹲着一只清水瓶，在纳夫塔那绸子小窝的头顶上——他压根儿没有权利和可能来干预卡斯托普的事，就跟狂欢节那天夜里他陷入窘境、困境时差不多。当时他把她的铅笔，"他的"铅笔，普希毕斯拉夫·希培的铅笔，还给了女病友克拉芙迪娅·舒舍夫人……再说，什么叫"困境"？所谓处于困境，就必须是"困"，就必须倒下，而不能站着，这样才名实相符，而不仅仅是比喻。也就是说身体要成水平，成一种山上的老住客都习以为常的水平姿势。他汉斯·卡斯托普不是也习惯了躺在室外的风雪严寒中，白天黑夜一个样么？于是，他做好准备往下倒，幸好脑子里突然闪过一个念头，就像提着他的衣领一样使他站住了：难道他这些关于"困境"的胡诌不也是冒牌波尔多酒的影响，不也出自他那身不由己地想躺下去睡一觉的欲望么？那些诡辩，那些文字把戏，都不过是书里称作典型危险的欲望用来诓骗他的伎俩。

　　"糟糕，搞坏了。"他忽然意识到，"这波尔多酒不地道，才喝上几口就懵懵懂懂，脑袋沉得抬都抬不起来，净产生些糊涂想法，叫我自己都不敢相信——不仅是最初的那些胡思乱想，甚至连后来对它们的批判也一个样，而不幸也就不幸在这里。'他的铅笔'！这意思是她的铅笔，而不是他的，在这种情况下只能讲'他的'，因为'铅笔'是个阳性名词，其他全是胡闹。嗨，我怎么净纠缠这些事！还有些情况可要急迫得多，例如，我这条支撑着身体的左腿，不是麻木得跟塞特姆布里尼撑他手摇风琴的木脚差不多了吗。他总是用膝头一顶一顶地使木脚在地面上移动，如果他想凑到窗下去，伸出毡帽接住上边的小妞们扔给他的东西的话。与此同时，好像还有一双非人的手在拽我，要我躺到雪里去。对付的办法只有运动。我必须活动活动身体，惩罚那库尔姆巴赫啤酒，使自己的木腿灵活起来。

他肩头一使劲便离开了墙壁。可是才往仓房前面迈出一步，狂风就像刀一样砍在他脸上，逼着他又回去寻求墙壁的庇护。毫无疑问，他注定了待在这儿，暂时只得以此为满足。他可以自由选择的只是换换姿势，将左肩靠上墙，将右腿伸出去支撑身体，同时摆动摆动左腿，使它灵活起来。像这样的天气还是别离开房子为好，汉斯·卡斯托普想。稍微变变姿势是允许的，绝不可玩什么新花样，去跟暴风雪套近乎。静静地待着吧，垂下你的脑袋，它本来就够沉的。墙壁挺不错，粗木头拼成的，仿佛有温暖往外排放，当然只是眼下此地谈得上的温暖，木头自身潜藏的温暖，可能更多的是情绪问题，主观的……啊，这么多树木！啊，有生命的物体的有生命的气候！多么馥郁芬芳哟！……

汉斯·卡斯托普站在阳台上。阳台下边是一片花园，一片宽广的、葱绿繁茂的花园。园里生长着各种阔叶树：榆树、梧桐、山毛榉、槭树和白桦；叶簇的色调略略分出不同的层次，但一样肥大、光鲜，悦人眼目，树冠都轻轻摇曳着，发出沙沙的声响。一阵和风吹来，带着树木呼出的宜人气息，滋润甜美。空中突然牵起了雨丝，透明而又温暖。抬头仰望，长空中无处不光闪闪的。太美啦！呵，你故乡的呼吸，平原上的繁茂丰盈和芬芳馥郁，久违了！空中充满鸟鸣，充满纤柔甜美的歌唱、鸣啭、啁啾、吱喳和咕叽，却见不着任何一只小鸟小虫。汉斯·卡斯托普脸上露出笑容，满怀感激地吸了口气。可是，这其间，四周景象变得更加美丽迷人起来。一道虹桥斜架在园子的上空，饱满而又实在，纯净而又鲜亮，七色分明醒目，一齐像油彩般稠稠地注入下边的苍翠浓绿中。这就如同音乐，如同长笛声和小提琴声烘托着的叮叮咚咚的竖琴声。特别是那蓝色和紫色流动得更加奇妙。一切色彩都在神奇地融溶、幻化和重新创造，使那彩虹越来越美，越来越美。汉斯·卡斯托普记得曾经有一次听音乐会也有同样的感受：那是一些年以前，他有幸听一位世界知名的男高音演唱，体验到了悦耳动人的歌声如何从艺术家的喉咙中涌流出来，注入人们的心田。他的音调一直很高，一开始就非常美。但是渐渐地，从一个瞬间到一个瞬间，他的嗓音越来越富于激情，越来越洪亮，越来越辉煌。好似一重又一重为人所看不见的帷幕，依次自动地打开了，直至最后一重人们相信是遮掩着最纯净圣洁的光的帷幕也升上去，这才唱出令人难以置信的最最激越、灿烂和感人肺腑的结尾，致使听众中发出不寻常的低沉的惊叹声，听上去几乎跟有异议和不满似的，而他，年轻的汉斯·卡斯托普竟忍不住抽泣起来。眼下他的热情也在不断地变化，不断地升华。彩虹中的蓝色弥漫着……闪亮的雨帘在下沉：那是平明的海面——是海，是南方的海，湛蓝湛蓝的，闪着银光，一半被淡青色的群山环抱着，形成一片开阔、美丽、烟波浩渺的海湾，湾内有几座小岛，岛上长着高高的棕榈，可以看见白色的小屋掩映在柏树林中。啊，啊，够啦，够啦，多么圣洁的阳光，多么蔚蓝的天空，多么明净的海水，真叫他无福消受！汉斯·卡斯托普从未见过这样的仙境，从未见过任何类似的景象。他没尝过南方旅行的滋味，见过的海都是粗暴的，晦暗的，总与他儿时的阴郁感觉联系在一起；而地中海、那不勒斯、西西里和希腊他都没有到过。可尽管这样，他却"回忆"起来了。他现在沉湎于其中的，是一种特殊的重逢。"啊，是的，就是这样！"他在心里喊道——仿佛这展现在眼前的阳光明媚的幸福美景，他早就藏在心中，只不过是暗暗地，就连对自己也讳莫如深罢了。可这个"早就"很遥远，遥远得目不可及，就像辽阔的大海，在左边远远地已和淡紫色的天空相接在一起。

海平线挺高，宽阔的海面像还在变宽，这是因为汉斯·卡斯托普从相当高处俯瞰着海湾。山脉延伸着，突出到海中，形成长满树丛的海角，到了海湾中心又折回来形成一个半圆，逶迤直至他坐的地方并继续向前。这是一道岩岸，他蹲在让太阳晒热了的石级上。在他面前，由长满苔藓和灌木丛的巨岩构成从高到低的陡坡，渐渐演变为平缓的海滩。在那儿，在芦苇丛中，被海潮冲洗圆滑了的石头再围成无数蓝色的湾仔、小港和水塘。这块阳光灿烂的土地，这道高峻的岩岸，这片活泼愉快的滩头，还有大海、小岛以及岛与岛之间往来穿梭的船儿，真是远远近近无处不住着人，无处没有南国的阳光和大海养育的孩子们在活动和休憩,一个聪明、愉快、美丽、年轻的人类,望着他们真是件美事——汉斯·卡斯托普为领受这美妙的感觉,大大地敞开心扉,痛苦而爱慕地敞开了心扉。

小伙子们嬉闹着骑马狂奔,马嘶鸣着,扬鬃奋蹄。有几匹烈马,他们只好放长缰绳拽住,要不就骑在光光的马背上,用赤脚夹击马腹,赶着它们向大海冲去。阳光中,小伙子们背部的肌肉在古铜色的皮肤下窜动,他们对牲口或者彼此发出的吆喝声,不知怎的听起来异常迷人。在一片像山间湖泊似的倒映着岩岸的小海湾前,有一群年轻姑娘在跳舞。一位将颈后的头发特别富于魅力地在头上挽成髻子的少女,坐在一旁吹奏牧笛伴舞;她眼睛不看手指,而望着她的女友。舞女们长裙飘飘,或笑盈盈地舒展着双臂独舞,或耳鬓厮磨,成对成双,舞步蹁跹。坐在她们背后吹牧笛的少女白皙而苗条,由于手臂弯着,侧面看上去较为丰满。另一些女友或坐着,或相互搂着站在一起,边看边轻声交谈。还有一伙青年男子在练习射箭。汉斯·卡斯托普心中油然生起幸福、快慰的感情,他看见年长者如何指导初学的小毛头张弓、搭箭,和他们一块儿瞄准目标,如何笑呵呵地去扶持被弓的反弹力弄得站立不稳的晚生学子,而在前一个瞬间,箭矢已嗖的一声射出去了。还有些人在钓鱼。他们有的趴在岸边的石板上,一条小腿在空中晃来晃去,让鱼线垂在海水中,歪着脑袋,悠悠闲闲地与旁边的钓友答话;这一位呢,则仰着身子坐着,将钓饵甩得老远。还有一些人在干活儿,正拉的拉、顶的顶、推的推,把一艘船舷高高的带桅杆的大船送下海去。孩子们在防浪木中间跑跳着,欢叫着。一个少妇摊开四肢仰卧在沙滩上,眼睛望着脑后方,一只手撩开胸前的花衣服，一只手去抓头顶上带叶的果子；那是一个健壮男人伸长胳膊悬在她头上来逗她的，叫她可望而不可即。人们或倚靠在岩隙缝中；或迟疑着是不是下海游泳，用手臂交叉抱着自己的肩，伸出脚尖去试水温。成对的情侣漫步海滩，男的把嘴凑到女的耳朵边上，悄悄说着情话。白毛长长的羊群在石坡山上跳来跳去。年轻牧人一手叉腰，一手扶着牧杖站在高处，他生有一头棕色鬈发，戴着一顶后面的边子卷起来的小毡帽。

"真太美啦！"汉斯·卡斯托普打心眼儿里发出赞叹，"看着就叫人高兴，令人心折！多么漂亮、健康、聪明、幸福啊，他们！是的，不只是体格健美，也生性聪敏，和蔼可亲。这就是使我感动，使我入迷的原因：作为他们人格基础的精神和感官，我想讲，在他们身上是紧密联系、和谐一致的！"他指的是这些太阳的孩子在交往中表现的殷勤和蔼，以及很有分寸地彼此关怀照顾：他们相互敬重，只是以微笑掩饰着使这一情感藏而不露，但又因人人心性相通、思想一致而使你时时处处都体会得到。他们行事端庄、严肃，但寓庄于谐，所表现出来的仅仅是一种难以言表的乐观、机敏的虔诚精神——虽然并非一点不重礼仪形式。例如，在那边一块长着苔藓的圆石板上，坐着一位穿褐色衣裙的女子，一位敞开前襟在奶孩子的年轻母亲。每一个打她跟前经过的人，都以一种特定的方式向她致意，集中地表现了人们通常只是以含蓄的沉默清楚流露出来的所有感情：小伙子们面向年轻母亲，文质彬彬地、迅速地把双臂在胸前抱成个十字，微笑着点点头；姑娘们朝着她微微屈一屈膝，就像她们在教堂里从祭坛前经过时那样，只不过同时还快活而又亲切地不住点头，在谦卑礼貌之中融汇着和悦的友情。再说那位母亲,她一边用食指按压乳房,让她的宝贝儿吮得更舒服,一边和蔼地抬起头来,面带笑容,以目光向招呼她的人答礼——这情景使汉斯·卡斯托普心里充满了惊叹。他怎么看也看不够,只是纳闷地问自己,人家允不允许他这样做呢?他,一个卑劣、丑陋、穿着一双破靴子的外来者,这么偷窥阳光之国富于德行的幸福,是不是罪大恶极、该当受罚呢?

看来不必担心。就在他坐的地方下面,有一位美少年,浓密的鬈发从额前梳向一边,双臂抱在胸前,离开了同伴待在一旁,既不显得悲哀也不显得孤傲,而是随便自然地独自待着罢了。这位少年发现了汉斯·卡斯托普,从下边仰望着他,目光在窥视者与海滩的人群之间来回移动,想看他究竟在偷看什么。可突然,少年的目光越过他的头顶,射向了他背后的远方,同时从他那俊美、刚毅却又稚气未脱的脸上,那人人皆有的、和蔼有礼的笑容也遽然消失——是的,他连眉头也没皱一皱,脸色便严肃得跟石头刻的一样;他毫无表情,思想深不可测,样子冷漠得跟死人一样,令刚刚定下心来的汉斯·卡斯托普大惊失色,心里产生了不祥的预感。

他也扭回头一看……他身后耸立着粗大的圆柱,没有基座,只立在长长的圆筒形石墩子上,接缝里已长出苔藓——是一座神庙大门的门柱,汉斯·卡斯托普正坐在门内中央的石阶上。他心情沉重地站起来,从侧面走下石阶,进入深深的门道,穿过门道之后又走在一条花砖铺成的路上,很快站在了一座新的拱门前。穿过拱门,神庙便赫然出现在眼前,庞大雄伟,已风吹雨打成了灰绿色。门前有很陡的台阶,宽宽的门楣是雕花柱冠,柱冠下才是下粗上细的圆柱,在圆柱的接缝处不时地突出来一个开了槽的圆盘。吃力地连脚带手地爬着,由于心里憋得慌而连声叹息着,汉斯·卡斯托普总算登上高高的台阶,进了庙堂内如林的圆柱之中。庙堂很深,他在里边转来转去,就像在灰暗的海岸边的榉树林间一样;他故意避免走到中央去,可终于他还是回到中间,在圆柱退开的地方发现了一座雕像。那是在一个基座上用石头刻成的两尊女像,看样子系一母一女:母亲坐着,端庄、慈祥、神圣,只是双眉流露着哀怨,目光茫然失神,内穿短袖束腰的绉纱长袍,外边罩着件短上衣,在波纹般卷曲的发结上披着条纱巾;女儿站着,被母亲慈爱地搂在怀中,脸庞圆圆的,焕发着青春,臂膀和手全都隐没在外套的皱褶里。

端详着这座雕像,汉斯·卡斯托普的内心更感沉重,更充满了忧惧和不祥预感。他几乎不敢,却又忍不住绕到雕像背后,继续向排列在两侧的圆柱走去,不想蓦然站在了正殿敞开着的铁门前;往门里一瞅,可怜的青年惊得膝盖差不多软了。只见两个半裸体的灰色女人,头发一股一股地披着,乳房跟妖精似的吊在胸前,单单乳头就有一指长,在殿内悠悠忽忽的灯盏间干着极其丑恶可怕的勾当。她们正用一个盆子接着,在那儿撕扯一个小孩,一声不吭地疯狂地用手撕着扯着——汉斯·卡斯托普看见柔软的金黄色头发上血糊糊的——然后一块一块地吞食,只听见酥脆的小骨头在她们嘴里咔咔直响,鲜血便从她们凶恶的唇间滴落下来。汉斯·卡斯托普感到一阵寒栗,人完全傻了。他想用手抹抹眼睛,手却抬不起来。他想逃跑,腿也迈不开。这当口,她们没停止干自己可怕的勾当,可眼睛却看见了他,冲他挥动着血淋淋的拳头,对他发出詈骂,虽然没有声音,却极尽鄙俗污秽之能事，而且用的是汉斯·卡斯托普家乡的民间土话。他感到异常恶心，从未有过的恶心。他绝望挣扎着，想要逃开——就这样，他似乎一只肩膀靠在背后的圆柱上，耳中还嗡嗡响着女妖们无声的詈骂，身上还感到阵阵寒栗，却发现自己原来仍旧倚着仓房站在风雪里，脑袋耷拉在一边胳膊上，绑着滑雪板的腿向前伸得老远。

不过，他还不是真正完全苏醒。他眯缝着眼，心里因摆脱了那两个可怕的女人而感到轻松，可是却不十分清楚——虽然很重要——他究竟是靠着一根神庙的圆柱呢，还是靠着仓房的墙壁。在一定程度上，他继续在做梦——不是以生动的形象，而是以思维，但并不因此就不那么惊险离奇，紊乱无序。

"我想，我是在做梦吧，"他自言自语地喃喃着，"梦得美妙极了，可怕极了。从根本上讲，我一直清楚这是个梦，一切都是我自己想出来的——那树木繁茂的园子和滋润的空气，以及接下去的美好景象与可怕情景，我几乎全都预先知道。我怎么会知道这些，想出这些，使自己感到幸福，感到恐怖呢？我从哪儿弄来那迷人的海湾，还有那由一个美少年的目光引导我走进去的神庙群呢？我想说，一个人不单单靠自己的心灵做梦，也代替匿名的集体做梦，只不过以个人的方式。你只是那巨大心灵的一个微小分子，它通过你做梦，以你的方式，梦见一些它永远悄悄在梦想着的事物——梦见它的青春，它的希望，它的幸福，它的安宁……它的人肉宴。眼下我倚靠着自己的圆柱，头脑里实际还留着我的梦的残余，留着对人肉宴的冰冷的恐惧，以及对先前美景的由衷的喜悦——为那光明人类的幸福和高尚情操而感到的喜悦。这是属于我的，我坚持认为，我有不可剥夺的权利靠在这儿，做这样的梦。我从此地山上的人们那里知道了许多乱七八糟的东西，以及理性的东西。我跟着纳夫塔和塞特姆布里尼，在极其危险的崇山峻岭中转来转去。我了解了人的一切。我认识了人的肉和血，我把普希毕斯拉夫·希培的铅笔还给了有病的克拉芙迪娅·舒舍。可是谁认识肉体，认识生命，他也就认识死。不过，这并非全部——多半还只是个开端，如果从教育的角度看问题的话，还必须加上另外一半，相对的一半。要知道，一切对疾病和死亡的兴趣，不过是对生命的兴趣的一种表现方式而已，正如人道主义的医学科学所证明的那样。这种学科总在彬彬有礼地用拉丁文谈论生命及其病患，仅仅是那个巨大而急迫的问题的一方面；我现在要直呼其名，怀着无比的好感和同情：那就是生活的问题儿童的问题，就是人和人的地位与尊严问题……我对此懂得不少，从此地山上的人那儿学到了许多。我从平原被赶上高山，可怜我几乎喘不过气来；然而，从我的圆柱脚下，我这会儿挺不坏地看见了全貌……我梦见人的地位，梦见他们那个明达知礼、互敬互爱的群体，但在这个群体背后的神庙中，却演着吃小孩的可怕一幕。他们，太阳的孩子们，在静静地观看那可怕的情景时，相互还会一样地文质彬彬，殷勤友善么？他们要是能这样，那可真叫风雅、大度！我从心眼儿里同情他们，而不同情纳夫塔，也不同情塞特姆布里尼，他们俩都是空谈家。一个放荡而邪恶，一个只会吹理性的小号角，还自以为用目光能镇住疯子，真叫人倒胃口。说来说去，不过是庸人哲学，纯粹的道德说教，非宗教思想。同样，我对纳夫塔，对他的宗教，也不怀好感；他的宗教只是把上帝与魔鬼、善与恶搅混成一个大杂烩，正好让个人一头栽进去,以达到神秘地沉沦在一般之中的目的。这两位教育家!他们的争论和矛盾本身也不过是个大杂烩,是一片乱糟糟的厮杀声,谁只要脑子稍稍自由一点,心灵稍稍虔诚一点,就不至于被蒙蔽。谈什么贵族化问题!什么高贵不高贵!什么死与生,疾病与健康,精神与自然!难道它们是矛盾?我要问:难道它们是问题?不,这不成问题。还有高贵不高贵也不成问题。死必然寓于生之中,没有必然的死也便没有生;主的人的地位正处于中央、处于混乱与理性之间,正像他的国度也处于神秘的集团与不稳定的个体之间。从我的圆柱下看去,情形就是这样。处在这个地位上,他应该彬彬有礼,自己对自己表现得友善谦恭——因为只有他是高贵的,而非矛盾冲突。人应主宰矛盾冲突,而不是相反。也就是说,人比矛盾冲突更加高贵,比死也更高贵,对于死来说太高贵了——这便是他头脑的自由思想;比生更高贵,对于生来说太高贵了——这便是心灵的虔诚信仰。这就是我作的诗,一首关于人的梦幻之诗。我愿铭记着它。我愿做个善良人。我不容许死亡统治我的思想!因为善良与仁爱存在于我的思想中,不存在于任何其他地方;死是巨大的威力。人摘下帽子对它表示敬畏,然后便踮起脚尖擦过它身边,继续前进。死戴着往昔的庄严领圈,人们为了对它表示敬意,也穿着黑色的丧衣。理性在它面前显得一副蠢相,因为理性仅仅是道德,死却是自由、混乱、无定形和欲。欲,我的梦说,不是爱。死与爱——这是差劲儿的一对儿,乏味儿的一对儿,很不和谐的一对儿!爱是死的对头,只有爱,而非理性,能战胜死。还有形式,也只产生于爱与善:一个明智友善的团体,一个美好的人类之国的形式和礼仪——在静观着人肉宴时也不改变。啊，我就这么清楚地梦见了，就这么很好地'执了政'！我要铭记着它。我要在心中对死保持忠诚，然而又牢记不忘：对死和往昔的忠诚只会造成邪恶、淫欲和对人类的敌视，要是任凭它支配我们的思想和'执政'的话。为了善和爱的缘故，人不应让死主宰和支配自己的思想。到这儿我该醒了……因为我的梦已做完，已到达目的地。我早就在寻找这个词：到达目的地，在希培出现的地方，在我的阳台上，在随便哪儿。也是为了寻找这个目的地，我身不由己来到了风雪山野中。现在我找到了它。我的梦将它再清楚不过地铭刻在我心中，我将永远牢记。是的，我欢欣鼓舞，热血沸腾。我的心有力地跳着，我知道为什么。它这样跳不仅仅出于身体的原因，不像尸体还会长指甲似的；它跳得更富人情味，更多是因为心灵幸福的缘故。心灵的幸福是一种佳酿——我梦里的词儿——比波尔多葡萄酒和英国啤酒都醇美，像爱和生命一般流贯我周身的血管，使我猛然从睡梦里苏醒过来。我自然知道得很清楚，我年轻的生命在睡梦中处于极度的危险……醒一醒，醒一醒！睁开眼睛！在雪地里，是你的脚，是你的腿！将它们收拢，站直！快瞧——天气好了！"

要想从缠绕着他、压迫着他的睡梦的绳索中挣脱，实在是艰难；然而，他知道如何去获取更为强大的动力。汉斯·卡斯托普用一个胳膊肘撑住墙壁，勇敢地并拢膝头，然后猛地一挺身，人终于站直了。他用穿着滑雪板的脚踏踏雪，用手臂拍打拍打腰，摆动几下肩膀，同时努力睁大眼睛激动地上下左右四处瞧。他发现在头顶稀薄的青灰色云朵之间，现出了一片片淡蓝色的天空，云朵慢慢地飘动，一钩镰刀样的新月已升起在天边。四野光线朦胧。风暴住了，雪也停了。对面,脊背上长着枞树的山岩已完全看得清楚,显得十分宁静。它的下半截阴影笼罩,上半截却沐浴在柔和的玫瑰色光线中。怎么回事?世界怎么样了?已经是早晨?难道他在雪地里待了一整夜,却没有像书里讲的那样冻死吗?手脚也没完全失去知觉,在他踏、摆、拍的时候,也没有哪儿咔嚓一声折断。他一边继续加紧活动肢体,一边动脑筋,极力要想出个究竟。耳朵、指尖和脚趾头确实麻木了,不过仅此而已,跟冬天夜间在阳台上静卧时差不多。他终于把表掏了出来。还在走。没有像他晚上忘记上发条常常都免不了的那样停掉。还不到五点——远远没到五点。差十二三分钟。好奇怪啊!可能吗,他在这儿的雪地里才待了十分钟多一点儿,却梦见了那么多幸福的和可怕的景象,走完了那么一条大胆离奇的思路。与此同时,那六角形的怪物却消失得无影无踪,快得就跟它来的时候一样?真算他有运气,感谢上帝,现在他好回家啦。多亏他的梦和胡思乱想出现过两次转折,使他惊醒过来:第一次是因为恐惧,第二次是因为兴奋。看起来,生活可待自己这个迷了路的问题儿童不薄……

但是不管怎么样,是清晨也罢,是下午也罢——毫无疑问仍然是傍晚时分——反正,无论是天气还是他个人的身体状况,都不再有什么妨碍汉斯·卡斯托普赶快回家去了。他呢,也毫不迟疑,以最快的速度选择直线朝疗养院所在的山谷滑去,赶到那儿时已经亮灯了。虽然在途中,雪地反映着残余的天光,也足够为他照明。他从林牧场边上的布莱门比尔插下去,五点半到了"村"里,在香料铺存好器材,到塞特姆布里尼先生的库房小阁楼上歇口气,让他知道他汉斯·卡斯托普已经遭遇过暴风雪了。人文主义作家惊诧莫名,胳膊往头顶上一甩，狠狠骂起他不该如此轻率冒险。他立刻点燃酒精炉，为精疲力竭的小伙子煮了一杯浓浓的咖啡。尽管喝了咖啡，汉斯·卡斯托普还是马上就坐在椅子上睡着了。

　　一小时后，他又置身于"山庄"高度文明的氛围中，非常惬意。晚餐桌上，他胃口大开。他在梦中见到的情景，已经淡漠。他有过的种种思考，当天晚上他已觉得不再那么合情理。

杨武能译著年表

1. 《少年维特的烦恼》,歌德著,杨武能译,北京:人民文学出版社,1981年。
   (1997年,1999年(插图本),2008年人民文学出版社再版,二十世纪总印数已经接近200万册。还有全国数十家出版社再版,再版加上重印,总印数多达数百万册。)

2. 《德语国家短篇小说选》(选收德国、奥地利、瑞士三国的德语短篇小说34篇,20篇是杨武能翻译),北京:人民文学出版社,1981年。

3. 《特雷庇姑娘》,保尔·海泽著,杨武能译,桂林:漓江出版社,1983年。

4. 《施笃姆诗意小说》,施笃姆(T. Storm)著,杨武能译,南京:江苏人民出版社,1984年。

5. 《德语国家中篇小说选》(上下),杨武能编选,北京:人民文学出版社,1984年。

6. 《海涅抒情诗选集》,冯至、钱春绮、杨武能译,南京:江苏人民出版社,1984年。

7 《纳尔齐斯和歌尔德蒙》，赫尔曼·黑塞著，杨武能译，上海：译文出版社，1984年。(1998年，2007年，2011年再版，赫尔曼·黑塞1946年获得诺贝尔文学奖)

8 《克莱斯特小说戏剧选》，克莱斯特（Kleist, Heinrich von）著，商章孙、杨武能、袁志英、白水译，上海：上海译文出版社，1985年。

9 《霍夫曼志异小说选》，霍夫曼著，韩世钟、傅惟慈等译，杨武能选编，南京：江苏人民出版社，1985年。

10 《里尔克抒情诗选》(二十世纪外国名诗人袖珍丛书)，里尔克著，杨武能译，成都：四川文艺出版社，1988年。

11 《僧侣的婚礼》(迈耶尔历史小说选)，迈耶尔著，杨武能选编，重庆：重庆出版社，1988年。

12 《朝拜贝多芬》(音乐家小说选)，瓦格纳等著，严宝瑜、高中甫等译，杨武能选编，上海：上海音乐出版社，1989年。

13 《魔山》(诺贝尔文学奖精品)(上下册)，托马斯·曼著，杨武能、洪天富、郑寿康和王荫祺合译，桂林：漓江出版社，1990年。

14 《莱辛寓言》，莱辛著，杨武能编译，长沙：湖南少年儿童出版社，1991年。

15 《莱辛寓言》(二十一世纪少年文学必读经典)，莱辛著，杨武能编译，南昌：二十一世纪出版社，2008年。

16 《迷娘曲》(歌德抒情诗精粹)，歌德著，杨武能译，桂林：漓江出版社，1991年。

17 《亲和力》，歌德著，杨武能、朱雁冰译，北京：人民文学出版社，1991 年。

18　《亲和力》，歌德著，杨武能译，北京：华夏出版社，2007 年。

19　《海涅抒情诗选》，海涅著，杨武能、冯至、钱春绮译，南京：译林出版社，1991 年。

20　《德语文学精品》(杨武能译作选)，杨武能译，桂林：漓江出版社，1993 年。

21　《格林童话全集》(新世纪教育文库)，雅各布·格林(J. Grimm)，(德)威廉·格林(W. Grimm)著，杨武能、杨悦译，南京：译林出版社，1993 年。(除去译林出版社年年再版重印，还有数十家其他出版社出版全集和形形色色的精选本，总印数也在百万之数。)

22　《多彩的情思》，杨武能等译，成都：文苑音像图书社，1995 年。

23　《海涅抒情诗 100 首》(插图本)，海涅著，杨武能译，桂林：漓江出版社，1995 年。

24　《世界中篇名著精库》(共 10 册)，杨武能主编，成都：四川文艺出版社，1996 年。

25　《世界中篇名著文库》(共 6 册)，杨武能主编，贵阳：贵州人民出版社，1997 年。

26　《茵梦湖》(珍藏本)，施笃姆著，杨武能译，南京：译林出版社，1997 年。(1998 年在该出版社出版了普及本，2001 年，2008 年再版)

27　《台伯河畔》，海泽著，杨武能译，北京：华夏出版社，1997 年。(2007 年再版)

28　《世界经典童话故事系列》，杨武能主编，成都：四川文艺出版社，1997年。

29 《世界经典寓言系列》，杨武能主编，成都：四川文艺出版社，1997年。

30 《世界诗苑英华·歌德卷》，歌德著，杨武能译，济南：山东大学出版社，1997年。

31 《歌德抒情诗选粹》，歌德著，杨武能译，成都：四川人民出版社，1997年。(2009年再版)

32 《抒情诗西东合集》(歌德精品集)，歌德著，杨武能译，合肥：安徽文艺出版社，1998年。

33 《浮士德》，歌德著，杨武能译，合肥：安徽文艺出版社，1998年。

34 《护身符》，迈耶尔著，杨武能译，成都：四川人民出版社，1998年。(2009年再版)

35 《阴谋与爱情》，席勒著，张威廉、杨武能译，成都：四川人民出版社，1998年。

36 《斯居戴里小姐》，E. T. A. 霍夫曼著，韩世钟、杨武能、傅惟慈等译，南京：译林出版社，1998年。

37 《死湖情澜》，海泽著，杨武能译，成都：四川人民出版社，1999年。

38 《歌德文集》(全14册)，杨武能主编，石家庄：河北教育出版社，1999年。

39 《威廉·迈斯特的学习时代》，歌德著，杨武能译，合肥：安徽文艺出版社，1999年。(《威廉·麦斯特的学习时代》，歌德著，杨武能译，南京：译林出版社，2002年。)

40 《海涅文集》(五卷)，海涅著，杨武能译，西安：陕西人民出版社，2001年。

41 《杨武能译文集》(11卷)，杨武能译，桂林：广西师范大学出版社，2003年。

42 《施笃姆精选集》，施笃姆著，杨武能编选，北京：燕山出版社，2004年。(2010年再版)

43 《歌德谈话录》(语文新课标必读丛书)，艾克曼辑录，杨武能选译，杭州：浙江文艺出版社，2004年。

44 《赌运》(德语国家中短篇小说选)，霍夫曼著，杨武能译，成都：四川文艺出版社，2008年。

45 《克莱斯特作品精选》，克莱斯特著，杨武能等译，南京：译林出版社，2007年。

46 《第三只鸽子的传说》(德语短篇小说经典)，歌德著，杨武能译，北京：华夏出版社，2007年。

47 《冷酷的心》(德语中篇小说经典)，豪夫著，杨武能译，北京：华夏出版社，2007年。

48 《假王子》(全球儿童文学典藏书系)，豪夫著，杨武能译，长沙：湖南少年儿童出版社，2008年。(2010年再版)

49 《七个小矮人后传》(全球儿童文学典藏书系)，H. 席尔纳克著，杨武能译，长沙：湖南少年儿童出版社，2008年。(2010年，2012年再版)

50 《幽灵船》(全球儿童文学典藏书系)，豪夫著，杨武能译，长沙：湖南少年儿童出版社，2009年。

51 《胡桃夹子》(全球儿童文学典藏书系),霍夫曼著,杨武能译,长沙:湖南少年儿童出版社,2010年。

52 《海涅精选集》,海涅著,杨武能编选,北京:燕山出版社,2008年。

53 《爱因斯坦全集(第八卷)》(上下册),爱因斯坦著,杨武能译,长沙:湖南科学技术出版社,2009年。

54 《海涅诗选》,海涅著,杨武能译,长春:时代文艺出版社,2012年。

55 《豪夫童话全集》,豪夫著,杨武能译,桂林:漓江出版社,2012年。

56 《歌德抒情诗选》,歌德著,杨武能译,桂林:漓江出版社,2012年。

57 《德语短篇小说经典》(新陆文库),歌德等著,杨武能译,重庆:重庆大学出版社,2013年。

图书在版编目（CIP）数据

漫游者的夜歌：杨武能译文自选集 / 杨武能译著. -- 北京：中译出版社，2022.1
（我和我的翻译 / 罗选民主编）
ISBN 978-7-5001-6772-3

Ⅰ.①漫… Ⅱ.①杨… Ⅲ.①世界文学—作品综合集②杨武能—译文—文集 Ⅳ.①I11

中国版本图书馆CIP数据核字(2021)第209842号

出版发行	中译出版社
地　　址	北京市西城区新街口外大街28号普天德胜大厦主楼4层
电　　话	（010）68359827，68359303（发行部）；68359725（编辑部）
传　　真	（010）68357870
邮　　编	100044
电子邮箱	book@ctph.com.cn
网　　址	http://www.ctph.com.cn
策划编辑	范祥镇　钱屹芝
责任编辑	钱屹芝　李倩男
装帧设计	静　颐
排　　版	冯　兴
印　　刷	北京顶佳世纪印刷有限公司
经　　销	新华书店
规　　格	880毫米×1230毫米　1/32
印　　张	10.25
字　　数	226千字
版　　次	2022年1月第1版
印　　次	2022年1月第1次

ISBN 978-7-5001-6772-3　　定价：58.00元

版权所有　侵权必究
中译出版社